The Pigeon Tunnel

Stories from My Life

約翰 · 勒卡雷

此生如鴿

間諜小說大師勒卡雷的 38 個人生片羽

7.12.16

The Pigeon Tunnel - Taiwanese edition

I am delighted that *The Pigeon Tunnel* is appearing in Taiwan. In 1975, while researching a novel called *The Honourable Schoolboy*, I took a plane from Hong Kong to Taipei and spent a week exploring the wonders of the island. I remember the amazing treasures of the National Palace Museum and the timeless beauty of the unspoiled south. Is it still so unspoiled? In my memory it was paradise, and so it will remain!

Thank you for reading me.

此生如鴿——台灣版

我很高興《此生如鴿》會在台灣上市。1975年，在為《榮譽學生》作研究時，我從香港搭機到台北，並花了一個星期探索這座島嶼的美好事物。我記得故宮那些驚人的寶物以及未遭破壞的、恆久美麗的南方。那裡依舊未遭破壞嗎？在我記憶中那裡是天堂，而且一直會是那樣！

謝謝你們讀我的作品。

勒卡雷

【各界推崇紀念】

郭重興（讀書共和國出版集團社長）

他是我心裡的一座大山，他那些故事和人物五十多年來一直陪伴著我，給我快樂也帶來悲傷。對我來說，他亦師、亦父亦友。如今山倒了，我頓失憑藉，所幸文學還在、小說還在。除了感謝，真不知還可以說些什麼。

李靜宜（翻譯家、東美文化執行長）

在翻譯寫作與閱讀的漫長旅程裡，勒卡雷是恆常的存在。那幽深的文字雖然繁複纏結如迷宮，但也像一束稀微卻不滅的光，穿透心性深淵，讓人再也無法自欺欺人。謝謝勒卡雷，讓我在文字裡找到了自己。

顏擇雅（作家）

他當然是寫冷戰的最厲害作家。難得的是，冷戰結束他並沒選擇金盆洗手，而是與時俱進。每本新作都換一個題材。

柏林圍牆倒塌後，他有好幾本書是寫跨國企業的邪惡。《永遠的園丁》寫製藥商。《使命曲》寫礦產商。《辛格家族》寫專門幫人成立紙上公司打通洗錢管道的倫敦顧問業。《夜班經理》寫軍火貿易。另外，《頭號要犯》寫反恐戰爭。二〇一九出來的最後一本，第二十五本，《Agent Running in the Field》寫到英國脫歐與烏克蘭。他寫後冷戰的成績並不亞於他寫冷戰。

大概，歐美菁英最關心哪一類的國際新聞，他就會寫到哪裡。但是，全球化結束了，如今我們已進入第二次冷戰。台灣與香港可能就是新的柏林。勒卡雷在此時過世，誰會是新的勒卡雷？

詹正德（影評人、有河書店店主）

沒有人比間諜更明白冷戰時代種種對人性的試煉與摧殘，沒有人比勒卡雷更明白間諜這份工作對人性的洞悉與提昇，而如今他走了，「冷戰」這個名詞或許才是真真正正地走入歷史了。

施清真（譯者）

閱讀勒卡雷的小說如同步入霧濛濛的迷陣，你不知孰善孰惡、孰是孰非，因為世間的善惡，原本就不是黑白分明。你隨著勒卡雷的佈設前進，各個轉角都是驚喜，呈現人性種種面向，行至終點，你會想要再來一回，自此離不開勒卡雷扣人心弦的小說世界。

張惠菁（作家／衛城出版總編輯）

勒卡雷的小說不是那種很輕、很隨意就可以進入的世界。初讀會有一點門檻，那門檻往往首先是細節的。你看著他一塊磚一塊磚地蓋出通道來，還不知道他要把你引往何處去。於是或許你會開始想，值得嗎？我還要跟隨他多久，才能進入那個世界呢？我是不是把時間拿去追「愛的迫降」就好了呢？

在那樣的開始時，你要有一點盲信。你要把自己的感官敞開給他的文字。跟著他去想像，倫敦濕冷的空氣，陰暗大樓裡的房間，拿著昨天的報紙做暗號跟蹤你的人。你要花一點時間越來越進入那世界，直到你意識的瞳孔適應那光線。

然後，你就會開始看見。那時，我認為，勒卡雷給予你的回報將是無可取代的。一個巨大的世界，一種專屬的閱讀樂趣，會在跨越起初的困難門檻之後抵達。

如果是作為閱讀勒卡雷的第一本，我覺得《冷戰諜魂》是個好的起點。長度適中。這本是勒卡雷最早期的成功之作，想必也是很有感情的一本，因為後來勒卡雷在五十年後又為這本書寫了續集——《間諜身後》。那時他會從老去間諜的視角，把五十年前的故事說一次，在一個價值觀已然改變的時代，回頭問當初所作所為是否真的出於正義……。對，勒卡雷的世界就是這麼複雜。

龍貓大王通信（影評、粉絲頁「龍貓大王通信」）

說實話，勒卡雷執筆五十八年，而早從八〇年代後期開始（他五十多歲時），他平均最慢三年就會出一本書，這種高速創作力與內容品質的高水準，很難想像出自一位人生已經步入晚年的作者（史蒂芬金有時都會偷懶了）。勒卡雷的逝去，不只是文壇的損失、是影壇的損失（我們只能重複翻拍史邁利了），但最重要的，是往後再也沒有人提醒我們，冷戰與人心，永遠比任何一個凜冬都要冷。

路那（台灣推理作家協會成員）

一九九一年蘇聯解體，冷戰宣告終結。在後冷戰的年代，間諜看似已然不合時宜。然而勒卡雷面臨這樣的「生存危機」時，卻直白地指出，只要世界上還有秘密，間諜便永不止息：「你們的職業絕不過時」，史邁利對聆聽他講演的後輩情報員這樣說。事實證明他是正確的：就在去年，「新冷戰」的呼聲再起，情報員色誘與被捕的新聞又開始登上版面——只是遺憾地，我們再也看不到勒卡雷會如何以他洞察世事的眼光，寫出這些新聞背後那亙古不變的愛與殤。

朱宥勳（作家）

勒卡雷的小說，表面上寫的是最陰暗最不能見光的角落，內裡卻涵藏了光亮世界的一切不堪。我們不是間諜，但我們也都活在背叛與夾殺裡；我們沒有活在小說裡，卻也日日因為語言而傷害人，或被傷害。他每一次寫到間諜如何在審訊過程中彼此誤導的場景，就再一次提醒我文學的本質：說話與聽話，原來是那樣一件「在刀口上遊走」的事情。

李志德（鏡文學副總編輯）

勒卡雷走了，但圓場老總、史邁利、彼得・紀堯姆、比爾・海頓和見首不見尾的卡拉……他們會一直在那裡，展演著國家與國家、群體與群體鬥爭的真實面貌。套上人間詞話的句式：間諜題材到勒卡雷「眼界始大，感慨遂深」。正是他，把大眾娛樂的間諜小說，變成了知識分子的間諜小說。

謊言的真相

／讀書共和國社長　郭重興

我們的編輯告訴我，有不少勒卡雷的英文讀者，對這本自傳頗有「微言」。可想而知，本來期待的是一窺間諜世界的林林總總，像史邁利對決卡拉，陰森的柏林圍牆，地鼠比爾被好友掐斷脖子……但是勒卡雷給的卻不是這些，他談他的人生，他的回憶。不對，大衛·康威爾說的是他自己，勒卡雷不過是他的一張面具。唯一的一張，至少是。

所以這一切都是謊言？間諜當然是騙子，何況必須是「完美」的雙面諜、三面諜。那作家呢？尤其像勒卡雷（我是否該改口稱他康威爾？）有個那麼超凡入聖的騙棍父親，以及必然無可避免的光怪陸離的童年，何況還幹過貨真價實的幾年小間諜。除了不斷地創造一個接一個的故事，「寫下」一本又一本的謊言，他還能有什麼樣其他的人生？

沒錯，自傳中作者回顧以往，儘管自述「沒有上帝」，然而「走在康瓦爾的懸崖上，我心中湧起如浪潮般的感謝，慶幸自己擁有這樣的人生。」但不過，兩三頁後，他的筆調又轉而如許淒涼，簡直一字一淚：「我望着漆黑的四周，找尋我哥哥東尼的影跡……算了吧，我已經降生於世，像隻新生的馬仔，已經踏上逃亡之途。自此而後，我一直在逃亡。」

文學史上，像喬治．史邁利這樣的人物大概也絕無僅有了。年輕的勒卡雷以牛津恩師為藍本，給自己創造了一個理想的、與真實世界那位羅尼無一絲毫相似的父親。及至年紀漸長，也自知與史邁利渾然合一。從處女作《死亡預約》登場（「他們接受了喬治．史邁利」）起，在登峰之作《鍋匠 裁縫 士兵 間諜》大放異采，到了《史邁利的人馬》簡直如上帝一般全知全能。但勒卡雷他卻也曾為文提及不會再有史邁利了。因為一來自己已經陷溺太深，而且英國讀者只要讀到「史邁利」，腦海中浮現的肯定就是亞歷．堅尼斯在BBC影集上所扮演的那個形象。好，那請告訴我啊，親愛的勒卡雷先生，你為什麼在《祕密朝聖者》又讓他以近乎智者、賢者的形象出現，給菜鳥偵探上了一堂堪稱間諜版的「山上寶訓」？然後以這麼簡短的「他頭也不回地走了」讓他永遠從小說世界中消失。你就是讓人覺得放不下，捨不得；我們也是，我們引頸盼望，盼到你寫出「真實的一生」，其實圖的是要你給個說法，給「我們」一個關乎史邁利的交代。

或許我們其實是賺到了。從「回憶錄」讀到的，幾乎是所有作家中寫得最好的一本，比毛姆的「總結」有趣多了。大衛．康威爾伸出雙手邀請我們與他一起走過那八十多年跌宕起伏的一生。沒有戰爭，沒有生死搏鬥，但卻是一本充滿勒卡雷式的幽默、機智的精彩傳記。說它是作家所有作品中「最勒卡雷式的」，應頗恰當。

而且它坦誠，不遮掩，反而無所顧忌地揭自己瘡疤。看他描述與阿拉法特的初次見面：

阿拉法特一直都在表演，有人警告過我。我告訴自己，我也是。我是和他一樣的演員……「大衛先生！」他扯開嗓門：「你為什麼要來見我？」「主席先生，」我以同樣高亢的語氣回答：「我來這裡，是為了把我的手貼在巴勒斯坦的心上。」……我們預演過這場戲嗎？

是不用的，只要演出的是阿拉法特和「從（離開情報局）那個時候開始，我就靠我的機智風趣過活」的勒卡雷。但是對全世界數以百萬計的讀者而言，要吞下勒卡雷如許自嘲的告白，還真要先自我調適一番。

調適什麼呢？或許是我們太自我、太任性了，一直以來，已經習於把勒卡雷當成是「我們的勒卡雷」，那個與史邁利混同，有糾纏不清的父子情結的「完美的間諜」。我們刻意忽略大衛・康威爾有他自己的人生。當過為時不長的「真」間諜，寫小說，有如福克納把美國南方一隅當作舞臺，搬演人生大戲。他也以一度熟知的祕密世界為藍本，試着為我們所棲身的這個更為廣闊的世界創造一個大劇場。

真相？他確確實實幹過間諜這行當，雖然從沒有像他書中的那些英雄出生入死過。其次，永遠盤踞在他的心中陰影的「父與子」情節因此而得到解脫？就如他所言「讓兒子的罪孽比父親的罪孽該受譴責。」

羅尼，作家的父親，刻意被擺在書後，因為「我不想讓他如其所願地又強行搶占了故事的鋒芒。」

但羅尼就是那麼突出，那麼耀眼。勒卡雷（或康威爾）幾乎是一字一淚地告訴我們，雖然一輩子很費力的要想逃脫羅尼的控制，但還是承認，他是「他父親的兒子」，那份愛，真是椎心之痛！他說：

我在情緒低落的時候會自問，我身上有多少部分還屬於羅尼，而有多少是只屬於我自己的。我不禁納罕，一個坐在書桌前面、在空白紙頁上構思騙局的人（也就是我），和每天穿上乾淨襯衫，除了想像力之外口袋裡什麼都沒有，出門去騙受害人的人（也就是羅尼）之間，真的有很大的不同嗎？

作者的自責，雖然輕描淡寫，卻道盡羅尼的無所不在，魔法無邊：

羅尼死了，我重訪維也納……在我隨便挑選的一家小旅館裡，負責接待櫃台的是位年長的夜班門房。他靜靜看著我填登記單，然後用柔和、可敬的維也納德語說：

「令尊是位偉大的人物，」他說：「你對待他的方式有失體面。」

所以，當你最終闔上書本，擦乾淚水，何不和我一樣，感謝這位六十餘年來，筆耕不輟的老作者？我們還會遇見史邁利嗎？當今這個世界還有正邪之分嗎？結束有許多種，再沒有比平恩（勒卡雷的化身）的優雅更叫人於心不忍了：

他讓自己最後一次站在刮鬍鏡前，調整好繞在頭上與肩上的毛巾，小的那條裹成帽子，大的那條當成披肩，因為若說杜伯小姐有更厭惡的事，那必定是髒亂了。接著，他把槍舉到右耳的位置……

也難怪葛林會稱讚《完美的間諜》是戰後最好的英文小說。人生悲劇如許難以負荷，大衛．康威爾以其寫就的二十餘部小說，再加上這本自傳《此生如鴿》，所帶給世人的閱讀喜悅，其文壇地位，雖未蓋棺，卻可論定無疑。

我讀《此生如鴿》

／聯合報副總編輯 郭崇倫

我一向認為，一個好的作家，所要做的事情，與好的記者沒有兩樣：詳盡研究、田野調查，訪問到對的人，讓他們告訴你故事，真正幸運的話，會有瞭解內情的人，把來龍去脈完全告訴你，但你絕不能透露出消息來源；一旦有名了之後，很多門會為你而開，但是要謙虛，很多時候反而是盛名之累，自己成為傻瓜。

勒卡雷是我最喜歡的間諜小說作家，《此生如鴿》並不是他的自傳，反而像是一本劄記，特寫某個人、描寫一個場景、記錄一場盛宴，反省自己的自以為是。

勒卡雷最擅長的就是從細節中，想像出故事。雖然他曾派駐波昂，以外交官為掩護從事間諜工作，但是他當時非常低階，接觸不到德國情報高層，成名之後，德國聯邦情報局（BND）局長邀他共進早餐，不是以間諜同行的身分，而是以作家身分受邀。

我還記得聽過一位情治界高層講過，大概在同一時間，他也曾被邀到BND總部局長官邸共餐，見的應該是同一位局長，但與勒卡雷不同，他是搭直升機前往，從高俯瞰，總部是在一片森林當中。

「穿過有警衛把守的大門，我們經過半掩在樹林裡、罩上迷彩防護網的低矮建築，來到一幢迷人的白色鄉村別墅。」

裡面的布置當然富麗堂皇，而且所有擺設，都依巴伐利亞邦法律，列為受保護的歷史遺物，因為這是希特勒為最愛的忠心追隨者納粹頭子馬丁．鮑曼所準備的別墅。

不僅是官邸，BND本身也有一段不甚光彩的過去，希特勒在東部陣線的軍事情報頭子萊因哈德．蓋倫將軍，在戰爭末期偷偷將手中珍貴的蘇聯檔案，帶到巴伐利亞埋起來，之後和美國戰略情報局（Office of Strategic Services, OSS）談好條件，他交出檔案、手下和他自己，報酬則是在美國的指揮下成立反蘇情報組織，由他擔任首腦。在別墅的主廊道裡，就高高懸著BND的首任局長蓋倫將軍的畫像。

勒卡雷的間諜生涯雖然短，但是也曾遭遇到對方的試探吸收，在波昂碰到的蘇聯大使館「文化專員」伊凡．塞洛佛，就是一場鬧劇，對方宣稱要借勒卡雷的房子「音樂表演與欣賞」，打報告上去後，局裡從倫敦急急地派來電子監聽專家，安置設備，等待大轎車載來的蘇聯客人，整件事在幾個月後，在塞洛佛奉調返國後無疾而終。或許真實世界中的試探與背叛，就是這麼荒謬，我們只知道之後的結果而已。

但勒卡雷最拿手的是布置反高潮，他談到情報局裡三座老舊電梯，有一座是局長專用，直通閣樓的局長辦公室，任何人有幸奉召，進入辦公室後，都會注意到房間裡那座綠色保險箱。

在情報就是金錢、就是權力的世界裡，保險箱成了局裡的傳奇，每個人都好奇，那裡面到底裝了什麼呢？

「我聽說裡面裝的是極度機密的文件，只有局長本人可以碰。如果他選擇讓另一個人與聞，那人必須先以生命保證，然後當著局長的面看完，再擺回去。」

終於老情報局要換新居了，所有資產與文件要清點移交，老保險箱的祕密最後要揭露了。但是竟然沒有人知道怎麼開，一代一代的局長都聲稱沒有被交付鑰匙，也不知道密碼，最後找的是局裡的職業小偷，在眾人見證之下，三、兩下就開了，發現裡面空無一物。有人不死心，認為保險箱後一定有密洞：

「發出悶聲驚呼，伸手在保險箱和牆面之間摸索，拉出一條滿是塵土，非常厚、非常舊的灰色長褲，上面用尿布別針別了一張紙條。用打字機打出的銘文宣稱這是魯道夫·赫斯飛來蘇格蘭商議和平協定。在這段文字底下，是傳統上只有局長才用的綠色墨水寫的一行筆跡：請分析，因為或許可以藉此瞭解德國紡織業的現況。」

勒卡雷更有著無窮無盡的好奇心，像他碰到一位無辜被關押在關塔納摩監獄的犯人，他最想問的是，在嚴格禁止互動的囚房內，他是如何與其他囚犯聯絡的？

「先是用小洗臉槽，但這是最普通的一種接觸方法。在約定好的時間——他不肯說時間是如何約定的，因為他還有許多反抗敵人的獄友在押——他們不在洗臉槽裡用水，而是對著水孔低聲講話。你聽不清楚確切的話語，但是傳回來的咕咕噥噥聲音讓人有自己並不孤單的感覺。

「再來就是和一塊乾麵包一起擺在餐盤上的塑膠湯碗。你喝掉湯，然後從碗緣掰下一塊拇指指甲大小的塑膠，祈禱獄警不會發現。接著，用你的指甲——你留長指甲就是為了這個目的——在上面壓出阿拉伯文的可蘭經經文。你把麵包留下一小塊，嚼成一團，讓它變硬，再從你的囚服拉出一條線頭，一端綁著麵包團，另一端綁著那塊塑膠；利用麵包增加重量，把東西丟過籠欄給你的鄰居。他會把綿線和塑膠塊拉進籠子裡。然後，在適當的時機，你就會得到回信。」

就像好的新聞記者一樣，勒卡雷常常旅行勘景，替自己的主角身臨其境，他到香港、東南亞，在中東，先到以色列，然後到另外一邊的貝魯特巴解總部見阿拉法特。

他首次造訪蘇聯，是在戈巴契夫還主政的時候，每次獨自外出，都有兩名體型過胖的KGB中年男探員（勒卡雷給他們取名叫穆特斯基和傑夫斯基）跟在背後約兩碼，一路尾隨，甚至喝醉找不到飯店回去時，要他們領路。

他聽沙卡諾夫談他掛掉戈巴契夫電話的經過，他也曾受當時外交部長、前KGB頭子、未來總理普里馬柯夫之邀，到倫敦的蘇聯大使館赴宴。

普里馬科夫是他的超級粉絲，邀請他隨時到莫斯科來，

「二〇一五年春天，我收到一個訊息，說他病了，問我可不可以寄更多我的書去給他看。因為沒有人告訴我是要哪幾本，所以我太太和我弄了一大箱精裝書。我每一本都簽名、題詞，用快遞寄到他們給我的那個地址。」

普里馬柯夫還來不及看這些書就撒手人寰。有位美國訪賓曾問普里馬柯夫，他覺得自己最像書裡的哪個人物：「噢，當然是喬治．史邁利啊。」

常常有人以為勒卡雷仍然在情報圈內，認識很多人，知道很多內幕，有一次媒體鉅子梅鐸請他吃飯，閒聊幾句之後，「他直直盯著我看，燦爛的笑容消失。『誰殺了鮑伯．麥克斯威爾？』他追問。」早在梅鐸之前，麥斯威爾是在艦隊街叱吒風雲的報業鉅子，捷克裔的他，與梅鐸一樣是外來的，梅鐸也許出於好奇，也許出於恐懼，想要知道為何他落海死亡，但是勒卡雷沒有辦法給出滿意的答案，粗魯的梅鐸站起來就走，整頓午餐僅有二十五分鐘。

另一個慕名邀約的人是義大利總統科西加，十幾位義大利情治機構首長陪坐，他們面無表情、正襟危坐地聽著總統連珠砲地問勒卡雷：「社會可以完全不需要間諜嗎？我怎麼想呢？所謂的民主國家該如何控管它們的間諜呢？義大利應該控管他們嗎？我對義大利整體的情報機構有什麼看法？請不要客氣，坦率告訴我。他們稱職嗎？他們有沒有什麼正面力量或負面力量，可以說說嗎？」

「對於這些問題我當時沒有、現在也還是沒有值得一哂的答案。義大利情報系統的運作我一無所知。科西加總統顯然是認為他們可以從我這裡挖出一些指點。我覺得很丟臉，也很尷尬，像個笨蛋似的。」

對於他無法控制的改編電影或電視劇，勒卡雷則是又愛又恨：

「改編我的作品所拍製（或未拍製）的電影，都是先有一段『無法言明的漫長沉寂』，然後才有『第一陣沖水聲』。時程不一而足，短則幾個月，長則數年，甚至永遠。拍攝計畫胎死腹中了嗎？還是繼續在進行，只是沒有人告訴我？」

勒卡雷對導演們沒有好話，大概因為痛恨自己的人物被改得面目全非，但對BBC改編《鍋匠 裁縫 士兵 間諜》，亞歷．堅尼斯所扮演的喬治．史邁利，卻推崇備至。

「有些演員一拿到工作邀約，就先數數台詞，衡量角色的重要性。亞歷卻不同，他和這些演員的距離何止天壤之別。對於劇本的結構和對話，他眼光之精準，遠遠超過我所認識的每一個電影導演、製片與編劇，而且他總是可以添加一些額外的東西：也就是所謂的『麥高芬』，施加一點魔法，拯救一部電影免於平凡之味。」

當時亞歷．堅尼斯很希望能找個貨真價實的老間諜，好好觀察一下。勒卡雷代邀的是前MI6局長歐菲爾德，當天歐菲爾德穿的麂皮靴、拿在手裡戳著面前道路的捲起的雨傘，都成為堅尼斯詮釋的那位行色匆匆老間諜喬治．史邁利的正字標記。

與勒卡雷一樣，我也最喜歡亞歷．堅尼斯的史邁利，雖然他高高瘦瘦，與勒卡雷筆下矮矮胖胖的超級間諜很不同，但是他所創造的新人物，卻最忠實的傳達了勒卡雷筆下的精神，活在每個人的心中。

目次

前言

我寫的書幾乎都曾暫時以「鴿道」作為工作檔名。這個書名的來由很簡單。我父親常去蒙地卡羅賭錢狂歡，我大約十五、六歲的時候，他有一回決定帶我同去。舊賭場旁邊是運動俱樂部，底層有片俯瞰大海的草坪和射擊場。草坪底下是幾條平行的小隧道，出口臨著海濱，排成一排。隧道是放活鴿用的。這些在賭場屋頂孵出，然後被圈捕的鴿子，唯一的任務就是拍著翅膀，沿著黑漆漆的隧道飛向地中海的天空，成為槍靶，讓那些飽食一頓午餐，帶著獵槍或站或臥等待開槍的狩獵紳士得以大顯身手。沒被擊中或只受輕傷的鴿子，則善盡鴿子的本分：牠們回到自己的出生地，也就是有同樣的陷阱在等待牠們的賭場屋頂。

至於這個意象為何縈繞我心頭，歷經如此漫長的歲月猶揮之不去，我想或許讀者比我更能判斷原因吧。

約翰・勒卡雷，二〇一六年一月

自序

我坐在瑞士小農舍地下室的書桌前。這幢房子是我用《冷戰諜魂》賺來的錢蓋的，坐落在距離伯恩九十分鐘火車車程的小山村。十六歲那年，我逃離英國公學，就是來到伯恩，在伯恩大學註冊入學的。每逢周末，我們一大群學生，有男生有女生，但大半是伯恩本地人，全湧到高地這裡來，擠在山區小屋裡，盡情地滑雪。就我所知，我們都非常純潔正直，嚴守分際：男生一邊，女生另一邊，永不相會。就算有，我也從來不是其中之一。

農舍位在小村上方。透過窗戶，仰頭上望，我就會看見艾格峰（Eiger）、僧侶峰（Mönch）和少女峰（Jungfrau），以及最漂亮的西爾伯峰（Silberhorn）和略矮一點的小西爾伯峰（Kleines Silberhorn）：這兩座尖尖的可愛冰錐每隔一段固定時間，就會在名之為「焚風」的溫暖南風吹拂下變成黑色，但幾天之後就又恢復新娘般的聖潔光輝。

這裡有不少守護神，包括無所不在的作曲家孟德爾頌——可以跟著孟德爾頌步道的箭頭走——詩人歌德，雖然他好像最遠只走到勞德本納[1]的瀑布；還有詩人拜倫，他一路走到文根阿爾普（Wengernalp），但很討厭這個地方，說我們這片受風暴肆虐的森林「讓我想起我自己和我的家人。」

但是我們最愛戴的守護神，無疑是恩斯特・蓋茨（Ernst Gertsch）。他在一九三〇年創辦勞伯峰（Lauberhorn）滑雪賽，並自己贏得滑雪障礙賽，為小山村帶來了名氣與財富。我有一回昏了頭竟跑去參賽，結果因為實力不足與完全掩飾不了的恐懼，一如預期，摔個重跤。根據我的研究，恩斯特不甘於只當滑雪賽之父，他還為我們的滑雪屐裝上鋼邊，為我們的皮靴固定裝置加上鋼板，我們或許都應該為此感謝他。

時值五月，所以我們在一個星期之內體驗了四季：昨天下了六、七十公分高的新雪，沒有半個滑雪者去暢快一滑；今天驕陽當空直射，雪又幾乎全融了，春天的花朵開始忙著登場。然而到了近晚的此刻，深藍灰色的雷雨雲已經準備好要像拿破崙的大軍那樣揮軍直搗勞德本納谷地。

而在雷雨之後，過去幾天放我們一馬的焚風很可能就會捲土重來，天空、草地和樹林色彩褪盡，農舍開始吱吱嘎嘎，煩躁不安，柴煙滾滾從壁爐冒出來，熏黑我們的地毯。這條地毯是不知哪一年沒有降雪的冬季、某個雨天的午後我們在因特拉肯用太貴的價錢買下的。從山谷傳來的每一個噹啷轟隆聲，都響亮得像抗爭的怒吼。所有的鳥在這段期間都躲在鳥巢裡，只有誰都不甩的紅嘴山鴉例外。焚風來襲，別開車，別求婚。要是你頭痛，或一心想殺了你的鄰居，請放心，這不是宿醉，是焚風作祟。

1 Lauterbrunnen，位於阿爾卑斯山脈谷地，以瀑布聞名，地名即「很多瀑布」之意，共有七十二道之多，歌德曾於一七七九年到訪，由此得到靈感，寫下詩作〈水上靈魂之歌〉。

這幢農舍雖然很小，在我八十四年的生命裡卻占有不成比例的極大分量。還沒蓋這幢農舍的很多年之前，我還是個年輕人，經常來到這座山村，先是穿上梣木或山胡桃木做的滑雪屐滑雪，套上止滑帶爬上坡，再用真皮的皮靴固定裝置滑下山。後來是在夏天的時候，和我那位博學睿智的牛津導師維維安・葛林（Vivian Green）一起在山間散步。後來出任林肯學院院長的維維安也是我描繪喬治・史邁利內心世界的原型。

史邁利和維維安一樣喜歡瑞士的阿爾卑斯山，像維維安一樣在這片風景裡找到慰藉，或者和我自己一樣，與靈感來源的德國有長達一輩子、始終糾纏難解的關係，都不是巧合。

容忍我叨叨絮絮講著我那任性無常的父親羅尼的人是維維安；在羅尼又一次上演更加誇張的破產大戲之後，想辦法籌足現金讓我完成學業的人，也是維維安。

在伯恩，我認識了伯恩高地最古老的旅館業主後裔，若非他後來所發揮的影響力，我一開始根本就不可能獲准蓋這幢農舍，因為當時就和現在一樣，外國人在這個山村裡，連半坪的土地都不准擁有。

也是在伯恩的時候，我開始在英國情報界踏出如嬰兒學步的第一步，傳送我不知道是什麼的情報給我不知道是誰的人。近來，我一得空就尋思，當初如果沒有逃離公學，或者如果闖向另一個方向，我的人生會如何呢？如今想來不免震驚，我人生後來發生的種種，都起因於當年一個莽撞幼稚的決定：我當時一心只想著以最快也最可行的方法離開英國，擁抱德國當我的代理母親。

我並非在學校表現不佳，恰恰相反：我是很多活動的隊長、校內競賽的優勝者，前途似錦的未來金童。而我的出走極其低調。我沒咆哮怒吼，只說：「父親，隨便你想拿我怎麼辦，橫豎我是不會再回去了。」我十之八九是把自己的悲慘遭遇怪到學校頭上——順便連英國一起怪罪——但真正的動機卻是不計一切代價逃離父親的掌控，而這是我無法對他明說的。當然，後來我也看著自己的孩子做同樣的事情，只不過他們做得更漂亮，更不帶火藥味。

但這些都無法回答最主要的問題，也就是當年若非如此，我的人生會走上哪一個方向？沒有伯恩，我還會被英國情報單位招募去當跑腿小弟，做著行內所謂的「東一點西一點」的工作嗎？當時我還沒讀過毛姆的《祕密情報員》（*Ashenden*），但肯定讀過吉卜林的《基姆》（*Kim*），以及諸如亨提[2]之流作家所寫的許多愛國歷險小說。唐佛德．葉茲[3]、約翰．布侃[4]和萊特．哈葛德[5]說的怎麼可能會有錯。

---

2 G. A Henty, 1832-1902，英國小說家與戰地記者，以歷史探險小說聞名，在十九世紀末廣受歡迎。

3 Dornford Yates，為英國小說家默瑟（Cecil William Mercer, 1885–1960）的筆名，本業為律師的默瑟出版多部長篇與短篇小說，為第一次世界大戰與第二次世界大戰之間的暢銷書。

4 John Buchan, 1875-1940，蘇格蘭小說家，以探險小說著稱，亦為出色的政治家與外交官，一九三五年為英王喬治五世任命為加拿大總督。其著名代表作《三十九步》（*The Thirty-nine Steps*）曾由希區考克改編為電影《國防大機密》。

5 Henry Rider Haggard, 1856-1925，英國暢銷小說家，以異國浪漫冒險故事著稱，最知名的作品是《所羅門王的寶藏》（*King Solomon's Mines*）。

當然，在大戰結束僅僅四年之際，我堪稱西半球最愛國的英國人。唸大學預科的時候，我們男生個個是專家，都知道怎麼從我們之中揪出德國間諜來，我甚至算是我們當中反間能力較厲害的那群人之一。在我們那所公學，愛國的狂熱奔放無度。我們一個星期上兩次軍訓──是穿上全套軍裝的軍事訓練。我們的年輕老師都剛從大戰歸來，皮膚曬得黝黑，每到軍訓日就穿戴全部的勳章。我的德文老師參與了一場不可思議的神祕戰爭。生涯規劃老師讓我們作好心理準備，要到大英帝國的遙遠前哨基地去奉獻終生。我們那座小鎮市中心的修道院掛滿在印度、南非和蘇丹等殖民地戰場被砲彈撕裂的軍旗碎片，而這些碎布後來經由可愛的女性之手織成魚網，重現榮光。

所以，當偉大召喚化身為英國駐伯恩大使館簽證組、這位名喚溫蒂的三十多歲媽媽型女士出現在面前時，不自量力在外國大學唸書的這個十七歲英國男學生當然馬上立正站好，說：「聽候您的差遣，女士！」

比較難以解釋的是，在「德國」這兩個字對許多人來說等同無比邪惡的那個年代，我竟然全心全意擁抱德國文學。然而，就像我出逃伯恩一樣，對德國文學的擁抱，決定了我此後的人生。若非如此，我不會因為我那位猶太難民出身的德文老師的堅持，而在一九四九年造訪德國，親眼看見魯爾區那些被夷平的城市，或病得像條狗似的躺在柏林地下德國臨時野戰醫院的國防軍舊床墊上；我也不會在營舍臭味未散之時親訪達豪與柏根貝爾森的集中營，然後回到伯恩平靜祥和的生活裡，繼續擁抱我的湯瑪斯．曼與赫曼．赫塞。我也絕對不會被派到盟軍占領的奧地利服國民役，從事情報工作，之後也不會到牛津研習德國文學與語言，到伊頓任教，以低階外交人員的身分為掩護，派駐波昂的英國大使館，更不會寫出以德國為主題的小說。

早年沉迷於德國事物所帶來的正面影響，如今已昭然若揭。這讓我可以打造屬於自己、不拘一格的疆域，讓我成為無可救藥的浪漫主義者，愛上抒情的表現方式；在我心中種下深信不移的想法，知道從生到死的人生旅程就是永無止境的教育學習——這個概念不知道是打哪裡來的，而且大概也頗值得質疑，但這個想法就是根深柢固。後來開始讀歌德、藍茲、席勒、克萊斯特、畢希納的戲劇時，我發現自己不只有他們典型的嚴肅自律，也有他們神經質的過度緊張，而且兩者等量齊觀。在我看來，訣竅就是拿這兩個特質來彼此掩護。

☆

農舍已近五十高齡。孩子們成長的階段，每年冬季都來這裡滑雪，我們在這裡一起度過最美好的時光。有時候我們春天也來。也是在這裡，我想是一九六七年冬天吧，我和薛尼．波拉克[6]度過與世隔絕，但歡樂無比的四個星期。波拉克是電影導演，導過《窈窕淑男》（Tootsie）、《遠離非洲》（Out

---

6 Sydney Pollack, 1934-2008，美國知名導演，以《遠離非洲》獲奧斯卡最佳導演與最佳影片獎。

of Africa），以及我最愛的《射馬記》（They shoot Horses, Don't They?）。當時我們正在研究把我的小說《德國小鎮》改編為電影劇本。

那年冬季的雪下得極好。薛尼從沒滑過雪，也是第一次到瑞士。看著快樂的滑雪人滿不在乎地從我們的陽台外呼嘯而過，實在讓他受不了。他也想加入他們，而且一刻都不能等。他要我教他，而老天保佑，我打電話叫了馬丁・艾普（Martin Epp）來。馬丁是滑雪教練，也是傳奇的登山嚮導，是世上僅有幾個獨自登上艾格峰北坡的人之一。

來自美國印第安納州南灣市的一線導演，和出身瑞士阿羅薩的一線登山者一拍即合。薛尼做什事情都不半吊子，不出幾天的工夫，就已經滑得很好了。他同時滿心熾熱期望，想為馬丁・艾普拍一部電影，而且這個念頭很快就凌駕想拍《德國小鎮》的欲望了。艾格峰將是電影裡的命運之神。我來寫劇本，馬丁演自己，薛尼則綁上安全束帶，爬到艾格峰半山腰去拍攝馬丁的鏡頭。他打電話給他的經紀人，把馬丁的事情告訴他。他打電話給他的分析師，把馬丁的事情告訴他。雪還是極好，繼續消耗薛尼的精力。我們覺得晚上洗過澡之後是最佳的寫作時間。但無論這個想法到底對不對，兩部電影終究都沒拍成。

後來，讓我有點意外，薛尼把農舍借給來為電影《飛魂谷》（Downhill Racer）勘景的勞勃・瑞福。唉，我沒見過他，但是此後許多年，只要我到村裡來，都像身上戴了個「勞勃・瑞福之友」的胸章。

☆

這都是我回憶裡的真實故事——你們有權利質問，到底哪一些是真相，而哪一些又是我們這些潛心創作的作家在美其名為人生黃昏的此刻所回想起來的回憶呢？對律師來說，真相是未經修飾的事實。至於這些事實是不是能被挖掘出來，則是另一回事。對從事創作的作家來說，事實是素材，不是控制他怎麼做的工頭，只是他的工具。他的任務就是讓這些素材奏出樂聲。如果有所謂的真相可言，真正的真相並不在於事實本身，而在於其間的微妙差異。

真的有「純粹」的回憶這種東西嗎？我很懷疑。就算我們堅信自己冷靜客觀、忠於赤裸的事實，絕不出於自利而增刪修改，純粹的回憶仍然滑溜如潤濕的香皂，無法掌握。至少對我——一輩子都在融合經驗與想像力的我——來說，確實是如此。

每回想到值得一提的故事，我就會從當年在報刊上發表的文章裡挖出一段對話或陳述，因為如今讀來依舊津津有味，新鮮得很，況且隨著時日推移，回憶已經無法呈現同樣鮮明的意象：例如我對前KGB首腦瓦京．巴卡欽[7]的描述。也有些情況，我保留了當年所寫下的故事原貌，只稍微整理一

7 Vadim Bakatin, 1937-，一九九一—九二擔任蘇聯情報機構KGB最後一任主席。

下，或稍加潤飾，讓情節更清晰或更合時一些。

我不敢妄加揣測我的讀者對我的作品瞭若指掌，或甚至有一丁點認識，因此偶有解釋說明穿插於文中。但是請放心：我絕對沒有刻意偽造扭曲任何事件或故事。必要時會略作掩飾沒錯，但偽造扭曲，絕對不必。只要回憶裡有任何不確定之處，我都會特別述明。日前有一本談論我人生的書出版，其中約略提及了一、兩則故事，但都只有片麟半爪，所以我當然很樂於自己再談一遍，用我自己的聲音述說，也竭盡可能注入我自己的情感。

有些事情我在當時並不瞭解其中的重要性，後來很可能因為某位主角的離世才意識到。在漫長的人生中，我沒有寫日記的習慣，只偶爾寫寫旅行筆記，或記下幾行此生難再有的對話：例如，我在巴勒斯坦解放組織主席阿拉法特被逐出黎巴嫩之前，與他的會面。之後，我到突尼斯他住的白色旅館拜訪他，卻沒能如願，在我離開後又隔幾個星期，就在這個城市，駐紮在同一條馬路幾哩之外的多位巴解高級將領，遭以色列暗殺小組狙殺。

擁有權力的人，無論男女，都很吸引我，因為他們就活生生在我們面前，而且我很想知道他們的動力到底是什麼。可是事後回想，在他們面前我都只是似有見地地點頭，適時搖頭，想辦法擠出一、兩個笑話化解緊張。一直要到會面結束，回到飯店房間之後，我才掏出我那亂七八糟的筆記本，努力把方才聽到、看到的一切理出個頭緒。

其他在旅行中保存下來的潦草筆記，大部分都不是我個人的記事，而是我闖蕩江湖時陪在我身邊保護我的那些虛構角色寫的。這些筆記都是以他們的角度，用他們的筆法來書寫，而非我的角度、我的筆法。那次我蜷縮在湄公河畔的掩蔽壕裡，這輩子頭一次聽見子彈飛射進頭頂上方的土堤時，用顫抖的手在骯髒的筆記本上吐露憤慨之情的並不是我，而是我那位勇氣十足的虛構英雄，戰地記者傑里．威斯特貝[8]。對他來說，被子彈擊中只不過是日常生活的一部分。我始終以為只有我是這樣的，但後來我認識一位知名的戰地攝影記者，他告訴我，只有透過鏡頭，他才能擺脫恐懼。

呃，我從來都沒能擺脫恐懼。但是我瞭解他的意思。

☆

如果你運氣夠好，在寫作生涯剛起步就贏得成功，就像我當年出版《冷戰諜魂》之後那樣，你這輩子就會簡單分成「墮落前」和「墮落後」兩個階段。回頭去看你被探照燈逮住之前寫的書，讀起來就像你天真無邪年代的作品；而之後的書，若處於低潮，簡直像是人在受審時的艱苦奮戰。「太過用力了。」書評家大聲說。我從來不覺得自己太過用力。我覺得為了成功，必須竭力把自己最好的東西表現出來，而且整體而言，不管這所謂的「最好」到底是優是劣，都是我努力的成果。

8 Jerry Westerby，勒卡雷小說《榮譽學生》的角色。

而且我熱愛寫作。我喜歡做我此時此刻正在做的事：烏雲密布的五月清晨，像個隱匿者在窄仄的書桌前振筆疾書，山雨順著窗戶倉皇奔落，沒有理由撐起傘蹣跚走到火車站去，因為《紐約時報國際版》要到午餐時間才會送到。

我喜歡邊走邊寫，散步的時候，搭火車或泡咖啡館的時候，寫在筆記本上，然後趕快回家，檢視自己的戰利品。在漢普斯德，石南園[9]裡有張我最喜歡的長凳，窩在一棵枝繁葉茂的大樹下，遠離其他的座椅，我很愛坐在那裡寫東西。一直以來，我只用手寫。這麼說或許很傲慢，但我偏愛這已經流傳千年之久的非機械化書寫傳統。我身上怠惰已久的繪畫藝術家真的很享受塗畫文字的樂趣。

我最喜歡的是寫作的隱密性，這也是我之所以不參加文學節活動的原因，而且只要可能，我就不接受專訪，雖然從過往的紀錄來看好像並非如此。有時候，通常都是在夜裡，我會後悔莫及，恨不得自己從沒接受過任何訪談。你先是創造了自己，接著，又相信了你所創造的。這和自知之明簡直是背道而馳。

進行研究之旅的時候，我或多或少可以因為真實人生裡的另一個名字而受保護。在旅館簽名時，我可以完全不擔心是不是會有人認出我的名字；而沒有人認出來的時候，我又苦惱尋思是為什麼。若是碰到我希望能借用其經驗的人，不得不如實招認自己的身分時，後果也大不相同。有人會不肯再給我分毫信任，但也有人會把我捧上天，當我是情報組織的頭頭，我反駁說我只做過最低階的情報工作，他的回答卻是你當然會這麼說囉，不是嗎？然後不斷給我許多我不想要、不能用，聽過就不記得的告白，只因誤以為我可以代為轉達給某個「我們知道是誰」的人。這種既好笑又傷神的困境，我碰到過好幾次。

但是在過去五十年裡，被我這樣騷擾過的可憐人——從製藥企業的中階行政主管到銀行員、傭兵，以及各形各色、程度不一的間諜——大部分都對我表現出極大的耐心與寬容。而最寬大為懷的莫過於戰地記者和國外特派記者，他們保護著寄生蟲似的小說家，相信他擁有他其實並沒有的勇氣，還允許他如影隨形。

如果沒有大衛．葛林威的忠告與陪伴，我簡直無法想像自己如何完成在東南亞與中東的短暫訪問。葛林威是《時代雜誌》、《華盛頓郵報》與《波士頓環球報》戰功彪炳的東南亞特派員。膽小的新手簡直難望其項背。一九七五年一個下雪的早晨，我們在這幢農舍一起吃早餐，享受暫時離開前線的片刻休息。就在這時，他接到華盛頓辦公室打來的電話，說被圍困的金邊馬上就要淪陷紅色高棉手中。從我們的這座山村沒有馬路可以下山，只能搭小火車去轉搭較大的火車，再換乘更大的火車，輾轉到蘇黎士機場。轉瞬之間，他已經從一身阿爾卑斯山的裝束換成戰地記者的粗衫布衣和舊麂皮鞋，和妻女吻別，迅速走下山坡到車站去。我也快步追著他，因為他的護照在我手上。

葛林威舉世聞名，因為他是最後一位降落在被圍困的美國駐金邊大使館屋頂的美國記者。一九

---

9 he Heath, Hampstead Heath：是倫敦著名的公園之一。

八一年，我在連接約旦和西岸的阿倫比橋[10]得了痢疾，葛林威粗暴地帶我穿過等待通關的大批煩躁旅客，憑藉純粹的意志力，以三寸不爛之舌讓我們得以通過檢查哨，送我過橋。

重讀我對一些事件的描述時，我發現不知是因為太過於自我中心，還是刻意想讓故事顯得更鮮明生動，我隱去了當時也在場的其他人不提。

我想起和俄國物理學家，也是政治犯的安德烈．沙卡諾夫[11]與他的夫人葉蓮娜．邦納[12]在餐館裡談話的往事。那天在當時還叫列寧格勒的城市裡，「人權觀察組織」（Human Right Watch）為保護我們，派了三名成員與我們共桌，一起忍受KGB的幼稚干擾——他們派出一隊人馬裝作攝影記者，在我們附近繞來繞去、手上的舊式相機閃光燈泡不停對著我們的臉猛閃光。我很希望當天在場的其他人也在別的地方留下他們自己對那歷史性一天的紀錄。

我回想起雙面諜金．費爾比[13]的多年同事與好友尼可拉斯．艾略特[14]端著一杯白蘭地，在我倫敦家裡的客廳昂首闊步。我後來才想起內人當時也在場，坐在我對面的扶手椅，和我一樣被他給迷住。甚至就在走筆至此時，我才想起那天晚上艾略特帶著妻子伊麗莎白來吃晚飯，受邀的還有一位我們很喜歡的伊朗客人。這位朋友講得一口完美的英文，只稍微有一點顯得頗有魅力的瑕疵。這位伊朗客人離開之後，伊麗莎白轉身，眼睛發亮，非常興奮地對尼可拉斯說：

「你有沒有注意到他有點口吃，親愛的？**和金一樣！**」

關於我父親羅尼的冗長故事，會擺在本書末尾而非開頭篇章，因為我不想讓他如其所願地又強行搶占了故事的鋒芒。儘管我花了許多時間為他傷透腦筋，他卻跟我母親一樣，在我心中仍舊成謎。除非特別指明，否則書中所有情節都是新寫就的。如有必要，我也會改換名字；主角或許過世了，但他的後人和繼承人可能無法理解箇中幽默。我嘗試條理分明地梳理自己的人生，就算不是編年紀事，也盡量以主題分類；不過也跟人生一樣，路愈變愈寬，到後來就不連貫，也難有條理了。有些故事最後只能呈現出它們在我心中的樣貌：純粹的意外，不需多加解釋，沒有任何特殊意義，只是反映出我心裡的想法，因為它們讓我警惕、恐懼或感動，讓我在半夜突然醒來，讓我哈哈大笑。

隨著歲月流轉，我所描述的某些際遇，在我眼中彷彿成了一小段從「犯罪當場」捕捉到的歷史，我想年紀較大的人都會有這種感覺。通篇重讀，從鬧劇到悲劇，再從悲劇到鬧劇，我覺得有點不太可靠，但不確定是為什麼。或許讓我覺得不可靠的其實是我自己的人生。不過事到如今，要再做什麼都

10 Allenby Bridge，為以色列與約旦邊界關卡，以色列端稱為「阿倫比橋」，約旦端稱為「胡笙國王橋」（King Hussein Bridge）。

11 Andrei Sakharov, 1921-1989，蘇聯原子物理學家，曾主導蘇聯氫彈研發，被稱為「蘇聯氫彈之父」，同時也致力於人權運動，於一九七五年獲諾貝爾和平獎。為了紀念他，歐洲議會設立的歐洲最高人權獎命名為「沙卡諾夫獎」。

12 Elena Bonner, 1923-2011，沙卡諾夫的第二任妻子，致力於人權運動，一九七五年蘇聯不准沙卡諾夫出國領取諾貝爾和平獎，即由邦納赴瑞典代領。

13 Kim Philby, 1912-1988，英國知名雙面諜，就讀劍橋大學時加入共產黨，後進入英國情報機構，為蘇聯提供情報，一九六三年逃往蘇聯，一九八八年病逝於莫斯科。

14 Nicholas Elliott, 1916-1994，英國情報機構ＭＩ６官員。

來不及了。

☆

有很多事情我從來不願意寫，每個人的人生裡必定都有這樣的事情。我有過兩位忠於婚姻、摯愛奉獻的妻子，對於她們，我有無盡的感謝，也有很多的歉意。我始終不是模範丈夫與模範父親，也向來不想如此表現。我很晚才懂得愛，在經過多次失足之後才懂。我沒為自己的四個兒子做好道德示範。至於我在英國情報單位的工作（主要都是在德國執行），已經有別人在別處發表過基本上並不正確的描述，我也不希望再補充。一來是基於我對自己服務過的單位還有著老派的忠貞態度，再者也是因為對於願意與我合作的女士先生們，我曾有過承諾。我們之間達成的共識是，保密的約定沒有期限，將延續到他們的兒女及子孫。我們進行的工作既不危險，也不戲劇化，但對投身其中的人來說，卻包含了痛苦的自我反省。無論這些人如今是不是還在世，保密的承諾依舊未變。

間諜這個工作，可以說是從出生以來就對我有莫大的吸引力，一如大海之於福里斯特[15]，或印度之於保羅．史考特[16]。我以一度自己熟知的祕密世界為藍本，試著為我們所棲身的這個更為廣闊的世界創造一個大劇場。最初源自想像，接著尋找實境。然後再回到想像，最後來到我此刻俯首疾書的書桌。

1 請善待你的情報組織

「我知道你是什麼人！」大聲嚷嚷的是工黨政府前國防大臣丹尼斯．希利[1]，地點是在我們兩人同時受邀的一場私人宴會上。他從門口穿過人群朝我走來，伸出一隻手。「你是共產黨間諜，你就是，承認吧！」

所以我乖乖承認，任何好人在那樣的情況下什麼都會承認。所有的人都笑了起來，包括我那位略受驚嚇的主人。我也笑了，因為我是個大好人，像一般人那樣開得起玩笑。同時也因為丹尼斯．希利雖然是工黨的大魔頭，老愛在政治議題上打打鬧鬧，卻也是個頗有聲望的學者與人道主義者，我很欽佩他，更何況他還比我多了幾杯黃湯下肚。

15 C. S. Forester, 1899-1966，原名 Cecil Louis Throughton Smith，英國小說家，以海軍小說著稱，包括改編為電影《非洲皇后號》的 *The African Queen*。

16 Paul Scott, 1920-1978，英國小說家，著名的作品包括《英屬印度四部曲》（*The Raj Quartet*）。

1 Denis Healey, 1917-2015，英國工黨政治家，曾出任財政大臣與國防大臣。

「你這個王八蛋，康威爾。」這位中年的軍情六處[2]官員以前是我的同事，在英國大使舉辦的外交酒會上，當著一屋子華盛頓的圈內人對我吼道。「你這個徹頭徹尾的王八蛋。」他沒想到會見到我，可是這會兒，他很樂於有機會當面告訴我，說我玷辱了我們情報局的榮譽——我們那個他媽的情報局，他媽的該死！——醜化了那些熱愛自己國家，卻無法出面替自己辯護的先生女士。他拱起背站在我面前，一副準備出拳的模樣，若非外交官們出手安撫他，把他往後拉開，隔天早上媒體肯定炸鍋了。

酒會的閒聊慢慢又恢復進行。但在這之前，我已經想到，惹毛他的不是《冷戰諜魂》，而是接下來的那本《鏡子戰爭》。這本小說講的是一個波蘭裔英國情報員被派到東德出任務，結果被丟在那裡自生自滅，很淒涼的故事。不幸的是，在我們共事的那段時間，東德是這位前同事的部分轄區。我心裡有個念頭一閃，想告訴他剛退休的美國中情局局長艾倫・杜勒斯[3]曾經說，這本書要比前一本更貼近事實得多，但我怕這麼一來只會火上加油。

「沒心沒肺吧，我們？沒心沒肺又沒能力！真是多謝你啦！」

怒火沖天的前同事不是只有這一位。過去五十年來，儘管語氣沒這麼忿怒，但相同的斥責屢次朝我襲來，這不是什麼惡意或集體的行動，只是備受傷害、自認為所當為的先生女士們一再吶喊。

「為什麼針對我們？你明明知道我們究竟是什麼樣的人！」或者更不堪地說：「你已經靠著出賣我們賺了大錢，總可以稍稍放過我們了吧。」

而且總會有人隨時隨地鬼鬼祟祟地提醒說，情報組織不能回擊，面對惡意宣傳無力抵禦。因為情報工作成功必須默不作聲，只有失敗時才會被外界得知。

「我們絕對不像我們這位主人所形容的，」默里斯・歐菲爾德[4]在午餐時嚴肅地對亞歷・堅尼斯爵士[5]說。

歐菲爾德是英國情報局的前局長，後來被柴契爾夫人整得很慘。但我們見面那時，他就只是另一個退休的老間諜。

「我一直都很想認識亞歷爵士。」我邀請他的時候，他用他那親切的北方鄉下腔對我說，「上次我在從溫徹斯特回來的火車上和他坐對面，可惜我不敢開口找他講話。」

堅尼斯正要在ＢＢＣ改編的《鍋匠 裁縫 士兵 間諜》裡扮演我筆下的情報員喬治・史邁利，很希望能找個貨真價實的老間諜好好聚一下。但是這頓午餐無法進行得如我預期那般順利。吃開胃菜的時候，歐菲爾德口口聲聲讚揚他那個老情報局的道德標準，用最客氣的方式，意有所指地說「席上這

---

2 Military Intelligence 6，簡稱ＭＩ６，正式名稱為「祕密情報局」（Secret Intelligence Service，簡稱SIS），為英國對海外的情報機構。

3 Allen Dulles, 1893-1969，是美國中央情報局首位文人局長，且為歷來任期最長（一九五三—一九六一）的局長。

4 Sir Maurice Oldfield, 1915-1981，英國情報組織官員，一九七三—七八任ＭＩ６處長。

5 Sir Alec Guinness, 1914-2000，英國演員，以《桂河大橋》獲奧斯卡最佳男主角，曾在英國ＢＢＣ改編的史邁利劇集裡飾演史邁利，贏得英國影劇學院最佳電視男主角獎。

位年輕的大衛」糟蹋了組織的好名聲。曾經當過海軍軍官的堅尼斯打從見到歐菲爾德的那一刻起，就把自己當成是祕密情報局的高階官員，只能睿智地搖頭贊同。吃到多佛比目魚的時候，歐菲爾德又把他的論述更往前推進一步：

「就是年輕的大衛之流，」他完全無視於坐在他身邊的我，隔著桌子對堅尼斯說：「讓局裡更難招募夠格的情報員和線民。他們讀過他的書，就不肯來了。這很自然。」

堅尼斯聽他這麼說，垂下眼皮，以近乎哀嘆的模樣搖搖頭，而我正在買單。

「你應該加入文學協會的，大衛。」歐菲爾德親切地說，意思就是加入文學協會可以讓我變成更好的人，「我願意親自贊助你。真的。你很樂意，對吧？」我們三個站在餐廳門口，他對堅尼斯說：「真是愉快，亞歷。我得說我很榮幸。我們很快就會再見，我相信。」

「一定要的。」堅尼斯熱忱地回答，兩個老間諜握手。

對離去的這位客人，堅尼斯顯然還意猶未盡，深情款款地目送他踩著沉重腳步在人行道上愈走愈遠：身材瘦小，精力充沛，胸懷大志的紳士，隨身攜帶的雨傘戳著面前的人行道，一步步消失在人群裡。

「我們喝杯干邑再上路，如何？」堅尼斯提議，而我們都還沒回過神來，審訊就開始了：

「那對袖釦好俗氣啊。我們所有的間諜都戴那玩意兒？」

不是的，亞歷，我想只是剛好默里斯喜歡俗氣的袖釦。

「還有那雙花俏的橘色麂皮靴，生膠鞋底的，是為了進行祕密行動穿的？」

我想其實只是穿起來舒服罷了，亞歷。生膠鞋底走起路來可是會吱吱嘎嘎響。

「告訴我吧，」他抓起一個空酒杯，略微傾斜，用粗粗的指尖輕輕敲著。「我看過有人這麼做——」他表演給我看：手指一面敲，一面若有所思也似地看著杯內。「——也看過有人這樣做，」手指繞著杯緣摩娑，還是同樣若有所思的神情。「但是我從沒看過有人這樣做——」手指探進杯裡，繞著內緣轉。「你覺得他是在找殘餘的毒藥嗎？」

他是認真的嗎？堅尼斯身上的那個小孩，這輩子從沒這麼認真過。這個嘛，我說他如果是在找殘餘的毒藥，那毒藥老早已經喝下肚了。但他寧可不理會我。

這是娛樂史上的一段重要軼事，因為歐菲爾德穿的麂皮靴（不管是不是生膠鞋底）、拿在手裡戳著面前道路的捲起的雨傘，都成為堅尼斯詮釋的那位行色匆匆老間諜喬治·史邁利的正字標記。我最近並未查證袖釦的事，但我記得，我們的導演認為那副袖釦有點太誇張，說服堅尼斯用沒那麼俗豔的東西來取代。

至於這次餐敘所造成的其他影響，可就沒這麼討人喜歡了，雖然就藝術層面來說更具有創意。歐菲爾德對我作品的反感——以及，我想，對我本人的反感——在堅尼斯的戲劇細胞裡深深扎了根，而且只要覺得有必要去喚起喬治·史邁利個人的罪惡感，或者誠如他喜歡暗示的，喚起我自己的罪惡感時，他也從不吝於提醒我。

☆

一百多年以來，我們的英國間諜和難以駕馭的小說家之間，始終有著讓人抓狂，有時甚至可笑到極點的愛恨糾葛。就像小說家本身一樣，英國間諜想要形象，想要魅力，但千萬別要求他們忍受嘲諷，忍受負評。一九〇〇年代初期，作品格調不一的間諜小說作家，從厄斯金．柴德斯[6]到威廉．勒克[7]和菲利浦斯．奧本海姆[8]，喚起了大眾反德的公憤，所以說最初是他們協助創設了情報組織倒也不失公允。在那之前，紳士理論上不該看其他紳士的信，雖然實際上還是有不少紳士這麼做。隨著一九一四到一九一八年的世界大戰，小說家薩默塞特．毛姆和他的英國情報員翩然而至，但據大部分的說法呢，這小說並不是太出色。邱吉爾抨擊他的《祕密情報員》（*Ashenden*）違反國家機密保護法時，面臨同性戀醜聞威脅的毛姆就燒毀十四篇未出版的短篇小說，其餘作品也遲至一九二八年以後才出版[9]。

小說家兼傳記作家，也是蘇格蘭民族運動支持者的康普頓．麥肯奇[10]就沒這麼容易嚇唬了。第一次世界大戰期間因病退役之後，他加入軍情六處，成為英國反情報組織在中立國希臘的主管，表現出色。然而，他常覺得自己的上司與指令很荒謬，也秉持作家本色，拿來當取笑的素材。一九三二年，他因違反國家機密保護法被起訴，罰款一百英鎊，原因是他那本自傳色彩的《希臘回憶錄》（*Greek

Memories）裡充塞駭人聽聞的失檢言行。但他沒學到教訓，一年之後，他又藉由諷刺意味濃厚的《水腦症》（*Water on the Brain*）來洩忿。我聽說軍情五處[11]的麥肯奇檔案裡有一封寫給局長、措詞嚴厲的信，署名用的是英國情報局局長傳統上用的綠色墨水：

「最慘的是，」局長寫給聖詹姆斯公園另一側的戰友：「麥肯奇揭露了情報局通訊專用的一些符號[12]，有些目前仍在使用。」麥肯奇地下有知一定樂得很。

不過，說起軍情六處最令人印象深刻的文學叛徒，非格雷安．葛林莫屬，雖然我很懷疑他自己知

---

6 Erskine Childers, 1870-1922，英國小說家，愛爾蘭獨立運動領導人，代表作《沙岸之謎》（*The Riddle of the Sands*）被譽為現代間諜小說的濫觴，並入選ＢＢＣ過去三百年必讀的一百本書籍。

7 William Le Queux, 1864-1927，法裔英國外交官、旅行家與作家，著有百部以國際陰謀為背景的小說。

8 Phillips Oppenheim, 1866-1946，英國小說家，以間諜驚悚小說著稱，作品超過百部。

9 作者注：引自克里斯多福．安德魯（Christopher Andrew）《英國情報局》（*Secret Service*），一九八五年William Heinemann出版。

10 Compton Mackenzie, 1883-1972，英國小說家、傳記作家與歷史學家，終生致力蘇格蘭民族運動，為一九二八年蘇格蘭民族黨創黨人之一。

11 Military Intelligence, Section 5，簡稱ＭＩ５，正式名稱為「英國安全局」（Security Service），負責國內的安全與情報事務。

12 作者注：感謝克里斯多福．安德魯（Christopher Andrew）的《祕密組織》（*Secret Service*, William Heinemann出版，1985）。這些情報函件往來通常都是以ＭＩ６的三個字母代號為首，接著是代表分處代碼的數字。

不知道，他差一點點就和麥肯奇一樣被送上法庭。我最愛回想的一段一九五〇年代末期的回憶，是在情報局絕佳的員工餐廳裡和安全局的律師喝咖啡。他是個親切溫和，抽菸斗的傢伙，不像官僚，倒像家庭律師，但那天早上，他頭痛得不得了。他收到《哈瓦那特派員》（*Our Man in Havana*）的樣書，已經讀了一半。我說我嫉妒他的好運，他卻嘆口氣，搖搖頭。他說，這個叫葛林的傢伙會被起訴。葛林利用戰時在軍情六處工作的經驗，精確描繪英國大使館情報主管與外勤情報員之間的關係，一定會被關進大牢裡。

「這本書寫得真好。」他抱怨說：「他媽的好得要命。就是這樣才麻煩。」

我在報上搜尋葛林被捕的消息，但是他始終逍遙法外。或許軍情五處的大頭們最後決定，一笑置之要比大呼小叫來得好。為了報答他們的寬厚為懷，葛林二十年後送給他們一本《人性因素》（*The Human Factor*），書中的他們不只是笨蛋，還是殺人凶手。不過，軍情六處想必警告過他。在《人性因素》的前言裡，他慎重其事向我們保證，他沒有違反國家機密保護法。挖出一本早期版本的《哈瓦那特派員》，你也會找到相同的免責聲明。

但是歷史證明，我們的罪孽終究會被遺忘。麥肯奇最後獲封爵位，而葛林則獲頒功績勳章。

「在您最新的小說裡，先生，」有位認真的美國記者問我：「有個主角說，如果他以前能寫作，就不會變成叛國賊了。能不能請您告訴我們，先生，如果一開始沒能寫作，您會成為什麼人？」

在為這個危險的問題搜尋安全的答案時，我心想，我們的情報組織是不是該感謝他們這些投身寫作的文學界叛徒。與其他方式可能掀起的腥風血雨相比，寫作簡直安全得像玩積木一樣。我們那些深陷困境的可憐間諜多麼希望愛德華・史諾登[13]當初是去寫小說啊。

☆

所以，在外交晚宴上面對怒火沖天、一副準備出拳揍我模樣的前同事，我該如何回答呢？沒有必要告訴他，我在某些書裡描寫的英國情報局比我在現實世界裡所知的更有能力。也沒必要告訴他，曾有位最資深的情報官員說《冷戰諜魂》是「有史以來唯一奏效的雙面諜報行動」。當然更沒必要告訴他，在惹惱他的那本小說裡，我之所以描繪孤立的英國情報部門懷舊感傷的戰爭遊戲，是有更大的企圖心，而不只是想對他的機構發動冷血攻擊。相信我，萬一我當下堅稱說，如果你是個奮力想發掘國族靈魂的小說家，那麼情報局也算是個合理的探查地點，我還沒說到主動詞，就會被撂倒在地了。

至於他說他的機構無法還擊，我想呢，西方世界任何地方的諜報單位都不像敝國的情報機構一樣，得到國內媒體如此的寬容厚愛。內幕報導相當少見。我們的新聞審查系統（不管是出於自願還是

---

13 Edward Snowden, 1983-，美國中央情報局與國家安全局職員，二〇一三年將美國監聽的「稜鏡計畫」祕密文件洩漏給《華盛頓郵報》與《衛報》，遭美國政府通緝。

為曖昧但嚴苛的法律所強制），我們巧妙營造的人脈體系，以及英國大眾對全面監督疑似非法行為的集體棄守，都讓自由與非自由世界的每一個情報員羨慕不已。

我也沒必要指出，許多前情報官員「獲批准」的回憶錄是要為情報局披上外衣，得到他們希望搏得的讚賞；而所謂的「正史」其實是給更令人髮指的罪行戴上能讓人寬恕的面紗。我更沒有必要指出，我們國內報紙刊載著不計其數的報導，是在比我和莫里斯·歐菲爾德的午宴氣氛更為融洽的餐敘上捏造出來的。

或者我該向我這位怒氣沖天的朋友說，把職業間諜描述成像我們一樣會犯錯的普通人，這樣的作家是在履行最基本的社會義務——甚至，相信我，是在執行民主功能，因為在英國，我們的特勤組織無論如何都還是我們的政治、社會與企業菁英的心靈歸宿。

我親愛的前同事，所謂我的不忠也僅止於此。親愛的希利爵士，我的共產主義色彩也僅止於此，回頭想想，你在年輕時代也不能容許別人如此說你吧。

☆

五十年後的今天，很難形容一九五〇年代末期到一九六〇年代初期瀰漫在白廳[14]祕密情報權力走廊上的不信任氛圍。一九五六年，我二十五歲，正式加入軍情五處（ＭＩ５）擔任低階官員。他們告訴我，要是我年紀再小一點，就不符資格了。我們稱之為「五處」的這個組織素以自己的成熟老練為傲。不過呢，儘管再老練，他們也還是徵召了蓋伊．伯吉斯[15]、安東尼．布朗特[16]和其他幾位名字宛如幾乎已被遺忘的足球明星般，縈繞在英國大眾記憶裡的可悲叛徒。

我懷著極高的期待進入情報組織。這挖掘情報的工作，雖然非常微不足道，卻養成了我時至今日都還無法饜足的大胃口。我的專案主管全都親切友善，效率極高，且體貼入微。他們訴諸我的使命感，喚醒我沉睡已久的公學男生吃苦耐勞的義務。身為派駐奧地利的國家安全局情報人員，我敬畏著那些神出鬼沒的文職人員，他們偶爾蒞臨我們這個單調乏味的格拉茲駐地，而且賦予那裡其實並不存在的神祕色彩。直到後來踏進他們的堡壘之後，我才猛然回到現實世界。

黨員大約兩萬五千人的英國共產黨已日薄西山，還得靠著軍情五處的線民運作才能不土崩瓦解，監視這樣的組織，完全不符合我的遠大抱負。而局裡自我滋長的雙重標準更是讓我氣餒。不管怎麼說，軍情五處都是英國公務員與科學家私生活的道德仲裁人。在當時的調查程序下，同性戀與其他被認為越軌的行為都是可以拿來勒索的弱點，所以被禁止從事機密工作。可是局裡卻甘於忽視自己人的

14 White Hall，為倫敦西敏寺區的一條道路，為英國中央政府機構集中地，亦為英國政府的代稱。

15 Guy Burgess, 1911-1963，英國情報官員，為知名的雙面間諜「劍橋五人組」（Cambridge Five）之一，出身上流社會，在劍橋就讀期間為蘇聯吸收，畢業後進入英國情報組織，為蘇聯提供情報。

16 Anthony Blunt, 1907-1983，「劍橋五人組」成員，亦為知名藝術史學者，曾受封爵士，至一九七九年身分曝光後剝奪爵位。

同性戀行為，而局長本人就公開在平日與祕書同居，週末才回到妻子身邊，甚至還下條子給值夜官，免得萬一他老婆打電話來追問他的下落。不過，老天垂憐登記處那個裙子八成太短或太緊的打字小姐，或者那位以眼神對她表達愛慕之意的已婚科員。

局裡的高層都是從一九三九至一九四五年的光輝歲月倖存下來的臨老之人，而中間階層則是從幅員逐漸縮水的大不列顛帝國殖民地調回的警官或轄區官員。面對那些拚命想把自己的國家搶回來而不惜採取莽撞行動的當地人，他們或許有豐富的鎮壓經驗，但是回來捍衛他們其實也不太瞭解的母國時，就顯得比較不安了。在他們眼裡，英國工人階級反覆無常，難以捉摸，和一度叛變的伊斯蘭托缽僧不相上下。而工會更只是共產黨的掩護組織。

同時，年輕的間諜獵人如我者，渴望逮到更大的目標，但受命不必浪費時間去尋找蘇聯控制的「非法之徒」，因為據無懈可擊的權威消息指出，在英國領土上沒有這樣的間諜在行動。至於是誰說的，又是誰聽見的，我始終不知道。但四年就夠了。一九六〇年，我申請轉調軍情六處，成為我那些滿心不悅的老闆口中所謂「公園對面那些王八蛋」的一員。

但是請容我藉此表達對軍情五處的感激之情，雖然這份恩惠我無以為報。我這輩子所接受過最嚴格的寫作訓練，不是來自任何老師或大學教授，更不是從寫作學校學來的，而是來自於梅菲爾區柯森街軍情五處總部頂樓那些受過古典教育的高階官員。他們一副快活的老學究模樣，抓起我的報告，對結構不連貫的子句和完全沒必要的副詞十分不屑，然後在我不朽文章的頁緣打上分數，諸如：贅詞——刪除——論證——草率——你真的是這個意思？我交手過的編輯都沒他們這麼嚴苛，或者應該說都沒他們這麼正確。

到了一九六一年春季，我已經完成軍情六處的入門課程，學會一身我從來不需要，也很快就忘光的技能。結業典禮上，局裡的訓練主管，一個身穿花呢西裝、身材結實、臉色粉紅的老手，眼泛淚光地叫我們回家等命令。也許要等上一陣子。原因呢：他發誓說他從沒想到竟然有非說不可的一天——在局裡任職多年，備受信任的一名人員，被揭穿身分，竟是蘇聯雙面諜。他的名字是喬治．布雷克[17]。

布雷克叛國案的規模，即使以今天的標準來看，都還是極為重大：有數以百計的英國間諜——他自己也不記得有多少人——身分曝光；被認為對國家安全極為重要的監聽掩護行動，例如（並不僅此一例）柏林監聽隧道，還沒啟用就被炸毀了；軍情六處整個人事系統、安全藏身處、戰鬥指令與全球外站，全遭破解。布雷克在英蘇兩國都算是最有能力的外勤幹員，同時也是追尋上帝的人，在身分曝光之時，他已先後信仰了基督教、猶太教和共產主義。而被監禁在日後因他逃獄而聲名大噪的苦艾林監獄時，他還教獄友讀《可蘭經》呢。

驚聞喬治．布雷克變節消息的兩年後，我在波昂的英國大使館當政治組二等祕書。有天傍晚，我的上司把我叫進辦公室，告訴我一個消息，說是僅供我個人參考，雖然這個消息隔天所有的英國人都

17 George Blake, 1922-，英國雙面諜，韓戰期間為蘇聯吸收，一九六一年被揭穿身分入獄，一九六六年逃獄奔赴莫斯科。

會從報紙上得悉：軍情六處出色的前任反情報主管，一度還成為英國情報局局長熱門人選的金．費爾比，也是俄國間諜，而且我們後來才慢慢知道，他從一九三七年就被蘇聯吸收了。

在本書的後面章節，會提及在戰時與承平時期都是費爾比朋友、知己與同事的尼可拉斯．艾略特，和費爾比在貝魯特的最後一次見面。費爾比在那次的晤談裡吐露了部分心聲。你或許會想，艾略特對那次晤談的描述出奇簡短，究竟是因為怒火中燒還是義憤填膺？其實原因很簡單。間諜不是警察，也不是道德現實主義者（儘管他們愛想像自己就是）。如果你一生的任務就是說服叛徒投入你的陣營，結果你愛之如手足兄弟與親密同事、分享情報生活每一個細節的同志被別人吸收了，你實在也不能怨嘆。這是我在寫《冷戰諜魂》時謹記在心的教訓。而後來寫《鍋匠　裁縫　士兵　間諜》時，照亮我前進道路的正是金．費爾比這盞昏暗的燈。

諜報工作和寫小說其實是天造地設的一對。兩者都需要隨時準備好窺見人類的罪愆，以及通往背叛的諸多途徑。我們這些曾經身在情報圈的人，從未真正離開。就算在踏進這個圈子之前，並沒有諜報行動的習慣，進入這個圈子之後，我們也永遠擺脫不了它們了。要證明這個論點，只要看看格雷安．葛林，以及他自己想出來的、與ＦＢＩ鬥智的軼事就成了。也許那些他不願合作的傳記作者也記錄了這些趣聞，不過最好還是別看吧。

葛林這位小說家與前間諜，晚年時一心相信自己上了ＦＢＩ監視共產黨員的黑名單。他當然有充分的理由，因為他去過蘇聯很多次，從不掩飾自己對既是朋友又同為間諜的金．費爾比友誼堅貞，還曾經拚命想讓天主教與共產主義的宗旨融而為一，只是未果。柏林圍牆築起之時，葛林站在不該站的那一邊拍照，告訴全世界，他寧可站在那邊，也不要到這裡來。事實上，他和美國的嫌隙，以及擔憂自己激進主張所可能帶來的後果，到了無以復加的地步，後來和美國出版公司的人見面時，甚至堅持地點必須是在美加邊境的加拿大境內。

有一天，他終於有機會看一眼自己的ＦＢＩ檔案。裡面只有一條記錄：他和政治立場飄忽不定的英國芭蕾女伶瑪歌・芳婷[18]在一起，而那時她還在為她那位不忠且癱瘓的丈夫羅伯托・阿里亞斯[19]打一場註定要落敗的仗。

帶領我踏進祕密領域的並非諜報行動。逃避與欺騙是我童年不可或缺的武器。青少年時期，我們都是某種間諜，但我卻已是退役的老兵。情報世界擁我入懷的時候，感覺就像回到家一樣。至於為什麼會如此，最好留待後面「作者父親之子」那章再談吧。

18 Margot Fonteyn, 1919-1991，英國知名芭蕾明星，被譽為英國最偉大的芭蕾伶娜。

19 Roberto Arias, 1918-1989，巴拿馬國際法律師與外交官，出身政治世家，曾任巴拿馬駐英大使，亦曾捲入政變。一九六四年在巴拿馬遭槍擊，終生癱瘓，據傳是因與友人之妻的婚外情所致。

2 格羅布克博士的法律

「該死的波昂」是六〇年代初期我們英國年輕外交官對這個地方的稱呼。不是有意對萊因河畔這座沉寂的礦泉之都、神聖羅馬帝國選帝侯所在地與貝多芬出生地不敬，只是對我們的地主國竟然癡心妄想要把首都搬到柏林頗為懷疑地脫帽致敬罷了。而且我們也很樂於和他們一樣確信此事絕對不會成真。

一九六一年的英國大使館是一幢大而無當的醜陋工業建築，位在波昂與巴德戈德斯貝格之間有分隔島的雙向大道旁。這裡有堂堂三百名員工，大多派駐來此，而非從當地聘僱。時至今日，我還是想像不出來，身處萊因區悶熱汙濁的空氣裡，其他人都在幹些什麼。然而對我來說，在波昂的那三年為我的人生帶來地動天搖的巨變，如今我認為，過去的人生之所以無可避免地走向終結，之所以投身寫作生涯，都是從那個地方開始。

沒錯，我人還在倫敦的時候，第一本小說就已經有出版社願意出版了。但一直到我調赴波昂好幾個月之後，那本書才低調問世。我還記得在一個潮濕的週日下午，開車到科隆機場買英國報紙，然後停好車，坐在波昂遮雨篷下的長椅，自己一個人讀報。書評還算客氣，雖然不如我所期待的那麼讓人欣喜若狂。他們接受了喬治・史邁利。突然之間，一切就這樣發生了。

也許所有的作家不管是在人生的哪個階段，都會有這樣的感覺：好幾個星期、好幾個月的苦惱折磨和冤枉路；珍貴的打字初稿；經紀人和出版公司行禮如儀的熱心積極；審閱校對；高度期待；大日子接近時的憂慮不安；書評，突然間事情就結束了。你寫這本書已經是一年前的事了，除了寫些新的東西，你還想等什麼？

這個嘛，其實，我正在寫新的東西。

那時我已經開始寫一本以公學為背景的小說。場景借用的是我唸過的謝爾本（Sherborne），以及任教過的伊頓。有人說我從還在伊頓教書時就開始構思這部小說，但我自己並沒有這個印象。每天出門到大使館上班之前，我在極其不可思議的時間起床，以很短的時間完成小說、寄出去。所以又一次，事情就這樣搞定了——只是接下來我決心要做點更具爭議的東西。我要寫我門前的世界。

☆

派駐一年之後，我的轄區已經遍及整個西德，讓我擁有完全的行動與進出自由，沒有任何限制。身為大使館裡巡迴各處、宣揚英國加入歐洲共同市場好處的一員，我可以大搖大擺進入西德各地的市政府、政治社團和市長室。年輕的西德政府決心展現民主開放社會的風貌，因此所有門都為這位愛追根究柢的年輕外交官敞開。我可以整天坐在國會的外交旁聽席，找跑國會線的記者與顧問共餐，也可以敲部長的門，加入示威隊伍，參加各式各樣探討文化與德國精神的週末研討會；同時，在第三帝國垮台十五年之後努力推敲，舊德國究竟是在何時結束，而新德國又是從何時開始。在一九六一年，這並不是那麼容易的事。至少對我而言並不容易。

從一九四九年西德成立就擔任總理到一九六三年才卸任的康拉德．艾德諾[1]，外號叫作「老頭」，曾有一句名言，清清楚楚點出問題所在：「沒弄到清水之前，別急著倒掉髒水。」一般都認為他這句話是暗指漢斯．約瑟．馬利亞．格羅布克博士[2]，這位在國家安全與其他諸多事務上發揮諸多幕後影響力的人物。格羅布克的紀錄，就算是以納粹的標準來看也很不尋常：遠在希特勒掌權之前，他就已經因為替普魯士政府草擬反閃族法而聲名大噪。

在服侍新主子兩年後，他草擬了紐倫堡法，剝奪所有猶太人的德國國籍，同時為了辨別身分，規定猶太人名字裡一定要加進「薩拉」或「以色列」。和猶太人結婚的非猶太人則強制必須拋棄配偶。他在阿道夫．艾希曼[3]麾下，任職於納粹政府的猶太事務部，草擬了「保障德國血統與德國榮譽」的新法律，似是大屠殺的先兆。

與此同時，格羅布克也設法與右翼的反納粹抗爭團體搭上線（我想是因為他是極度虔誠的天主教徒），他給自己買了雙重保險：倘若暗殺希特勒的行動成功，他內定出任高階職務。或許就是因此，戰爭結束後他逃過一劫，盟軍並沒有起訴他。艾德諾一心一意要把格羅布克拉進陣營，而英國也沒擋格羅布克的路。

於是到了一九五一年，大戰結束將近六年，也是西德創建三年之後，漢斯．格羅布克博士為他那些已經很少被想到、從以前到現在的納粹同事通過了一道法律。在格羅布克新法（我是這麼稱他的這條法律）之下，希特勒政權的公務員如果因為超乎他們所能控制的情況而職涯受阻，此後可以像第二次世界大戰根本沒發生，或德國贏得大戰勝利一樣，得到薪資的全額補償，還可以拿到過去欠發的薪水，享有退休福利和退休金。換句話說，若非盟軍戰勝礙事，他們公務員生涯中原可得到的一切升遷，如今都可以得到。

影響立竿見影。納粹的老看門狗霸占著美差不放，而沒怎麼被汙染的年輕一代卻只能過著低人一等的生活。

---

1 Konrad Adenauer, 1876-1967，德國政治家，在第一次世界大戰期間當選科隆市長，成為德國最年輕的市長。納粹掌政之後，因拒絕與納粹合作而遭解職，在西德成立之後成為第一任總理。

2 Dr. Hans Jose Maria Globke, 1898-1973，西德高階文官，他的反閃族態度與納粹掌政期間的行徑引發頗多爭議，也為拔擢他的艾德諾總理帶來困擾。但在納粹時期，他的入黨申請因為他與天主教的密切關係而遭駁回。他與反希特勒的組織保持往來，據說還獲得允諾，倘使暗殺希特勒的行動成功，他將出任部長。

3 Adolf Eichmann, 1906-1962，納粹德國執行猶太大屠殺的主要人物，被稱為「納粹劊子手」，第二次世界大戰後移居阿根廷，為以色列情報機構綁架，公開審判後處死。

☆

接著登場的是這位約翰尼斯．烏里希博士。他是學者、檔案專家，熱愛巴哈、優質勃艮地紅酒，以及普魯士軍事史。一九四五年四月，就在柏林軍事指揮官無條件向俄國投降的幾天前，烏里希正做著他過去十年來在做的事：忙著在柏林威廉大街德國外交部的普魯士皇家檔案室管理檔案，是個低階檔案管理員。因為普魯士帝國於一九一八年瓦解，他所經手的檔案都至少有二十七年的歷史。

我雖然認識他，但沒見過他年輕時的照片。我想像那時他體格矯健，一絲不苟地穿著西裝和硬領襯衫，宛如活在他心所嚮往的那個舊時代。希特勒掌權之後，三度有上司遊說他加入納粹黨，他三次都拒絕了。於是，一九四五年春天，朱可夫[4]將軍的紅軍開進威廉大街時，他還是個低階檔案管理員。進入柏林的蘇聯軍隊對俘虜戰犯並沒有太大興趣，但是德國外交部答應交給他們高價值的人犯和可以用來追究納粹罪責的檔案。

面對迫近眼前的蘇聯軍隊，烏里希的所作所為時至今日已成傳奇。他用油布裹起帝國檔案、裝進手推車，不顧處處開火的輕型武器、迫擊砲和手榴彈，推到一片軟土埋起來，然後及時趕回工作崗位，準備被俘。

以蘇聯軍事審判的標準來看，他罪無可逭。身為納粹檔案管理員，他被認定是法西斯主義侵略行動的代理人。接下來十一年，他待在西伯利亞的監獄裡，其中六年單獨監禁，其餘幾年則關在精神失常罪犯的集體牢房中。為了生存，他學會模仿他們的行為怪癖。

一九五六年，他在囚犯遣返協議下獲釋。返抵柏林後，他的第一個行動是帶領一支搜尋隊去他埋藏檔案的地方，親自監督挖掘出土。之後，他才回去休養生息。

☆

現在再回頭談格羅布克的新法。

這位從納粹時代起就忠心耿耿的公僕、布爾什維克暴行的受害者，獲得任何功勳獎勵都不過分吧？儘管他曾三度拒絕入黨。儘管對納粹一切作為的深痛惡絕，讓他更潛心浸淫在普魯士帝國的過往歷史裡。你不妨捫心自問，倘若第三帝國得勝，一個有著金光閃閃學術成就的年輕檔案學家能爬到多麼高的地位？

約翰尼斯·烏里希有十一年的時間沒看過西伯利亞監獄圍牆外面的世界，但這段服刑期間，卻依舊被當成是個前程遠大的外交官來看待。因此，他獲得的待遇是按照他原應有的升遷來計算的，包括

4 Georgy Zhukov, 1896-1974，蘇聯軍事將領，在德蘇戰場戰功彪炳，被譽為二次大戰最傑出的軍事領袖之一。

補發的薪水、津貼、退休金權利，以及——絕對是公務員最想要的額外福利——大小與他地位相稱的辦公空間。噢，還有帶薪休假，一年，至少。

恢復健康之後，烏里希深入鑽研普魯士歷史。他重拾對勃艮地紅酒的喜愛，娶了一位樂觀幽默、非常崇拜他的比利時傳譯。最後，終於有一天，他再也抗拒不了普魯士靈魂裡不可或缺的責任感召喚，穿上新西裝，讓妻子幫他打好領帶，載他到外交部——如今已不再位於柏林威廉大街，而是位於波昂的外交部。一位工友陪他走進他的房間。不是房間，他想，是一間國務議事廳啊。有張三英畝大的辦公桌，他敢說那是亞伯特．史培爾[5]設計的。不管他自己喜不喜歡，約翰尼斯．烏里希博士此後成為西德外交部的資深代表。

☆

若要形容意氣風發的烏里希——我自己有幸在幾個場合碰到過——你會看見一個五十多歲、背微佝僂，精神奕奕的男子，騷動不安沒一刻停歇，讓你以為他還在他的西伯利亞牢房內來回踱步。他忽而轉頭用怪異的眼神瞥你一眼，以防萬一自己做得太過分；忽而又轉著那雙困擾的眼睛，為自己的行為舉止而驚懼，爆出一陣笑聲，再次揮動手臂，繞著房間打轉。可是他並沒有瘋，不像當年和他一起關在西伯利亞的那些可憐囚犯。他非常聰明，神智清楚到令人難以忍受的地步。一如既往，瘋的不是他自己，而是他周圍的人。

首先，在我位於萊因河畔克尼格斯溫特爾市租來的外交官舍裡，他得要為聚集此地、聽得入迷的晚宴賓客鉅細靡遺描述他的國務議事廳：想像那德國國徽，有著紅色爪子的黑色老鷹，轉頭睥睨，在牆上瞪著他看——他為我們模仿那隻鷹頭轉右肩的輕蔑冷笑——還有配備銀製墨井與筆架的大使級文具組。

接著，拉開想像中那張巨達三英畝的亞伯特．史培爾書桌抽屜，他為我們抽出西德外交部的機密部內電話表，皮面精裝；他告訴我們，用的是上好的牛皮。他用空空的雙手奉上給我們，醉心地垂下頭聞皮革的味道，為皮質的優異翻了個白眼。

他打開來。非常緩慢。每一次的重新扮演都是在為他自己驅魔，是精心編排的淨化動作，要把第一次見到這份名單時的感覺驅逐殆盡。名單上是同一批貴族姓氏，也就是在荒唐透頂的約阿希姆．馮．里賓特洛普[6]麾下建立外交功績的那些人。在希特勒政府擔任外交部長的里賓特洛普，人在紐倫堡的死牢裡都還說他愛希特勒。

這些有著高貴姓氏的人如今或許成為比較稱職的外交官，也或許已經洗心革面成為民主鬥士。他

---

5 Albert Speer, 1905-1981，德國建築師，在納粹時期擔任裝備部長，曾以歐洲首都為目標，規劃設計柏林。後在紐倫堡受審，入獄二十年。

6 Joachim von Ribbentrop, 1893-1946，納粹德國外交部長，為狂熱的納粹分子，戰後在紐倫堡大審被判絞刑處死。

們或許像格羅布克一樣，為了希特勒終將垮台的那天而和某些反納粹組織談好了條件。可是烏里希並不想用這樣善良的眼光看他的同事。在我們這一小群觀眾的注視下，他癱在扶手椅裡，喝了一口我用外交官免稅特權從大超市裡為他買來的優質勃艮地紅酒。他表演給我們看的是那天早上、在他那間國務議事廳裡，第一眼看見那份牛皮精裝、機密的西德外交部內部電話名錄之後所做的事：他就這樣癱坐在真皮大扶手椅裡，名單攤開在雙手間，默默看著一個又一個高貴的姓氏，慢動作那樣從左到右，細細讀著每一個有von和zu的名字。我們看著他眼睛睜得老大，嘴裡唸唸有詞。他盯著我家的牆。我就是這樣瞪著我那間國務議事廳的牆，他告訴我們。我就是這樣瞪著我那間西伯利亞牢房的牆。

他從我的椅子裡跳起來——或者應該說是他國務議事廳裡的椅子——走回亞伯特．史培爾那張巨達三英畝的大書桌——儘管這明明只是一張藤邊桌，挨在通往我家院子的玻璃門邊——他用雙掌把電話名錄壓平。我的藤桌上沒有電話，但是他拿起想像的聽筒，另一手的食指劃過電話名錄上的第一個分機號碼。我們聽見內線電話嘟嘟響起。是烏里希用鼻音模仿嘟嘟聲。我們看見他寬厚的背部拱起、挺直，接著聽見他的鞋跟以眾所周知的普魯士風格用力靠併；我們聽見那軍事化的吶喊，聲音大得足以吵醒在樓上睡覺的我家小孩：

Heil Hitler, Herr Baron! Hier Ullrich! Ich möchte mich zurückmelden! ——希特勒萬歲！我是烏里希！我要向您報告我銷假上班了！

☆

我不希望給讀者留下錯誤印象，以為在我們局裡耗盡心力推動英國貿易與對抗共產主義時，我在德國當外交官的三年時光都浪費在斥責老納粹身居高位這樣的事情上。就算我真的對老納粹不滿——他們其實也沒那麼老，因為在一九六〇年，我們距希特勒的年代也不過只有半個世代之久——也只是因為發現，和我同齡的德國人為了能順利展開自己事業，竟然必須善待當年參與摧毀國家的人。

我常自問，年輕有為的政治人物如果發現他們黨裡的高階職位充斥著諸如恩斯特・阿肯巴赫[7]之流的瘋子，會作何感想？阿肯巴赫在德國占領巴黎時期擔任德國駐法國大使館的資深官員，親自督導大規模遣送法國猶太人進奧斯威辛集中營的行動。法國和美國都很想讓阿肯巴赫接受審判，但是他本身就是律師，不知道用了什麼神祕的手段讓自己脫身。他沒被送上紐倫堡法庭，反而創立了自己的律師事務所，替那些被控和他相仿罪名的人辯護，靠此大賺其錢。我那年輕有為的德國政治圈朋友知道有個恩斯特・阿肯巴赫督導他的事業發展，會有什麼反應呢？我尋思。他會只是吞吞口水，露出微笑嗎？

---

7 Ernst Achenbach, 1909-1991，德國律師與外交官，納粹時期派駐巴黎，戰後曾任德國聯邦議員與歐洲議會議員。

在波昂和之後的漢堡任職期間，我關心的雖然不只一端，但德國始終未被征服的過往總是讓我怎麼也甩不開。在內心深處，我從來就沒接受當時的政治正確，雖然表面上乖乖遵循。從這一點來看，我猜我的行為和一九三九至四五年大戰期間的許多德國人並無二致。

一直到我離開德國之後，這個問題還是不肯放過我。在《冷戰諜魂》出版許久之後，我回到漢堡尋找一位德國小兒科醫生，他被控參與納粹的安樂死計畫，消滅對亞利安國沒有用的多餘人口。結果這個控訴案是捏造的，起因於一位學術界競爭對手的嫉妒，完全子虛烏有。我被狠狠訓了一頓。同一年，一九六四，我到路德維希堡造訪「巴登符騰堡國家社會黨罪行調查中心」主任鄂溫・胥勒。我是在搜尋後來寫成《德國小鎮》的素材，不過當時還沒有想到要用波昂的英國大使館當作背景，因為那段經歷還離我太近。

結果鄂溫・胥勒完全就是宣傳單上的模樣：正直，坦率，敬業。他手下那六、七位膚色蒼白的年輕律師也不遑多讓。他們在各自的小隔間裡，花很長的時日從納粹檔案與少得可憐的目擊證詞裡蒐集駭人聽聞的證據。他們的目的是找出個人的暴行，因為個人可以送上法庭審判，軍事單位不行。他們跪在小孩玩的沙坑前面，擺設一個個編有號碼的人偶。一排是穿制服帶槍的玩具兵。另一排是穿著家常便服的玩偶，有男有女，有大人有小孩。在它們之間的沙地上有一條小溝，是等待被填滿的萬人塚。

到了晚上，胥勒和太太邀請我到家裡吃飯。他們家位在樹木蓊鬱的山坡，我們坐在陽台上用餐。胥勒熱情洋溢地談起他的工作。這是使命，他說。具有歷史的必要性。我們都說很快要再找時間碰面。但我們沒有。隔年二月，胥勒在華沙步下飛機，他獲邀去檢視近期發現的納粹檔案。結果，迎接他的是一張放大影印的納粹黨員證。他的黨員證。蘇聯政府同時展開對他罪行的一連串追究，包括指控他在蘇聯前線作戰時以手槍擊斃兩名俄國平民，並強暴一名俄國婦女。但這些罪狀最後仍再次證明是子虛烏有。

教訓？你愈是努力尋找絕對的事物，愈是不可能找得到。在我和胥勒見面時，我相信他是個正直的人。但他必須帶著自己的過往活下去，無論有多少的罪孽，都必須想辦法因應。他那一代的德國人是如何辦到的，我始終很感興趣。德國巴德爾－曼因霍夫[8]時代的爆發，我一點都不意外。對許多德國年輕人來說，他們父母的過往已經被埋葬、被否定，或者就只是以謊言隱瞞其存在。總有一天會有某些事情炸開來，而後來也的確如此。而炸開來的不只是少數「搗亂分子」，而是一整代忿怒的青年。他們是沮喪的中產階級子女，躡手躡腳走進門廊，為第一線的恐怖分子提供後勤與道德的支持。

這樣的事情會在英國發生嗎？我們已經很久不再和德國相互比較了。或許是因為我們不再有這樣的勇氣。如今德國已經是一個自信、無侵略野心的民主大國——更別提他們所樹立的人道典範——對我們許多英國人來說，如同難以下嚥的苦藥。而這也是讓我久久懊喪不已的傷痛。

---

8 Baader-Meinhof，為西德極左組織，一九七〇年由Andreas Badder與Ulrike Meinhof創立，後成為赤軍（Red Army Faction），涉及眾多武裝暴力行動，被西德政府指為恐怖組織。

3 官式訪問

一九六〇年代初期在英國駐波昂大使館任職期間，我最欣然接受的任務之一就是陪同——或者像德國人說的「帶去逛大觀園」——前途看好的德國後起之秀訪問團到英國學習我們的民主方式，希望能讓他們——這是我們很自豪的期待——迎頭趕上。他們大多是第一次當選的國會議員或行情看漲的政治記者，其中有些人非常聰穎出色，而就我印象所及，全部都是男性。

每個團平均在英國待一個星期：週日傍晚從科隆機場搭英國歐洲航空的班機啟程，由英國文化協會或外交部代表接機致歡迎詞，然後在下一個週六早晨回國。五天緊湊的行程裡，訪賓會拜訪上下兩院；觀摩下議院的質詢；拜會英國高等法院，也許參觀英國國家廣播電台；會見內閣部長和反對黨領袖，至於要見誰，一方面由訪團的立場決定，一方面則視接待方當時的想法。訪問團也會參訪英格蘭具代表性的田園美景（溫莎古堡、簽署大憲章的蘭尼米德，以及典型的英國鄉村小鎮：牛津郡的伍斯達克）。

至於晚上，他們可以選擇到劇院看表演，或按各自的興趣安排節目，也就是——請參見你們的英國文化協會資料袋——天主教或基督教的團員可以各自與相同信仰的教友晤面，社會主義者可以和他們的工黨弟兄相聚，若是個別有更為專業的興趣（例如第三世界崛起的議題）也可以和志同道合的英國人一起坐下來討論。有任何進一步的問題，請不要客氣，隨時聯繫您的導遊兼翻譯——也就是在下我。

他們可一點都不客氣。所以我才會在某個宜人的夏季週日晚間十一點鐘，站在西區一家飯店的禮賓經理櫃台前，手裡拿著一張十鎊紙鈔，六、七個精神抖擻的德國年輕議員在我背後探頭探腦，想找女伴。他們才剛抵達英國四個小時，大部分都是第一次來。他們對六〇年代倫敦的印象就是自由放任，而他們也決心要隨之自由放任。我碰巧認識的一位蘇格蘭場警官推薦了龐德街的一家夜店，說「那裡的女孩很有職業道德，不會坑你們」。兩輛黑色計程車載我們到夜店門口。但是大門深鎖，燈都沒亮。那位警官竟然忘了在距今已時日久遠的當時，我們有週日公休的法律。在訪賓希望破滅的情況下，我把飯店禮賓經理當成最後的指望，而十鎊紙鈔也確實不負所望：

「往左手邊走上柯森街，差不多過半條街的地方，有扇窗戶亮著藍色的燈，寫著：『教授法文』。要是燈熄了，表示女孩們都在忙。要是燈沒熄，表示她們可以開門迎客。但是別張揚喔。」

要陪我的這些客人赴湯蹈火在所不辭，還是要放他們自己去享樂呢？他們個個熱血沸騰。他們只能講一點點英文，但他們的德文可不是低調安靜的那種。藍燈並未熄滅。那是別具暗示意味的霓虹燈，似乎也是整條街上唯一亮著的燈。一條短短的花園小徑通到前門。有個發亮的按鈕寫著「請按」。我的這些團員把飯店經理的建議拋在腦後，不肯保持安靜。我按下門鈴。來開門的是個身穿白色寬大長袍，頭綁印花絲巾的大塊頭中年婦人。

「什麼事？」她氣呼呼地問，彷彿我們吵醒她的美夢似的。

我正要為打擾她而開口道歉，但有位西法蘭克福選區的國會議員搶在我前面。

「我們是德國人，我們想學法文。」他大聲嚷出他僅有的幾個英語字彙，引來同伴們的呼嘯讚許。

我們的女主人不為所動。

「五鎊一節，一次一個人。」她說，那嚴厲的表情活像大學預校的舍監。

正準備留我的團員去享受他們的「專業」興趣時，我瞥見兩個制服巡警，一老一少，沿人行道朝我們走來。我當時穿黑色西服外套，條紋長褲。

「我是外交部的人，這幾位先生是我們官方的客人。」

「別這麼吵，」年紀較大的那位說，紋風不驚地繼續往前走。

4 發言權

任職波昂的英國駐德大使館三年期間，陪同過的訪客裡，讓我印象最深的是弗里茨．厄勒爾[1]。在一九六三年，他是德國社會民主黨國防與外交政策的領導人物，一般都認為他會是未來的德國總理。我出公差去旁聽眾議院辯論時，發現他機智且凌厲地和總理艾德諾及國防部長法蘭茲．約瑟夫．史特勞斯[2]脣槍舌戰。因為我私底下對那兩人的憎惡程度，與厄勒爾公開表現出來的不相上下，所以能有機會陪他訪問倫敦，讓我加倍雀躍。他此行是要與英國國會的各黨派領袖舉行會談，包括工黨黨魁哈洛德．威爾森[3]與首相哈洛德．麥米倫[4]。

當時最急迫的問題是德國的發言權：倘若爆發核子戰爭，在從德國基地發射美國飛彈的決定上，德國有多少發言權？厄勒爾不久前在華盛頓與甘迺迪總統及國防部長羅勃．麥克納馬拉討論的就是這

---

1 Fritz Erler, 1913-1967，德國政治家。
2 Franz Josef Strauss, 1915-1988，德國政治家，曾任基社黨主席與數個內閣職務，後擔任巴伐利亞邦總理。
3 Harold Wilson, 1916-1995，英國工黨政治家，曾兩度（一九六四—七〇，一九七四—七六）擔任英國首相。
4 Harold Macmillan, 1894-1986，英國保守黨政治家，曾於一九五七年至一九六三年擔任英國首相。

個問題。大使館指派我做的工作就是全程陪同他參訪英國，發揮私人祕書、打雜工兼翻譯的功能。雖然聰明的厄勒爾其實英文比表面上來得好，但他喜歡透過翻譯的過程，替自己爭取多一些思考時間，所以有人告訴他說我並不是訓練有素的傳譯時，他也不覺得有問題。整趟訪問為期十天，行程非常緊湊。外交部幫他在薩伏伊飯店訂了一間套房，也讓我住在同一條走廊上只隔幾道門的房間。

每天早上大約五點，我就在河岸街的報攤買份報紙，坐在大廳沙龍，聽著薩伏伊真空吸塵器的聲音在耳邊迴盪，勾選出我想厄勒爾在今天的拜會前會有興趣知道的新聞或評論，然後把報紙擺在他的房門外，回到自己房間，等待我們七點鐘準時開始的晨間慢跑。

頭戴貝雷帽、身穿防水風衣，闊步走在我身邊的厄勒爾，整個人看起來嚴厲且不苟言笑，但我知道他並不是這樣的人。我們會朝某個方向走十分鐘，每天路線都不同。然後他會停下腳步，一百八十度轉身，低著頭，雙手交叉在背後，眼睛盯著路面，背出我們剛才經過的店名和招牌，我則負責核對看看他背的是否正確。就這樣走過幾回之後，他對我解釋說，這是他在達豪集中營養成的自我心智鍛鍊方式。大戰爆發前不久，一九三八年，身為一名年輕的社會民主主義者，他因為圖謀反叛納粹政府，被判入獄十年。一九四五年，在囚犯行軍離開達豪的死亡之旅中，他設法逃走，躲在巴伐利亞，直到德國投降。

心智鍛鍊顯然有用，因為就我記憶所及，他沒背錯任何一個店名或招牌。

☆

接下來十天的會面是見識西敏寺各種特別好、普通與不太好的走馬看花之旅。對桌的那些臉孔在我的記憶裡歷歷如繪，我也還彷彿聽得見某幾個人的嗓音。我覺得哈洛德．威爾森講話的聲音特別不容易讓人專心。我沒有專業傳譯所應該有的超然態度，對眼前人物的聲音與外表特質太過感興趣。我尤其記得威爾森沒點燃的菸斗，以及他拿菸斗來當舞台道具的誇張動作。至於那些應屬高層對話的具體內容，我一點都不記得了。我們的與談者和我一樣，對國防議題所知不多，真是謝天謝地，因為我雖然死背了「保證相互毀滅」（Mutually Assures Destruction, MAD）烏漆墨黑難解字彙裡的一大串專有名詞，但無論是英文或德文，我都同樣摸不著頭緒。可是我不相信自己的嘴巴裡曾經講出這些名詞，而時至今日，我也嚴重懷疑自己還認得這些字。

只有其中一場會面始終在我的記憶中無法磨滅，無論是影像、聲音還是談話內容，那是我們十天參訪行程的高潮：據說將是德國未來總理的弗里茨．厄勒爾在唐寧街十號拜會當時的英國首相哈洛德．麥米倫。

☆

當時是一九六三年九月中旬。那年三月，國防部長約翰・普羅富默[5]對下議院發表個人聲明，否認與克莉絲汀・基勒（Christine Keeler）有任何不當關係。這位基勒小姐在夜店工作，生活受到當時倫敦知名的整脊師史蒂芬・瓦德（Stephen Ward）照顧。已婚的國防部長養情婦或許該嚴厲譴責，但也不是前所未聞的事。只是據基勒自己的說法，他很可能與蘇聯駐倫敦大使館的海軍武官共享女友，那就太超過了。倒楣的整脊師史蒂芬・瓦德成了替罪羔羊，經過一場莫須有的審判之後，史蒂芬沒等到判決出來就自殺了。六月，普羅富默辭掉部長與國會議員的職務。十月，麥米倫也辭職了，說是因為健康不佳。厄勒爾和他的會面是在九月，離他棄械投降之前不到幾個星期。

我們很晚才抵達唐寧街十號，不是個好兆頭。派來接我們的公務車沒有出現，穿著黑色西裝外套與條紋長褲的我被迫走到馬路中央，攔住經過的一輛車，強迫駕駛停車，要他盡快載我們到唐寧街十號。駕駛是位身穿西裝的年輕人，身邊坐了一位女乘客。可想而知，他以為我肯定是瘋了。但是那位女乘客罵他：「快啊，快載他們去，要不然他們要遲到了！」她說。那名年輕人咬著下唇，乖乖聽她的話。我們爬進後座，厄勒爾給那位年輕人一張名片，說歡迎他們隨時到波昂玩。而我們還是遲到了十分鐘。

被請進麥米倫的私人辦公室之後，我們道歉，坐下來。麥米倫一動也不動地坐在辦公桌後面，肝斑點點的手擱在面前。他的私人祕書，也是威爾斯近衛軍，沒多久之後就晉封騎士的菲利普．戴．朱魯塔（Philip de Zulueta）坐在他旁邊。厄勒爾用德文道歉說車子遲到了。我用英文附和他的話。首相雙手按著一片玻璃，玻璃底下是首相專用的摘要紙，用大大的字體打印厄勒爾的簡歷，那字大得可以倒著看。手寫的「達豪」兩字也非常之大。當麥米倫講話的時候，他一雙手不停摸著玻璃，好像在讀點字。他那貴族風格的含糊發音，就像彼得．庫克[6]在諷刺作品《超越底線》裡精準描繪的那樣，宛如老舊留聲機以非常緩慢的速度播放唱片。他右眼眼角流下一行止不住的淚水，淌過臉上的紋路，流進襯衫衣領裡。

用遲疑的愛德華時代禮儀說了幾句歡迎的應酬話——他們安排得還好嗎？他們有沒有好好照顧你？他們有安排你見適當的人？——然後，麥米倫以掩不住的好奇態度問他想來談什麼問題。說這個問題讓厄勒爾很意外，還算是輕描淡寫。

「Verteidigung.」他回答。

---

5 John Profumo, 1915-2006，英國保守黨政治家，一九六三年發生醜聞，導致保守黨政府垮台，他退出政壇，潛心慈善工作，贏得肯定，晚年獲英國女王贈勳。

6 Peter Cook, 1937-1995，英國諷刺作家兼喜劇演員，與劇作家亞倫．班奈（Alan Bennett）等人組成《超越底線》（Beyond the Fringe）的表演班底，在英、美巡迴演出並帶動了六〇年代英國諷刺喜劇熱潮。

國防。

接收到這樣的訊息之後，麥米倫看看他的摘要，我只能推測他的眼睛就像我自己的眼睛一樣，再次被「達豪」那兩個大字攫住，因為他臉色一亮：

「嗯，這樣啊，厄勒爾先生，」他突然活力充沛地說：「你在第二次世界大戰吃盡苦頭，而我也在第一次世界大戰受苦受難。」

停頓了一下等待根本沒有必要的翻譯。

又一番你來我往的客套話。厄勒爾是個顧家的人嗎？是的，厄勒爾承認，他是個顧家的人。我忠實翻譯。應麥米倫的要求，他一一介紹自己的子女，並說他太太也積極參與政治。這我也翻譯了。

「你曾經和美國**國防專家**談過，我聽說。」麥米倫又看了看玻璃墊底下的那張大字簡介之後，用詼諧詫異的語氣說。

「Ja.」

是的。

「貴黨也有**國防專家**嗎？」麥米倫問話的語氣像是被群起圍攻的政治人物同情另一個被圍剿的政治人物。

「Ja.」厄勒爾的口氣比我預期的更為尖銳。

是的。

空隙。我瞥著朱魯塔，想要喚起他的支持。這是喚不來的。和厄勒爾近距離相處一個星期之後，我知道對話若是不如預期，他就會很不耐煩。我知道他不怕表現出他的失望。我知道他下了多少工夫準備這場會面，遠遠超過其他的拜會。

「他們來找我，你知道嗎，」麥米倫傷感地抱怨，「這些**國防專家**。我想他們也去找你了。他們告訴我，炸彈會落在這裡，會落在那裡。」——首相的手在玻璃上分派炸彈——「可是**你**在第二次世界大戰吃過苦頭，**我**在第一次世界大戰也吃過苦頭！」——又發現新大陸了——「你我都知道炸彈愛落在哪裡就落在哪裡！」

我還是翻譯了他的話。就算是用德文來講，也只花了麥米倫那席話三分之一的時間，聽起來也更荒謬兩倍。我翻譯完之後，厄勒爾沉思了一會兒。沉思的時候，他那張憔悴的臉上，肌肉不由自主地上下起伏。他猛然起身，伸手碰碰貝雷帽，謝謝麥米倫撥冗會見。他在等我起身，所以我也站了起來。麥米倫和我們大家一樣意外，半起身握手，然後又跌坐回椅子裡。走向門口的時候，厄勒爾轉頭對我宣洩他的怒氣：

「Dieser Mann ist nicht mehr regierungsfähig.」

這人已經不適任政府職務了。這句公式化的說法聽在德國人耳裡非常怪異，或許是他最近從哪裡讀來或聽來的。不管是怎麼回事，朱魯塔都聽見了，而且更慘的是，他懂德文。一句咬牙切齒的「我聽見了」飄進我的耳朵裡，更印證了我的猜想。

這回公務車等著我們。但是厄勒爾寧可走路，低著頭，雙手交叉在背後，眼睛盯著人行道。回到波昂，我寄給他一本剛出版的《冷戰諜魂》，坦承自己就是作者。聖誕節來臨時，他很好意地對德文媒體提到這本書。就在那個十二月，他正式當選德國國會反對黨領袖。三年之後，因癌症病逝。

5 敬啟者

每個年逾五十的人都記得自己那天身在何處，但是不管怎麼拚命回想，我就是不記得那天是和誰在一起。所以，倘若您是一九六三年十一月二十二日晚上、在聖潘卡拉斯市政廳坐在我左手邊那位卓越出眾的德國貴賓，或許願意不吝賜告。您肯定很卓越出眾，否則英國政府怎麼會邀請您？我也記得我們之所以造訪聖潘卡拉斯市政廳，是為了讓您在忙累的一天結束之際稍稍放鬆，讓您有機會輕鬆坐下，觀察我們英國草根民主的運作。

他們絕對是草根。市政廳擠得滿滿的，全是怒氣沖沖的人。叫嚷聲喧嘩吵鬧，我簡直聽不清楚他們對著台上在罵些什麼，更別說要翻譯給您聽了。沉著臉的服務生手臂抱胸在牆邊排排站，要是有人衝破防線，我們就會捲入混戰之中。我相信政治保安處有意為我們提供保護，但您婉謝了。我還記得我當時恨不得能否決您的決定。我們擠過人群，坐到大廳中央的凳子上，離最近的避難處非常遙遠。

群眾的怒火指向講台。台上站的這位眾矢之的，竭力保持風度。他是昆汀·霍格[1]，原本的海爾什姆子爵，放棄爵位，代表保守黨競選聖馬利波恩的國會議員席次。這場選戰是他自己喜歡，也是他自己所挑起的。一個月前，哈洛德·麥米倫辭職，而大選逼近。如今已沒有太多人記得這個名字，國外就更不要說了，但是昆汀．霍格，也就是海爾什姆子爵，在一九六三年是英國昔日逞兇鬥勇的代表性人物。伊頓公學出身，古典學者，打過世界大戰，律師，愛好登山，仇視同性戀，振臂疾呼的基督教保守主義者，更重要的是他是個善於作秀的政治人物，以言詞誇大、逞兇鬥狠而聞名。一九三〇年代，他和許多黨內同志一樣，明明打算與邱吉爾一決勝負，卻假裝和平共處。戰後，他成為政界隨處可見的那種功虧一簣的人，不時角逐高位，卻總是落得枯坐等候——但是今晚，而且一直延續到他漫長人生的終點，這位上流階級的英國好事分子讓選民又愛又恨。

我已經不記得霍格當晚論述的重點，就算我很努力在喧鬧聲中豎起耳朵聽，如今也都忘光了。但是我記得，就像當年許多人記得的，他那一臉紅咚咚的狠相，他那太短的長褲和綁鞋帶的黑色皮靴，兩腿劈得開開站著，宛如角力選手。還有他那張浮腫、神似農夫的臉，以及握緊的拳頭。當然，我也記得那愈來愈大聲的上流階級咆哮，壓過了大眾的怒吼，而我則忙著替我陪同的那位不知何方神聖貴賓翻譯群眾怒罵的內容。

從舞台左方走進一名莎士比亞戲劇裡的信差。我還記得是個頭髮灰白的小個子男人，半踮著腳尖走進來。他側身走近霍格，對著他的右耳低聲輕語。霍格那雙不分抗議嘲笑都揮個不停的手臂垂了下來。他歪著他那格外長的頭再次聽清楚耳邊的低語。那邱吉爾式的忿怒眼神被不敢置信所取代，接著是徹底的接受。他用謙卑的語氣道歉告退，以上絞刑架般的僵直姿態離開舞台，那名信差跟在他後面。一些懷有希望的人以為他是戰敗退場了，對著他的背影叫囂辱罵。慢慢地，整個大廳籠罩不安的寂靜。霍格回到台上，臉色慘灰，動作僵硬不自然。沒有任何聲音迎接他。他還是等待著，垂著頭凝聚勇氣。他抬起頭，我們看見他臉頰上的淚水。

最後他說出口了。此刻，永遠。如此簡短，如此不容置疑的聲明，和他今晚所說的其他長篇大論完全不一樣，永遠沒有其他聲明可以比得上。

「我剛得到通知，甘迺迪總統被暗殺了。大會結束。」

☆

事過十年。外交部的一位朋友邀請我去牛津的萬靈學院參加紀念已故捐助人的盛大晚宴。出席者全是男性，我相信這是當時的遊戲規則。所有的人也都不年輕。餐餚非常精緻，而博學多聞的交談就我可以理解的部分來看，也都非常有深度。隨著宴會進行到不同階段，我們從一個亮著燭光的房間走到另一個亮著燭光的房間，每一間都比前一間更高雅美麗，也都有著一張長桌，擺放學院年代久遠不

1 Quintin Hogg, 1907-2001，英國保守黨政治家，原於一九五〇年繼承世襲爵位為海爾什姆勳爵（Lord Hailsham），一九六三年宣布放棄爵位，參選下議院議員，擔任首相呼聲極高，卻未如願。後出任大法官，在保守黨內影響力極大，被譽為「保守黨的巨人」。他在一九七〇年再次封爵，是英國史上第一位辭去世襲爵位，又受封終身爵位的人。

可考的古董銀器。每換一次房間，我們的座位安排也跟著變換一次，就這樣，在換第二次——還是第三次？——的時候，我發現自己隔壁就是這位昆汀．霍格，或者應該依據他新名牌所標示的名銜稱呼他：新近受封的聖馬利波恩海爾什姆男爵。先前為了進入眾院而辭去世襲的爵位，如今這位前霍格先生給自己新的爵位封號，好重返貴族階級。

大部分時候我都不算是擅長聊天的人，特別是旁邊坐了個政治主張與我（倘若我有政治主張的話）背道而馳、鬥志旺盛的保守黨爵爺。我左邊那位令人肅然起敬的學者正滔滔不絕講述我一無所知的課題，而坐在我對面那位令人肅然起敬的學者則在論證希臘神話。我對希臘神話所知不多。而我右邊的海爾什姆男爵瞥了一眼我的名牌，陷入沉默。他的沉默如此不以為然，如此陰鬱，如此絕對，讓我覺得基於禮貌，必須打破沉寂。時至今日，我無法解釋到底是什麼樣古怪的社交禮儀制止我提及他在聖潘卡拉斯市政廳得知甘迺迪遭暗殺消息的那一刻。也許我是揣測他不想讓人提起他那次公開表露情緒的事。

為了找更好的話題，我開始談我自己。我說我是職業作家，並說出我的筆名，但這對他並沒有任何吸引力。說不定他早就知道了，所以才會這麼失望。我說我運氣不錯，在漢普斯德有幢房子，但大部分時間都住在西康瓦爾。我讚頌康瓦爾的鄉間美景。我問他是不是也在鄉下有個可以去度週末的地方。這會兒他至少得要回答了吧。確實是有像這樣的地方，他氣呼呼地給我一個簡短的回答：

「在海爾什姆啊，笨蛋！」

6 英國司法之輪

一九六三年仲夏，有位傑出的德國議員應英國女王陛下政府之邀，在我的陪同下來到倫敦訪問。他說他希望親眼見識英國司法之輪的轉動，而且是當著堂堂英國司法大臣本人面前提出這樣的要求。司法大臣的大名是狄爾宏[1]爵士，不過之前原本是叫曼寧漢—布勒，而國會裡的其他議員喜歡喊他「蠻漢」。

司法大臣是掌理全國法院的內閣閣員。如果有任何政治影響力想介入特定的司法審判案件——這當然是為天理所不容的事——那麼司法大臣就是最可能做這件事的人。我們這次會談主要討論的議題是為德國議員介紹英國法院如何招募並訓練年輕法官，狄爾宏對這個議題沒表現出絲毫興趣。對我們這位傑出的德國賓客來說，在納粹垮台之後的餘波裡，這是影響德國司法界未來發展的關鍵要務。但對狄爾宏大臣來說，這根本是毫無必要地浪費他寶貴的時間，他對自己的感受也完全不加遮掩。

1 Dilhorne，原名 Reginald Edward Manningham-Buller（1905-1980），英國律師暨保守黨政治家，一九六二至一九六四年擔任司法大臣。

但是在我們起身告辭時，他總算勉強問我們的客人——雖然有點敷衍——說他能不能做點什麼，讓他在英國的訪問更為順利。結果我們這位客人的回答（我欣然指出，他簡直迫不及待）有的，的確有。他想去旁聽史蒂芬．瓦德的審判。瓦德被指控靠著克莉絲汀．基勒傷風敗俗賺來的錢過活，而基勒在普羅富默醜聞案中所扮演的角色，我在前一章已提及。這個莫須有的恥辱罪名是捏造的，而狄爾宏就是其中的主導人物。聽了我們客人的請求，他臉色一變，咬牙切齒地說：「沒問題。」

於是幾天之後，我的德國客人和我就肩挨著肩地擠在中央刑事法庭的一號庭裡，坐在被起訴的史蒂芬．瓦德正後方。他的辯護律師正在發表結辯詞，而敵視瓦德的程度與檢察官不相上下的法官，則竭盡所能地為難他。我相信，但也不再百分之百確定，曼蒂．萊斯戴維斯（Mandy Rice-Davies）在公眾旁聽席裡，不過因為她得到許多媒體關注，所以她在場也可能是我想像出來的。

年紀太輕的讀者或許必須瞭解一下曼蒂在這場審判裡的角色。她是模特兒、舞者、歌舞女郎，也是克莉絲汀．基勒的室友。

而我百分之百肯定的是，我記得瓦德臉上筋疲力竭的神情。他察覺我們是某種ＶＩＰ，於是轉頭打招呼：緊張不安輪廓分明的臉，皮膚繃得緊緊的，微笑僵硬，眼球凸出，眼睛紅紅的，周圍一圈疲累的黑眼圈，還有老菸槍的沙啞嗓音，故作冷靜。

「我表現得如何啊，你們覺得？」他突然問我們兩個。

一般來說，你絕對料想不到，舞台上的演員會在戲演到一半的時候突然轉身和你閒聊。我代表我們兩人一起回答，要他放心，他表現得很好，但這話連我自己都不相信。幾天之後，還沒等到宣判，瓦德就自殺了。狄爾宏大臣和他的同謀終於逮到他們想要的人。

7 伊凡·塞洛佛的投誠

一九六〇年代初期，冷戰正值高峰，政府並不鼓勵派駐海外的低階英國外交官與他們的蘇聯對手稱兄道弟。任何這類接觸，不管是意外巧合，應酬或正式，都必須立即通報上級，而且最好是在事前。所以我被迫向倫敦辦公室報告，過去幾個星期以來，我每天和蘇聯駐波昂大使館的一位資深人員接觸，而且會面時都沒有第三人在場——這也在我們的公務體系裡掀起一場騷動。

發生這件事，我自己的意外程度其實並不亞於我的上司。我負責彙報的德國國內政治情勢正面臨又一次定期出現的震盪。《明鏡周刊》（*Der Spiegel*）的編輯因為違反德國機密法而身陷囹圄，送他入獄的法蘭茲·約瑟夫·史特勞斯，巴伐利亞出身的國防部長，則遭指控在德國空軍的星式戰鬥機採購案中有不當行為[1]。每一天都有一幫皮條客、浪蕩女和可疑中年男子登台演出，讓人瞥見巴伐利亞底層社會的浮光掠影。

在這政治動盪時期，我理所當然還是做我平常該做的事：快步衝進德國國會，在外交官旁聽席找位子坐下，逮住任何機會溜下樓，透過我的國會人脈打探消息。有一天我在這樣出擊之後返回旁聽席，卻意外發現有人坐走了我的座位。那是個和藹可親、胖嘟嘟的紳士，五十多歲，眉毛濃密，戴無框眼鏡，身穿寬鬆的灰色西裝，而且意外的是，在這樣的天氣裡，竟然還穿上比他圓滾滾的肚子小上好幾號的背心。

我之所以說那是「我的座位」，是因為狹小如歌劇院小包廂、高踞在國會議場後牆上的旁聽席，在我的經驗裡通常都莫名其妙地空無一人，除了一個叫舒茲先生（這名字聽起來就像假名）的CIA官員。舒茲先生曾經看我一眼，很可能是察覺到有被我汙染的危險，於是想辦法坐得離我愈遠愈好。但是今天，旁聽席裡只有這位胖紳士。我對他微笑。他也慈愛地對我笑笑。我找了和他相隔幾個座位的椅子坐下。下方的辯論如火如荼。我們各自凝神傾聽，也都意識到彼此的專心致志。午餐休息時間我們站起來，為誰先走出門口謙讓一番，然後各自走到樓下的國會餐廳，一面在不同的桌子上喝著本日例湯，一面禮貌地對彼此微笑。幾個國會助理過來和我一起坐，但我那位外交旁聽席的鄰居卻從頭到尾都是自己一個人。喝完湯，我們回到旁聽席的座位。國會議程結束，我們分道揚鑣。

隔天早上我到國會時，他已經又坐在我的位子上，衝著我笑。午餐時間，我和幾個遊說團體的記者閒聊，他還是獨自一人喝著湯。我應該邀他加入我們嗎？畢竟他也是我們的外交官同行。我應該過

1 一九六一年洛克希德公司的國會說客被德國國會調查時作證指出，國防部長史特勞斯在星式戰鬥機採購案中收受至少千萬元的賄賂，《明鏡周刊》披露此一消息，史特勞斯卻下令逮捕該刊編輯，事件發展成醜聞，五名部長同時辭職，對總理施壓，最後史特勞斯被迫辭職。

去和他一起坐嗎？我的這種同理心，一如往常，其實是毫無根據的：他非常自得其樂地讀他的《法蘭克福日報》。那天下午他沒出現，不過那是個夏日的週五，國會早早就打烊了。

隔週一，我還沒來得及在我的老位子上坐下，他就進來了，基於對樓下咆哮喧鬧的尊重，他一根手指貼著嘴唇，伸出另一隻軟綿綿的手來打招呼。但是這樣的親暱態度，卻讓我馬上有了罪惡感。我深信他認得我，而我不認得他。我們一定在波昂沒完沒了的外交酒會上碰過面，他始終記得我們的會面，我卻不記得。

更慘的是，從他的年齡和氣質來判斷，他非常可能是波昂不計其數、無足輕重的大使中的一個。這些無足輕重的大使最不喜歡的，就是其他的外交官，特別是不認得他們的年輕外交官。又耗了四天，真相才得以揭露。我們都是愛做筆記的人：他用的是有格線的劣質筆記本，用紅色橡皮筋束起來，每記完一條，就把橡皮筋推回原處；我用的是口袋大小的空白便條紙，我匆匆記下的筆記裡，偶爾穿插著偷偷畫下的國會主力議員漫畫。所以說來或許無可避免，某個沉悶下午的休息時間，我會發現我的鄰居頑皮地伸長身子，越過我們之間的空座位，問他可不可以看一下我的筆記。我一答應，他無框眼鏡下的眼睛就愉快地瞇成一條線，上半身因為無聲的笑而抖顫，然後，他以魔術師般的誇張手法，從背心口袋變出一張邊緣有點折損的名片，觀看著我讀那上面的字：印的先是俄文，然後為了愚昧無知者，也印上了英文。

伊凡．塞洛佛先生，二等祕書，蘇聯大使館，波昂，西德。

底下還有一行用黑色墨水手工印上的龍飛鳳舞的大寫字體，寫的也是英文：文化。

☆

時至今日，我耳中都還聽得見我們接下來隔著幾個空座位的對話：

「要不要找時間喝一杯？」

喝一杯很不錯。

「你喜歡音樂？」

非常喜歡。其實我是個音痴。

「結婚了？」

我是結婚了。你呢？

「內人歐嘉也很喜歡音樂。你有房子？」

在克尼格斯溫特爾。何必騙他？我的地址列在外交官名錄裡，他想查隨時可以查得到。

「房子很大？」

四間臥房，我數也沒數就回答。

「有電話號碼嗎？」

我把我的電話號碼給他。他寫下來，也給我他的電話號碼。我給他我的名片：二等祕書（政治組）。

「你會彈奏樂器嗎？鋼琴？」

我很想，但恐怕不會。

「你把艾德諾畫得很醜啊，對吧？」——他在我肩上重重拍了一記，迸出笑聲——「聽我說，我的公寓太小。我們彈奏音樂的時候，人人都抱怨。你打電話給我，好嗎？邀我們去你家，我們演奏好聽的音樂給你聽。我是伊凡，可以嗎？」

我是大衛。

☆

冷戰的第一條法則：沒有任何事情是表面上看起來的樣子，絕對沒有。每個人都有第二個動機，說不定還有第三個呢。一名蘇聯官員公開表示想和妻子造訪一位他根本不認識的西方外交官的家？在這個情況之下，到底是誰在向誰拋媚眼？換個角度說，我一開始是否說了或做了什麼事情，才會讓他有這麼不可思議的提議？我們從頭再來一遍，大衛。你說你以前沒見過他。現在你又說你或許見過？

最後作成決定了，至於是誰拍板，就不是我夠格開口問的。我應該照伊凡的提議，邀他到家裡來。用電話邀請，而不是寄邀請函。我應該打到他給我的那個電話號碼，也就是位於巴德戈德斯貝格的蘇聯大使館。我應該報出我的名字，說要找文化專員塞洛佛。這些看似正常的動作，都以無比精確的指令一一交代我該怎麼進行。一旦和塞洛佛聯繫上——倘若我果真辦到的話——我應該輕鬆地問他什麼日子什麼時間對他和夫人最方便，來我家舉行我們討論過的音樂盛會？日子應該愈早愈好，因為可能的投誠者通常都是一時衝動行事。我也應該問候他的妻子。在類似的案例中，像他妻子這樣涉入行動或知情是很罕見的。

在電話上，塞洛佛口氣不太親切。他一副不太記得我的樣子，說要查一下行事曆，再回我電話。再見。我的上司預測，我再也不會有他的消息了。隔天，他回覆了，我猜他用的是另一支電話，因為那口氣聽起來比較像他愉快的本性。

星期五，八點鐘，可以嗎，大衛？

你們兩位，伊凡？

當然，塞洛佛太太也會來。

太好了，伊凡，八點鐘恭候大駕。請替我向夫人問好。

☆

一整天，從倫敦急如星火派來的音響技術人員在我家客廳忙著拉線路，害我太太很擔心會刮花油漆。到了約定好的時間，一輛有司機駕駛，車窗漆黑的龐大ZiL禮車開進我家車道，緩緩停下來。後門打開，下車的是伊凡，屁股先出來，像希區考克在某部電影裡那樣，接著拉出一把像人一般大的大提琴。然後就沒有人了。他自己一個人來嗎？不，他不是獨自前來。另一邊的後車門也打開了，但我站在門廊看不見是誰。我就要第一次看見塞洛佛太太了。只不過那不是塞洛佛太太，而是個動作敏捷的高個子男人，身穿時髦的單排釦黑西裝。

「和狄米崔打個招呼吧。」塞洛佛在門階上說，「他代替我太太來。」

狄米崔說他也很愛音樂。

晚餐之前，顯然頗懂酒的塞洛佛對我們端給他的酒來者不拒，還吞掉了一整盤開胃小菜，然後用他的大提琴為我們演奏了莫札特的一首序曲。我們都鼓掌，掌聲最熱烈的是狄米崔。晚餐的主菜是鹿肉，塞洛佛吃得津津有味，而狄米崔則以蘇聯近來在藝術、太空旅行和促進世界和平方面的成就來為我們助興。餐後，塞洛佛為大家拉奏了一首難度很高的史特拉汶斯基作品。我們也鼓掌叫好，仍然是由狄米崔帶頭喝采。十點鐘，那輛禮車又開回車道，伊凡帶著他的大提琴離去，狄米崔走在他身旁。

幾個星期之後，伊凡調回莫斯科。我從來沒獲准知悉他檔案的內容，不知道他是不是KGB、GRU（情報總局）的人，也不知道他的名字是不是真的叫塞洛佛，所以我也就有全然的自由，用我自己的方式去回憶他：我暗地裡稱他為文化塞洛佛，他個性開朗，喜愛藝術，不時渴望地轉著要投誠西方的念頭。說不定他釋放的一些訊號讓人有此聯想，但他並沒有真的打算實踐到底。幾乎可以肯定的是，他並不是KGB或GRU的人，因為如果是的話，很難想像他可以享受這麼大的行動自由。至於「文化」呢，等同於「間諜」。簡而言之，他就只是另一個在愛國情操與無法實現的自由生活美夢之間拉扯為難的俄國人。

他也把我當成間諜同行嗎？另一個舒茲？如果KGB做過功課，就不太可能沒發現我的身分。我從沒參加外交官考試，我從沒參加任何一場用來測試準外交官社交禮儀的鄉村別墅狂歡會。我沒上過外交部的課程，也沒親眼見過白廳的外交部總部。我突如其來地冒出來，講一口流利德文，出現在波昂。

就算這一切還不足以讓我的間諜身分被拆穿，也還有那些眼神銳利如鷹的外交官太太們。她們目光如炬，像KGB研究員那樣時時注意著丈夫對手的升遷、獲勳與最終的晉爵。只需看一眼我的資歷，她們就知道不再需要擔心我。我不是家人。我是朋友。朋友，可敬的英國外交人員就是這麼稱呼他們不願承認是自己人的間諜。

8 遺緒

時間是二〇〇三年。天剛破曉，一輛由司機駕駛的防彈賓士載我離開下榻的慕尼黑飯店，到二十哩外宜人的巴伐利亞小城普拉赫（Pullach），一個以釀酒與諜報為主要產業的小城——只是釀酒已沒落，而諜報卻永恆長存。我是要去趕赴德國聯邦情報局（BND）局長奧古斯特·韓寧[1]博士與他幾位資深同事的工作早餐。穿過有警衛把守的大門，我們經過半掩在樹林裡、罩上迷彩防護網的低矮建築，來到一幢迷人的白色鄉村別墅，儘管建築風格不太像南德，反倒比較接近北德的典型樣貌。韓寧博士站在門階上等候。我們還有一點時間，他說。我想不想逛一逛鋪子？謝謝你，韓寧博士，我很想逛逛。

三十多年前在波昂與漢堡從事外交工作期間，我從未與BND有過接觸。套句行話來說，我從沒被「曝光」，更從未踏進它那傳說中的總部一步。柏林圍牆倒塌之後——這是個所有情報機構都沒能預測到的重大事件——位在波昂的英國大使館出乎意料地被迫打包遷往柏林。當時的英國駐德大使很英勇地想到要邀請我去參加慶祝活動。在中間的這幾年裡，我寫了一本小說《德國小鎮》，既批評了英國大使館，也沒放過波昂的臨時政府。因為預測——錯誤的預測——西德會傾向極右，所以我構思了英國外交官與西德官員共同策劃的陰謀，導致想揭發不利真相的大使館人員喪命。

如是之故，任何人都不會認為我是為舊使館降下布幕，或啟用新使館的理想人物，但是最具文明修養的英國大使卻另有想法。安排我在閉幕典禮上發表愉快的（我希望是啦）致詞，他還不滿足，更進一步在位於萊因河畔的官邸裡邀請多位德國官員，每一位的身分都可以對應到我在小說裡惡毒詆毀的虛構人物。他以精緻晚宴為報酬，要他們各自以書中角色發表一段談話。

韓寧博士正是我那幾位虛構角色裡最不討喜的一個，他卻在那個場合表現得極有風度，詼諧機趣。他的善意讓我由衷感激。

☆

我們在普拉赫會面的時間距那場晚宴已超過十幾年了，德國完全統一，韓寧站在他那幢漂亮白屋的門階上等我。雖然我沒到過此地，但我像其他人一樣，瞭解西德聯邦情報局歷史的梗概：希特勒布署在東部陣線的軍事情報頭子萊因哈德·蓋倫[2]將軍在戰爭末期偷偷將手中珍貴的蘇聯檔案帶到巴伐

---

1 August Hanning, 1946-，德國官員，從一九九八年至二〇〇五年擔任德國聯邦情報局局長，其後出任德國內政部長，於二〇〇九年退休。

利亞埋起來，之後和美國戰略情報局（Office of Strategic Services, OSS，ＣＩＡ的前身）談好條件，他交出檔案、手下和他自己，報酬則是在美國的指揮下成立反蘇情報組織，由他擔任首腦。這個組織就被稱為「蓋倫組織」（Gehlen Organization），簡稱為「Org」。

理所當然的，就算是再蹩腳的追求過程，也要分成好幾個階段進行。一九四五年，蓋倫被送到華盛頓，技術上來說還是美國的俘虜。美國頂尖間諜兼ＣＩＡ創始局長艾倫．杜勒斯[3]看了看他，斷定自己喜歡他的風格。蓋倫獲得款待，奉承，被邀請去看棒球賽。他仍保持沉默，營造疏離的形象，這在間諜世界很容易就當成是高深莫測。不過似乎沒有人知道，也沒有人在意，替德國大元帥刺探俄國情報時，他上了蘇聯人的當，讓他的檔案大部分都一文不值。這是一場新的戰爭，而蓋倫是我們的人。一九六四年，應該已經不再是俘虜的蓋倫，成為在美國ＣＩＡ羽翼下初萌芽的西德海外情報組織頭子。納粹時代的老同志組成他的核心幕僚。集體控制的失憶症讓過往的歷史灰飛煙滅。

杜勒斯和他的西方盟友以反共大旗作為標準，獨斷認定以前與現今的納粹分子忠貞可靠，當然是極盡自欺欺人之能事。隨便哪一個學童都知道，有陰暗過去的人是勒索的活靶子。再加上種種怒火中燒的怨懟——戰事失利、自尊受損，對盟軍炸毀心愛家鄉（比方說德勒斯登）的敢怒不敢言——簡直就是ＫＧＢ和史塔西[4]夢寐以求的最佳招募對象。

漢茲．費爾菲[5]的案例堪為代表。在一九六一年終於落網之前——我當時碰巧在波昂——出身德勒斯登的費爾菲曾經為不同的情報單位擔任間諜，依序為納粹保安處（SD）、英國軍情六處、東德史塔西和蘇聯KGB——噢，當然還有西德BND，他在對抗蘇聯情報組織的貓捉老鼠遊戲裡可是第一的好手。他當然表現得很好，因為他在蘇聯和東德的後台老闆會把名冊上無用多餘的探員名字交給他，好讓這個Org裡的明星間諜能揭發陰謀，贏得榮光。費爾菲對他的蘇聯主子來說是如此寶貴，以至於他們特別在東德設立一個KGB單位，專門管控這位探員，處理他的情報，並進一步擴展他在Org內部的光明前程。

一九五六年，Org換上了聯邦情報局（Federal Intelligence Service，或稱為Bundesnachrichtendienst[6]）的金字招牌之後，費爾菲和另一個也是德勒斯登出身的BND主力探員克萊蒙（Clemens）把BND的整套作戰指令提供給俄國人，包括潛伏海外極深的九十七位外勤探員身分，形同一場大滿貫。但是向來裝腔作勢、甚至頗有幻想色彩的蓋倫還是想辦法在這個位子上又做到一九六八年，到

2 Reinhard Gehlen, 1902-1979，德國軍事將領，第二次世界大戰期間為軍事情報組織領袖，戰後領導德國情報機構。

3 Allen Dulles, 1893-1969，曾在杜魯門總統任內擔任統整情報系統的中央情報總監，並在艾森豪總統任內擔任中央情報局局長。

4 Stasi，東德國家安全部的別稱，Stasi為德文「國家安全」（Staatssicherheit）的縮寫。在冷戰時期被認為是世上最有效率的情報與秘密警察組織。

5 Heinz Felfe, 1918-2008，德國間諜，從納粹德國時期即已加入情報組織，二戰後游走於西德、英國與蘇聯情報機構之間，一九六一年為西德逮捕，被判入獄十四年，出獄後短暫為KGB工作，後返回東柏林，於大學任教。

6 Federal Intelligence Service即為Bundesnachrichtendienst (BND)的英文譯名(Bundes=union, nachrichten=news, information, dienst=service)。

最後，他派在東德的幹員有百分之九十都替史塔西工作，在普拉赫卻還有十六個手下在ＢＮＤ支薪。

搞組織腐敗，沒有人能像間諜搞得那麼神不知鬼不覺。搞祕密任務，沒有人能像間諜搞得那麼讓人毛骨悚然。沒有人像間諜那麼懂得如何裝神弄鬼，躲在背後操縱。沒有人比間諜更會假裝自己凌駕於凡夫俗子之上，所以你不得不付出一流的價錢，買二流的情報，因為他們的魅力在於取得情報過程的神祕隱密，而不在於實質的價值。就此而言，我們可以說ＢＮＤ絕對不是獨一無二的特例。

☆

我們在普拉赫，有一點時間，所以主人韓寧帶我逛了逛這幢頗具英國風情的漂亮鄉間別墅。那氣勢恢宏的會議廳裡有晶亮的長桌，二十世紀的風景畫，還有可以眺望中庭的美麗景觀，看見一尊尊站在台座上對彼此擺出英勇姿態、展現氣力與喜悅的年輕男女雕像。這一切讓我印象深刻，我想他的用意應該也是如此。

「韓寧博士，真的是太了不起了。」我很有禮貌地說。

韓寧聽了只露出最隱約的一絲微笑，說：「是啊。馬丁．鮑曼[7]的品味很好。」

我隨著他走下陡峭的石砌樓梯，一段接著一段，來到馬丁．鮑曼個人版本的希特勒防空洞，設備齊全，有床、電話、廁所、通風機，以及讓這位希特勒最愛的忠心追隨者能活下來的一切必需品。我像個白痴似地環顧四周，韓寧以一貫的淺淡微笑對我說，所有東西都依巴伐利亞邦法律，列為受保護的歷史遺物。

所以這就是一九四七年他們安置蓋倫的地方了，我想。就在這幢房子裡。給他配給品，乾淨的床，他的納粹時代檔案，卡片索引，以及他的納粹時代舊屬。而與此同時，步調不一致的追捕納粹小組卻在四處追緝馬丁．鮑曼，全世界也都還在想辦法消化貝爾森、達豪、布亨瓦德、奧許維茲和其他集中營難以言喻的恐怖。這就是安置萊因哈德．蓋倫和他那些納粹祕密警察的地方：在鮑曼暫時還用不到的這幢鄉間別墅裡。前一刻，他還是希特勒手下那個不怎麼出色的間諜頭子，拚命想逃離勃然大怒的俄國人；下一刻，卻成為他新結交的知己、獲勝的美國人嬌寵的最愛。

嗯，或許活到這把年紀，我不應該覺得這麼意外才是。主人對我露出的微笑也是這個意思。我自己不也曾經待過這一行嗎？我自己以前的機構直到一九三九年不也還積極地與蓋世太保交換情報嗎？我們不也和格達費的祕密警察頭子有過友好協議，而且一直維持到格達費掌權的最後一天嗎？——那協議難道不是友好到可以抓起他的政敵，包括懷孕的女人，送到的里波底關起來，用各種精心改良的手段加以審訊？

7 Martin Bormann，生於一九〇〇年，卒年不詳。為納粹德國的納粹黨務領導人，希特勒死後即失蹤。一九七三年在柏林中央車站發現人類骸骨，一九九八年經基因檢驗證實為鮑曼。

我們該爬上長長的石砌樓梯，去吃我們的工作早餐了。爬到樓梯頂端——我猜我們是在通往宅邸的主通廊裡，但並不確定——兩張往昔的熟面孔在我想是普拉赫名人牆的牆面上迎接我：一個是一九三五年到一九四四年擔任希特勒軍事情報機構阿勃維爾（Abwehr）負責人的威廉．卡納里斯[8]，以及我們的老朋友，BND的首任局長萊因哈德．蓋倫將軍。卡納里斯是徹頭徹尾的納粹，但並不是希特勒的粉絲，和德國右翼反抗組織玩兩面手法，但也同樣和英國情報單位眉來眼去，在大戰期間偶有接觸。他的口是心非讓他在一九四五年自食惡果，遭黨衛軍審判並殘酷處死。算得上是英勇但腦筋不清楚的英雄吧。他肯定不反猶太，卻因此成了背叛國家領導人的叛徒。至於也是戰時叛徒的蓋倫，我們很難知道，在歷史的無情燈光照耀下，除了狡詐、善辯與自我說服的騙術能力之外，他還留有什麼讓人讚賞之處。

所以凝望這兩張令人不適的臉孔，我暗忖，就是這個用意嗎？BND的歷史上，就只有這兩個有汙點的人可以為眼睛發亮的新進成員提供行為典範嗎？想想看我們的英國新人踏入情報世界時，可以得到什麼待遇！每個情報機構都會為自己染上神話色彩，但是英國人格調高得太多了。忘掉我們在冷戰時期的軟弱無力吧，當時KGB幾乎次次技高一籌，幾乎處處無孔不入。重提第二次世界大戰吧，那個我們相信可以用廣播與報紙給予民族自信心最高保障的年代。看看我們布萊切利公園那些優秀的破解密碼專家！看看我們獨創的背叛系統，諾曼第登陸的欺敵手段，以及降落敵後的特別行動處（Special Operation Executive, SOE）無線電操作員與破壞工作者！有這些英雄走在前面，我們新入行的後進怎麼可能不在情報局的光榮歷史裡獲得啟發呢？

更重要的是：我們戰勝了，所以我們可以書寫歷史。

但是可憐的ＢＮＤ無論怎麼塗抹神話色彩，也都沒有這麼窩心的歷史傳承可以提供給他們的新成員。例如，他們總不能吹噓阿勃維爾的北極行動，也就是所謂的英國騙局（English Game）吧。延續三年之久的那場騙局愚弄了英國特別行動處，派出五十名英勇的荷蘭幹員，不是在被占領的荷蘭活活送死，就是慘遭更不堪的厄運。德國在解碼方面的成就也令人佩服——但結果咧？他們也不能稱誦克勞斯·巴畢[9]無懈可擊的反情報技巧。這位蓋世太保前駐里昂的首腦在一九六六年被ＢＮＤ徵召為線民。在盟國長期掩護的消息曝光之後，外界才得知巴畢本人曾刑求眾多法國反抗軍。被判無期徒刑的他最後死在自己犯下最殘酷暴行的監獄裡。但是在這之前，他還被ＣＩＡ徵召去緝捕切·格瓦拉。

8 Wilhelm Canaris, 1887-1945，德國海軍上將，曾擔任軍事情報機構負責人，也參與反希特勒行動，一九四四年暗殺希特勒行動失敗後被捕，在佛洛森比格集中營遭處死。

9 Klaus Barbie, 1913-1991，納粹德國祕密警察首腦，因為占領里昂時刑求法國囚犯而被稱為「里昂屠夫」。戰後與美國合作從事反共行動，在美國協助下出逃南美。在玻利維亞獨裁政權垮台後被遣送法國接受審判，死於獄中。

☆

在我動筆的此刻，執業律師韓寧博士正接受德國國會的調查。國會組成委員會調查外國情報組織在德國的活動，以及與德國間諜組織之間可能的勾結或合作。就像所有的閉門調查一樣，這樁調查案也非常公開。控訴、影射以及毫無根據的媒體報導滿天飛。從表面上來看，最聳人聽聞的罪名是幾乎沒有任何信度可言的：BND與其通訊情報組織或是精心操作，或是利用官僚體系的過失輕忽，自二〇〇二年起即協助美國國家安全局（NSA）監聽德國本國的國民與機構。

就截至目前的證據來看，這非常不可能。二〇〇二年，BND和NSA簽署協議，明確指出德國對象是絕對禁止調查的領域，為讓協議貫徹執行，還設有多項過濾機制——是過濾機制失靈了嗎？倘若如此，機制的失靈是源自人為或技術失誤？抑或純粹只是時長日久之後的散漫鬆弛所致？而NSA是不是發現了這其中的失誤，但決定不必去麻煩他們的德國盟友？

據消息比我靈通的德國觀察家指出，調查小組精心推敲之後，最可能的結論是：總理辦公室未能履行監督BND的法定義務；BND未能自我監督；是與美國情報機構有合作關係，但沒有任何勾結共謀。在你讀到這一章時，很可能又有更複雜的因素、更新的曖昧情勢出現，最終除了歸咎於歷史之外，無法責怪任何人。

到頭來，很可能只有歷史是唯一的罪人。冷戰初期，美國的通訊情報組織在年輕的西德遍撒天羅地網，艾德諾羽翼未豐的政府只能聽美國怎麼說就怎麼做，而美國對他們透露的非常之少；隨著時日推移，這樣的關係或許已有變化，但僅止於表面。NSA繼續為所欲為地監聽，不受BND監督。很難想像這樣的習慣從第一天起就不包括地主國境內的活動。間諜之所以採取間諜行動只因為他們做得到。

認為BND曾經在任何期間有效控制NSA的行動，在我看來都是極不切實際的想像，更不要說想介入NSA對德國與歐洲目標人物的選擇了。今天NSA的訊息明白而直接：想要我們把你們國內的恐怖威脅告訴你們，就閉嘴，乖乖照做。

在史諾登洩密案的餘波盪漾裡，英國當然也進行了自己的調查行動，達成了同樣拙劣的結論。他們也去插手這些棘手的問題，以至於我們的通訊情報機構去替美國人做美國法律禁止他們自己去做的事；但是最讓人忿怒的是，英國大眾對祕密行動一無所悉，還在弱智媒體的鼓吹之下乖乖接受對隱私權的冒犯。法律被違犯了，他們就急忙修改法律來把非法變合法。抗議聲浪滾滾湧來，右翼媒體就封殺。如果對美國的忠誠逐漸腐蝕（這很合情合理），那麼我們會成為什麼樣的人？

相反的，德國人在短短的一生裡見識過法西斯主義與共產主義，對本國間諜刺探正直公民的事務並不等閒視之，特別是他們之所以這麼做還是應這個理當是德國盟友的外國強權之請，又是為圖該國自身的利益，當然更不容放過。在英國稱之為「特殊關係」的行徑，在德國稱之為叛國。儘管如此，在這動盪不安的時期，我猜本書出版時，也還不會有明確的判決出爐。德國國會有自己的說法，而反恐的偉大行動也會介入，憂心忡忡的德國人民會被告誡不要咬掉保護他們的手，儘管那隻手不時離開正軌。

但是如果在微乎其微的機率下，出現最壞的狀況，還能用什麼說法來減輕罪責呢？就像其他人為自己所受的教養困惑不解一樣，ＢＮＤ很可能也不知道到底該去怪誰。就算在最好的情況下，和過度強大的情報機構維持有來有往的關係都不是輕鬆愜意的事，更別說你打交道的對象還是把你帶到這個世界、幫你換第一片尿布、給你零用錢，告訴你何去何從的國家。更困難的是，你的母國把外交政策打包交給間諜，而這也正是美國近來常做的事。

9 穆拉特・庫納茲的無辜

我坐在北德不來梅一家飯店樓上的房間裡，俯視學校運動場。當時是二〇〇六年。穆拉特・庫納茲剛從監禁五年的關達納摩[1]獲釋。庫納茲是土耳其裔德國人，在不來梅出生、長大、受教育。在關達納摩之前，他先是在巴基斯坦被捕，以三千美元賣給美國人，在坎大哈的刑求營關了兩個月，遭電擊、無故毆打、水刑伺候、掛在鉤上，讓身體強壯的他幾乎沒命。然而，被羈押在關達納摩一年之後，他的美國與德國審訊員——兩名來自BND，一名來自德國國內安全情報局——都論斷他無辜、無害，不會對德國、美國與以色列的利益造成任何威脅。

只是其中的矛盾讓我難以釋懷，無法解釋，更遑論要加以評斷。在我認識庫納茲的時候，我完全不知道韓寧博士——和我一起在波昂受邀參加大使晚宴、請我參觀普拉赫的韓寧博士——在庫納茲的命運裡擔任了任何角色，更別說影響重大了。如今我得知，就在幾個星期之前，在德國高階文官與情

1 Guantánamo，位於古巴南端的海灣，美軍在此設有軍事基地，二〇〇二年起設置軍事監獄，羈押恐怖行動嫌犯，多有刑求情事，其存在引起諸多批評與爭議。

報系統首腦的每週會議裡，BND局長韓寧博士斷然不顧自己局內人員提供的建議，投票反對讓庫納茲返回德國。如果庫納茲非要有地方去不可，那麼就回他所屬的土耳其吧。更曲折離奇的是，庫納茲不能被認定過去並非恐怖分子，或未來不會成為恐怖分子：這很顯然就是韓寧的傑作。

二〇〇四年，庫納茲還羈押在關達納摩期間，不來梅警方和情報機構宣布，因為庫納茲未重新申辦居留許可——他的居留許可正好在這時候到期，但你一定會認為這是可以原諒的小問題，畢竟關達納摩的牢房裡又沒有筆墨、郵票或信紙——所以要從他母親的房子裡被趕出去。

儘管法院迅即推翻不來梅的命令，韓寧卻到今天都還未公開改變立場。

但若回想六十年前的冷戰時期，當時地位卑微得多的我也被召去評斷差不多歸在同一類的人——曾經同情共產黨員、可疑的旅人、持有祕密政黨的黨證等等——我會發現自己也陷在相同的困境裡。表面上看來，庫納茲這位年輕人的書面資料被打了許多勾勾。在不來梅，他去的那座清真寺素以傳播極端主義聞名；啟程赴巴基斯坦之前，他蓄起鬍子，並鼓勵父母親更加力行可蘭經的教義。出發時，他行蹤隱密，甚至沒告訴父母親——這可不是個好兆頭。他母親心生警覺，甚至去報警，說她兒子被阿布巴克清真寺的極端教義給洗腦了，不只讀聖戰士的文獻，也打算到車臣或巴基斯坦去參加聖戰。不來梅其他的土耳其人，不管動機為何，都挺身說出相似的故事。他們當然會這麼做。猜忌、絕望、相互歧視撕裂了他們的族群。攻擊雙子星塔的整個陰謀不就是他們的穆斯林同袍在不遠的漢堡籌劃的嗎？而據庫納茲自己的說法，他堅稱自己到巴基斯坦唯一的目的就只是要接受更多穆斯林教育。那些打勾的項目一個都沒有造就恐怖分子，是歷史的問題。庫納茲沒犯下任何罪行，卻因為他的清白受了難以言喻的痛苦。然而倘若我回到過往的年代、面對相同的疑點和類似的恐懼氛圍，我無法想像自己會奮不顧身地捍衛庫納茲。

☆

舒舒服服坐在不來梅的飯店房間裡，啜飲咖啡，我問庫納茲如何與關在隔壁牢房裡的獄友溝通，因為這被嚴格禁止，一旦發現就會立即遭受痛打，並被關禁閉，不給食物飲水，這對庫納茲來說格外嚴重，因為他態度頑強，而且他塊頭大，塞進懲罰籠裡就要一天二十三個鐘頭不能站也不能坐。

你一定要很小心，他沉默了半晌，想了想之後回答。我已經慢慢習慣他這樣的講話方式。不只要小心獄警，也要提防其他的囚犯。絕對不要問其他人是怎麼被關進來的。絕對不要問他們是不是蓋達組織的成員。可是夜以繼日地蹲在籠子裡，離其他囚犯只有幾呎的距離，你遲早會想辦法和他們接觸。

先是用小洗臉槽，但這是最普通的一種接觸方法。在約定好的時間——他不肯說時間是如何約定的，因為他還有許多反抗敵人的獄友拘留[2]——他們不在洗臉槽裡用水，而是對著水孔低聲講話。你

2 作者注：截至本書付梓之時二零一六年一月，還有八十名囚犯監禁中，其中大約有一半已獲准釋放。

聽不清楚確切的話語，但是傳回來的咕咕噥噥聲音讓人有自己並不孤單的感覺。

再來就是和一塊乾麵包一起擺在餐盤上的塑膠湯碗。你喝掉湯，然後從碗緣掰下一塊拇指指甲大小的塑膠，祈禱獄警不會發現。接著，用你的指甲——你留長指甲就是為了這個目的——在上面壓出阿拉伯文的可蘭經經文。你把麵包留下一小塊，嚼成一團，讓它變硬，再從你的囚服拉出一條線頭，一端綁著麵包團，另一端綁著那塊塑膠；利用麵包的重量，把它擲過籠欄給你的鄰居。他會順著棉線把塑膠塊拉進籠裡。

然後，在適當的時機，你就會得到回信。

就算以關達納摩遊走迴避法律規範的標準來看，庫納茲都絕對是個誤被囚禁的無辜百姓。羈押五年之後，他終於得以回家。用專機載他從關達納摩回到德國的拉姆施泰因空軍基地，絕對合情合理。為了這趟歸程，他們給他一套乾淨的內衣、牛仔褲和白色T恤，而為了讓他更舒適一些，飛機上有十名美軍負責看守，在把他交給德國接收小組時，指揮行動的美國軍官把比較輕、也比較舒服一點的手銬交給德國人，好讓庫納茲在接下來的行程裡使用。對此，德國軍官的回答足以永垂不朽：

「他沒犯任何罪。在德國的土地上，他是個自由人。」

☆

然而，這並不是奧古斯特．韓寧的觀點。

二〇〇二年，韓寧譴責庫納茲是威脅德國安全的禍害。自那時以來，就我所知，他始終未說明他推翻德國與美國審訊員判斷的理由。但是，五年後，二〇〇七年，身為內政部情報機關最高首長的韓寧，不只重申反對庫納茲在德國定居——庫納茲已返回德國境內之後，這個問題一直爭論不休——還斥責直接歸屬他指揮的那幾位BND審訊員竟然宣稱庫納茲沒有危害，說他們逾越權限。

我後來表達出支持庫納茲訴求的立場時，我始終尊敬的韓寧善意警告我，說我的憐憫是用錯地方了，但還是沒有說出他的理由。自此而後，也沒有任何理由公諸於世，或告知庫納茲那位可敬的律師，所以我覺得很難接受他的建議。或許是因為有更大的目標？我簡直想要這麼相信。妖魔化庫納茲是基於某種政治上的需要？我所瞭解的韓寧是位高尚的人，難道他是代人受過？

不久之前，庫納茲到英國來宣傳新書。他把他的經歷寫成一本書[3]，在德國頗為暢銷，也翻譯成好幾種語文的版本。我真心給予支持。展開巡迴之前，他和我們在漢普斯德相聚，同時也在王室法律

3 作者注：《我的五年人生》（*Five Years of My Life*），Palgrave Macmillan出版公司出版。

顧問菲力普．桑茲（Philippe Sands QC）的建議下，臨時受邀去大學學院學校[4]對學生發表演說。他接受邀請，一如既往地講得既淺顯又用心，用的是他在關達納摩自學的流利英語，這當然也是拜他的審訊者所賜。面對不同宗教信仰、甚至沒有宗教信仰的大批學生，他說他完全是靠著自己的穆斯林信仰才活下來的。他不願怪罪獄警或刑求他的人。和往常一樣，他沒提到韓寧，或其他阻礙他回國的德國官員與政客。他談起獲釋時，他是如何把德國家裡的地址留給監獄管理員，以備有一天他們做過的事情成為他們無法負荷的重擔。只有在談到他對被拋下的獄友負有責任時，他才流露出情緒。只要還有一個人被留在關達納摩，他說，他就絕對不再沉默。講完之後，有好多學生想和他握手，排隊的人形成一條井然有序的人龍。

在我的小說《頭號要犯》裡，有個和庫納茲年紀差不多，在德國出生的土耳其人。他名叫梅力克，也同樣為自己沒犯過的罪付出了類似的代價。他的體型、言談和舉止，都和穆拉特．庫納茲極為相仿。

10 走向現場

我在康瓦爾的書桌釘在花崗岩大宅的閣樓裡，高踞懸崖邊緣。晴朗的七月早晨，放眼望去，只見大西洋彩繪出一整片完美到不可思議的地中海藍。一艘艘細長的帆船隨著悠閒的微微東風款擺晃蕩。來訪的朋友不是認為我們瘋了，就是覺得我們很幸福，端視當日的天氣而定。今天我們很幸福。在這個大地的盡頭，天氣只要心血來潮，就會隨時對你發難。狂暴強風夜以繼日地吹襲，接著陡然休止，一片靜寂。一年裡的任何時間，肥厚的雲霧都可能停在我們的海岬不走，不管下多少雨，都無法勸服它離去。

往內陸幾百碼，有一座名字很美的舊農莊：「波斯卡文玫瑰」，農莊旁邊一間傾頹的小屋住著一家倉鴞。我只看過牠們全家一次：兩隻成鳥和四隻雛鳥在破損的窗台上排排站，像要拍全家福照片，可惜我來不及拍下。此後，我和其中的一隻成鳥維持特別的關係——這也可能是我一廂情願的看法，因為我也知道，和我有互動的很可能是這個家族繁衍出來的任何一隻鳥，因為那幾隻雛鳥早已長大。

---

4 University College School，通常稱為漢普斯德USC，一八三〇年由倫敦大學學院創立，為小學到中學的完全學校，聲譽卓著。

這隻鳥爸爸——我決定把牠想成是爸爸——和我偷偷分享這一切，牠早在拍著翅膀越過我的西窗之前，就透過我不知曉的方式，把牠即將抵達的消息提早傳達給我。我忙著振筆疾書，低著頭，如自己所願地遺忘外在的世界。但是我總來得及瞥見牠白色鑲金的影子低低掠過我窗下的地面。就我所知，牠並沒有天敵。就連崖鴉和遊隼都不想和牠糾纏。

但是這隻倉鴞對於監視極其敏感，程度嚴重到我們人類間諜都可能認為牠太神經質。陡峭的草地往下傾斜連接到海，牠可以在高長的草叢上方十八吋處盤旋、猛地一撲，逮著一隻毫無警覺的田鼠。但是只要我一動念想抬起頭，牠就放棄行動，潛竄到懸崖底下。到了晚上，如果運氣好的話，牠會忘記我的存在，再次現身，只有蜂蜜牛奶色相間的翅膀尖端微微顫動。這一次我暗自發誓，絕不抬起頭來。

☆

一九七四年一個晴朗的春天，我抵達香港，發現在我不知不覺的狀況下，已經有人在香港島和九龍半島之間蓋好一條海底隧道。當時我剛交出校好的《鍋匠 裁縫 士兵 間諜》書稿。書隨時會印好。在這部小說裡諸多理應有趣的情節當中，有一段是往返於九龍與香港之間的天星輪上發生的追逐戰。我竟然憑著一本過時的旅遊指南，就膽敢在康瓦爾寫起這個章節，真是慚愧到無以復加。這下我得付出代價了。

飯店有傳真機。我的行李箱裡有一札小說校稿。我把校稿挖出來，打電話給我的經紀人（他所在地的時間是半夜），懇求他去說服出版社暫緩送印。美國那邊來不及了嗎？他會去問問，但恐怕是來不及了。帶著筆記本搭車在隧道來回幾次之後，我傳真了一份修訂稿到倫敦，暗自發誓絕不再把場景設在我自己沒去過的地方。我的經紀人判斷得沒錯：已經趕不上美國印行的第一版了。

但是我學到的教訓不僅僅關於研究。這件事讓我知道，人到中年，我發胖、變懶，仰賴逐漸枯竭的往昔經驗維生。格雷安．葛林的訓示在我耳邊響起，大意是說，倘若你要報導的是人類的痛苦，那你就有義務去共同感受那痛苦。

無論真正的罪魁禍首是不是海底隧道，也無論我是不是在稍後才有此感觸，都無關緊要。我確知的是，在隧道事件之後，我揹起背包，想像自己是承襲德國浪漫傳統的流浪客，啟程去探求經驗：首先到柬埔寨和越南，之後到以色列和巴勒斯坦，然後再到俄羅斯、中美洲、肯亞和東剛果。這是過去四十幾年來持續不斷的旅程，而我始終認為起點就在香港。

沒過幾天，我就很走運地認識了大衛．葛林威，也就是後來沒帶護照就離開我的山間小屋、衝下冰封的步道，成為最後一批離開金邊的那位美國人大衛．葛林威。他當時正考慮要溜進交戰區，為《華盛頓郵報》採訪新聞。我想跟嗎？四十八小時之後，我身在一個淺淺的散兵坑裡，驚恐得全身僵硬，躺在他身邊，偷偷瞄著紅色高棉布署在湄公河對岸的神槍手。

在此之前從來沒有人對我開過槍。我踏進一個似乎所有人都比我勇敢的世界，無論是戰地記者還是照常生活工作的平民百姓，而他們都知道僅僅幾公里之外，紅色高棉軍隊已包圍整座城市，而且不分晝夜，他們隨時有被炸彈擊中的可能，美國所支持的龍諾[1]軍隊根本半點用都沒有。沒錯，這一切對我來說都是前所未有的體驗，而他們已身經百戰。或許和危險共存得夠久，你就會習慣危險——甚至，天啊，仰賴危險。後來在貝魯特，我幾乎就要對此深信不疑了。也或許，有些人就是無法接受人類衝突的不可避免，而我便是其中之一。

對於人類的勇氣，每個人的領略各有不同，向來都是主觀的。每個人都很想知道自己的臨界點在哪裡，也想知道臨界點會在什麼時候、以什麼方法來到，更好奇自己的表現和其他人相比會如何。至於我自己，我只知道自己最接近於展現勇氣的時刻，是在壓抑與勇敢相反的情緒時。與勇敢相反的，或許可以界定為天生自然的懦弱吧。而這類的時刻之所以來臨，大多是因為周圍的人表現出比我發乎自然湧現的勇氣更為果敢的英勇作為，藉由他們的以身作則，讓我也能借用他們的勇氣。在旅途中所認識的這些人裡面，最勇敢的——有些人或許會說她是最瘋狂的一個，但我不這麼認為——是身材嬌小，來自法國梅斯的女老闆伊薇特．皮耶波利（Yvette Pierpaoli），她和曾經當過船長的瑞士夥伴寇特（Kurt）在金邊經營搖搖欲墜的進口生意，為此弄了一個停機棚，停放一架高齡的單引擎飛機，還僱了一批各色人種都有的機師，飛越波布[2]所控制的叢林，從這個鎮飛到那個鎮，運送食品與醫藥物資，同時也載運病童到相對比較安全的金邊。

隨著紅色高棉對金邊的包圍日緊，難民家庭從四面八方湧入，任意丟擲、爆炸的手榴彈和汽油炸彈讓局勢更加混亂，伊薇特．皮耶波利發現自己真正的使命所在：拯救孩童脫離險境。她那群亞裔與華人組成的機師雜牌軍原本比較習慣替她的貿易公司載運打字機與傳真機，如今則忙著從即將陷入波布紅色高棉軍之手的偏遠城鎮營救孩童與母親。

一點都不意外的，這些機師只能算是兼差的聖人。有些機師飛的是CIA轄下的美國航空。有些是載鴉片。大部分兩者兼具。病童可能會發現自己躺在一袋袋鴉片，或為派林省[3]帶進大把鈔票的半寶石之上。有個載我的機師自娛娛人地教我怎麼操作飛機降落，以防他因為嗎啡太嗨而無法降落。

再回頭說金邊：伊薇特無懼無悔地為沒有希望也沒有棲身之所的兒童提供希望與棲身之所。也是在我當時正採集資料，也就是後來定名為《榮譽學生》的那部小說裡，我叫他查理．馬歐爾和伊薇特在一起的時候，我頭一次親眼目睹戰爭的傷亡：死亡的與受傷流血的柬埔寨士兵，頭挨著頭堆疊在沒有遮蔽的貨車上。他們全都光著腳，因為有人偷走了他們的鞋，當然連他們的薪餉簿、手表，以及帶到戰場上所有的錢都一起偷走了。貨車停放在一架砲台旁邊。大砲看似漫無目標地對著叢

1 Lon Nol, 1913-1985，柬埔寨軍事領袖，早年協助施亞努國王獨立運動，後發動軍事政變推翻施亞努，建立高棉共和國，擔任總統，因實行高壓統治，眾叛親離，一九七五年被迫辭職，政權隨即被柬埔寨共產黨（即紅色高棉）推翻，流亡美國。

2 Pol Pot, 1925-1998，柬埔寨共產黨領導人，一九七五年推翻龍諾政權，建立極權政府，實行恐怖統治，進行種族大屠殺，一九九七年為紅色高棉總司令以叛國罪逮捕，病死獄中。

3 Peilin，柬埔寨西部鄰近泰國的一省，以生產寶石聞名。

林發射。在槍砲周圍是一群小小孩，被轟隆聲震得耳朵聽不見，迷惑不已地四處遊走。孩童周圍坐著年輕的母親，她們的男人在叢林裡作戰。她們等著自己的男人歸來，但也知道，要是他們回不來，指揮官也不會通報他們的死訊，才能繼續領他們的軍餉。

欠身，微笑，打招呼，伊薇特坐在那些母親之間，把孩童拉近身邊。在震耳欲聾的槍砲聲中，她到底對她們說了什麼，我始終不得而知，只知道她們馬上笑了起來，母親和孩子都在笑，就連拿槍的那些男人也笑了。回到城裡，年紀尚幼的男生女生盤腿坐在人行道的塵土中，身旁的廢棄瓶子裝滿他們從毀損的汽車油箱裡偷來的汽油。要是炸彈落下，汽油點燃，這些孩子就會被活活燒死。伊薇特在她家陽台聽到爆炸聲，就即刻跳上那輛她開起來活像坦克的可怕小車，在大街小巷徹底搜索生還者。

☆

在金邊終於陷落之前，我又去過幾次。最後一趟，印度籍的商店老闆和黃包車上的女孩看似準備要待到最後：店老闆留下，因為物資愈短缺，貨品的價格就愈高；女孩們是因為天真地以為，無論最後誰贏，她們提供的服務都會有市場需求。到頭來，他們不是被紅色高棉徵召，就是一無所有地死在殺戮戰場。我從西貢（當時還叫這個名字）寫信給格雷安．葛林，告訴他我重讀了《沉靜的美國人》（*The Quiet American*），仍然非常棒。他很不可思議地竟然收到了信，還回信叫我記得去金邊的博物館，欣賞高棉國王加冕時戴的那頂飾有鴕鳥毛的圓帽。我不得不告訴他，那裡不只沒有圓帽，連博物館也沒了。

伊薇特・皮耶波利成了許多傳奇故事的主角，有些固然是捏造的，但也有些雖然聽來很不可能，卻是事實。我最愛的一個故事是她親自告訴我的——雖然也未必能保證就是百分之百真實——說在金邊行將陷落的最後幾日，她是怎麼帶著一群失去父母的高棉孩童走進法國領事館，要求發給護照，一個小孩一本。

「可是他們是誰的小孩？」被圍困的法國領事抗議道。

「他們是我的小孩。我是他們的母親。」

「可是他們年齡都一樣大。」

「我生了好幾胎四胞胎啊，你這個白痴！」

法國領事被打敗了，也或許與她同聲一氣吧，要求知道每個小孩的名字。伊薇特唸出一大串：

「倫迪、馬迪、莫雷迪、傑迪、凡瑞迪……」

☆

一九九九年四月，伊薇特・皮耶波利在科索沃執行難民任務時殉難。因為阿爾巴尼亞籍的司機駕的車在山路翻覆，她和國際難民組織的麥柯夫婦，大衛與潘妮（David and Penny McCall），一起跌落數百呎深的山溝，車毀人亡。在那之前，她在內人的協助下出版了自己的書，並翻譯成幾種語文的版本。英文版的書名是《擁有一千個孩子的女人》（*Woman of a Thousnd Children*）[4]。她得年六十一。那時我人在奈洛比，為我的小說《永遠的園丁》做研究。這部小說的主角是一位願意為無法自助的人提供一切協助的女人。在小說裡，無力自助的是在醫學臨床實驗裡被當成白老鼠的非洲部落女性。當時伊薇特在非洲著力很深，在瓜地馬拉和——她的喪身之地——科索沃亦然。在我的小說裡，這位名叫蝶莎的女主角最後死了。我從一開始就打算讓她死，我想，是因為在和伊薇特結伴同行之後，我知道她的好運終有用完的一天。伊薇特小時候遭到強暴、虐待與遺棄，年輕時棲身巴黎，因為貧困而被迫賣淫，在發現自己懷了一個柬埔寨男人的孩子之後，她遠赴金邊找他，卻發現他有另一個人生。她在酒吧遇見寇特，成為生意的夥伴，以及人生的伴侶。

我第一次見到她，是在被圍困的金邊市內某位德國外交官的家裡。整頓晚餐間都有持續不斷的槍砲聲當配樂，是從同一條路上、距離約一百碼外的龍諾官邸傳來的。那天寇特陪她一起來。他們的貿易公司叫「蘇希印多」，辦公室是位在市中心的一幢老舊木屋。她活潑、強悍，年近四十，有雙褐眼睛，時而柔弱，時而喧鬧，瞬息萬變。她可以架著手肘像個船夫那樣臭罵你一頓，也可以對你輕淺一笑，融化你的心。她可以勾引、奉承，用你需要的任何方式贏取你的心。但這一切都有目的。

你很快就會知道，她的目的是用盡所有方法、付出一切代價，為挨餓的人取得糧食和金錢：為病人找到藥品，為無家可歸的人尋覓棲身之所，給沒有國籍的人弄到身分證件，用最世俗、最像生意人，也最務實的方法創造奇蹟。而這也絲毫沒妨礙她扮演長袖善舞且通常厚顏無恥的生意人角色，特別是有些人，她堅決不動搖地一口咬定，錢在他們身上還不如擺在其他有需要的人口袋裡。蘇希印多很賺錢，不得不，但大部分的錢都從前門進來，直接從後門出去，投注在伊薇特想做的任何善事上。而寇特這個最睿智也最有忍耐力的男人，就只是微笑點頭，眼睜睜看著錢離開。

有位瑞典的援救事務官員迷戀上伊薇特，邀她到他位於瑞典外海的私人島嶼。金邊已經陷落。寇特和伊薇特在曼谷落腳，一貧如洗。有樁合約正在競標：他們該不該去掌控那位瑞典援救總署專員，好標下價值幾百萬美元的米，運送到泰國邊界給挨餓的柬埔寨難民？和他們競價最接近的是一名冷酷無情的中國商人，伊薇特確信——很可能只是她的直覺，沒有太多證據——他打算在援救總署與難民之間兩頭牟利。

在寇特的鼓動下，她啟程前往瑞典小島。海灘別墅是等待她來臨的愛巢。她發誓，臥房裡燃著香氛蠟燭。她的準愛人熱情澎湃，但她請他有耐心一些。他們何不在海灘上來段浪漫散步呢？當然好！只要妳想，什麼都行！天氣冷颼颼，所以他們肯定包得暖暖的。兩人在漆黑的夜色裡絆倒在沙丘時，伊薇特提議玩個兒時的遊戲：

4 一九九二年由巴黎的 Robert Laffont 出版。

「站好別動。好。現在站到我後面，近一點。再近一點。好。這樣很好。我閉上眼睛，你的手掩住我的眼睛。你舒服嗎？我也是。現在你可以問我一個問題，任何問題都可以，只能一個，我一定會給你百分之百真實的答案。如果我不老實回答，就不值得你這樣對我。你要玩這個遊戲嗎？很好。我也想玩。你的問題是什麼？」

可想而知，他的問題問的是她最私密的欲望。她詳加描述，但我確信全是厚顏無恥的謊言：她說，她夢想在洶湧大海之中的孤島，有個英俊雄壯的瑞典男子在香味瀰漫的臥室跟她做愛。然後輪到她了。她把他轉過身去，力道或許稍大，不像這個可憐傢伙所預期的那麼溫柔。她雙手掩住他的眼睛，對著他的耳朵大吼：

「運一千噸食用米到泰柬邊境給難民的標案，和蘇希印多的投標金額最接近的是多少？」

如今我已然明白，我著手寫《永遠的園丁》是為了讚頌伊薇特的貢獻。我很可能打從開始就知道，無論所謂的開始是在何時。她很可能也知道。而帶領我寫完小說的，也一直都是伊薇特，不管是在她的生前或身後。對於這一切，她一定會說：那是當然的啦。

11 遇見傑里．威斯特貝

艦隊街一間堆滿葡萄酒桶的一樓酒窖，喬治．史邁利和傑里．威斯特貝喝著一杯非常大杯的粉紅色琴酒。這是從我的小說《鍋匠 裁縫 士兵 間諜》裡引述的場景。書裡沒說這杯琴酒是誰的，但我們都認為是傑里的。跳過一頁之後，傑里點了一杯血腥瑪莉，我們覺得是點給史邁利的。他是個老派的體育新聞特派員，體格壯碩，以前是某個鄉下板球代表隊的守門員。「巨大」的雙手肌肉厚實，灰褐色的頭髮濃密蓬亂，紅潤的臉龐一發窘就變得紅咚咚。他打了一條知名板球隊的領帶——書裡沒說是哪一隊——搭米白色絲襯衫。

除了是經驗豐富的體育新聞特派員，傑里．威斯特貝也是個英國情報員，極度崇拜史邁利。他還是個完美的證人，沒有敵意，沒有私心偏見。他善盡頂尖情報員的本分。他給你確實有據的消息，把分析工作留給情報局裡的分析員——也就是他暱稱的「貓頭鷹」。

在這家他喜歡的印度餐館裡接受史邁利溫和聽取他任務的結果時，他給自己點了菜單上最辣的咖哩，灑上撕碎的印度炸餅——重複，再一次用上他那雙「巨大」的手——倒上一層鮮紅的醬料，我們猜可能是致命的辣椒醬，然後咬了一口。傑里開玩笑說，這家餐館的經理平常把這醬料深藏不露。總結來說，傑里是個羞澀、笨重，傻小子似的可愛傢伙，他羞澀得會不時用他所謂的「印第安人口吻」講話，甚至在「退縮回自己的含蓄自制」之前還像印第安人那樣對史邁利大喝一聲敬禮。

這一幕結束。也結束了傑里在這部小說裡的客串戲分。他的工作是給史邁利帶來不安的情報，有關於圓場內部嫌疑最重的鼹鼠：托比．艾斯特海斯。他很不願做這件事，但知道這是他的義務。這就是在《鍋匠　裁縫　士兵　間諜》裡，我們對傑里．威斯特貝所知的一切。而這也是我對他所知的一切。後來我啟程去南亞為《榮譽學生》做研究的時候，卻一路帶著傑里當我的祕密分享者。

若說我小說裡的傑里是大略脫胎於我真實生活中的人物，那麼很可能就是某個名叫戈登的人。他是上流階級的浪子，好像有貴族血統，被我爸騙走了他的祖產。後來，他在絕望之中自殺了，我想這就是他的點點滴滴之所以在我記憶裡留下深刻印記的原因。他的貴族血統讓他可以在名字前面加上荒謬的「尊貴的」三個字，而我在《鍋匠　裁縫　士兵　間諜》裡賜給我的傑里，也就是「尊貴的」這三個字——雖然天下沒有任何原因可以說服他去用這個頭銜啊，老小子。至於「學生」的部分——這個嘛，傑里或許是經驗老到的前線記者與英國情報員，但是只要碰到「心」的問題，他馬上就從四十歲變成十四歲。

所以我想像中的傑里，也就是我在新加坡拉菲爾飯店意外碰見的那個傑里，絕對是我寫作生涯中最詭異的一次際遇。不是近似的某人，而是本尊，有著一雙厚實大手與「龐大」肩膀的傑里本人。他的姓不是「威斯特貝」，但如果是，我也一點都不意外。他叫彼德．西姆斯（Peter Simms），是位退休的英國駐外特派員，同時也是（如今已是眾所周知，但當時我和其他人一樣一無所知）退休的英國情報員。他身高一米九，有頭灰褐色頭髮，一臉學生似的笑容，用力握手歡迎你的時候，習慣大喊一聲：「帥喔！」

見過他的人，都很難忘記那種一見面就讓你佩服得五體投地的熱情友誼。我也忘不了我當時驚畏、且摻雜著些許罪惡感的不敢置信，因為我竟然和我用年少記憶與無中生有創造出來的人物面對面站在一起，他就活生生站在我面前，身高一米九的一個人。

當時我對彼德的很多事情都還不清楚，是後來才一一得知的——遺憾的是，有些事知道得太遲了。第二次世界大戰時，西姆斯在印度，和孟買的工程兵與布雷兵一起服役——我總覺得威斯特貝的早年生活有點大英帝國的氣息。果然沒錯。之後，西姆斯在劍橋大學主修梵文，愛上了珊達。珊達是來自緬甸撣邦的美麗公主，童年時期駕著形似金鳥的畫舫在緬甸諸湖悠遊。威特斯貝也可能像他陷得這麼深。愛上亞洲的他改信佛教。西姆斯和珊達在曼谷結婚。他們共度刺激且得意的一生，一起經歷各種冒險，無論是出於他們自己的選擇還是為了英國女王陛下的情報組織。彼德曾在仰光大學教書，在曼谷和新加坡為《時代》雜誌工作，後來也為阿曼蘇丹效力，最後在香港還是殖民地的時期，替香港警察的情報部門工作。無論在人生的哪一個階段，珊達始終陪在他身邊。

簡而言之，西姆斯人生的每一個細節，都可以在我的威斯特貝身上看見，或許只有美滿的婚姻除外，因為我需要他是個還在尋求真愛的獨行俠。但這一切都是我事後得知的。在新加坡——不然還能在哪裡？——的拉菲爾飯店碰見彼德．西姆斯時，我對這一切還一無所悉。我當時只知道他活脫脫就是我筆下傑里．威特斯貝的化身，渾身是勁，充滿夢想，這麼熱情洋溢的英國人，又這麼認同亞洲文化，要是還沒替英國情報單位工作，那我們的情報員可就太輕忽失職了。

我們在香港再次碰面，一次在曼谷，然後是西貢。最後我心裡冒出一個問題：彼德有沒有可能願意陪我走遍東南亞最難應付的角落？我不必猶豫。他再樂意不過了，老小子。

那麼，我問，他是不是可能屈就只有一份專業費用，來當我的研究員與嚮導呢？你大可以放心地賭他絕對會！他替香港警察做的工作就要結束了，現金可以彌補缺口，沒問題。我們啟程上路。有彼德難以遏止的活力、淵博的亞洲知識與亞洲魂，我怎麼可能不把在《鍋匠　裁縫　士兵　間諜》裡淡筆輕描的傑里．威特斯貝畫成一張完整的彩色圖像？

二〇〇二年，彼德在法國過世。大衛．葛林威寫了一篇優美精彩的訃聞〈記者、探險家、間諜與朋友〉——我在這篇文章裡聽見他大喊「帥喔！」——說他是《榮譽學生》裡那位傑里．威特斯貝的原型，一點都沒錯。但是我的威特斯貝比彼德．西姆斯更早出現。而彼德，浪漫得無可救藥，直到最後一刻都慷慨大方的彼德所做的是，用他那雙巨大的手緊緊抓住傑里，吵嚷不休地讓傑里變成他自己。

12 寂寞，在永珍

我們肩並肩躺在永珍一家位於樓上的鴉片館。這裡有草蓆和木頭頸枕，讓你躺下來時直直盯著天花板看。半明半暗中，一個頭戴斗笠、形容枯槁的苦力蹲在我倆之間，幫我們填充煙管，或就我的情況來說，是在煙熄了的時候不耐煩地重新點燃。如果電影劇本寫著：**室內。鴉片館。寮國。七〇年代末。夜晚**。那麼眼前的這一幕就是場景設計師可能搭出來的場景。而我們這些各形各色的煙客，恰恰也是這個時空背景所需要的：一個叫愛德華先生的法國舊殖民時期農莊主人，此時已因為北方進行的祕密戰爭傾家蕩產；一群美國航空的飛行員；四個戰地記者；一個黎巴嫩軍火商和他的女伴；還有一個心不甘情不願的戰爭觀光客，也就是在下我。而斜倚在我旁邊的山姆，從我躺在他隔壁開始，就一直自言自語，聽得人昏昏欲睡。鴉片館裡有股刺激的緊張感，因為寮國當局正式禁止鴉片，所以有個過度熱心的記者警告我們，我們隨時可能要衝上屋頂、爬下樓梯，躲到小街裡。但是躺在我旁邊的山姆說，別想那麼多，那根本是屁話。山姆到底是什麼人，現在是生是死，我都不知道。我猜呢，他可能是某種靠家裡接濟、來東方尋找靈魂的人，但在之前的柬埔寨和越南，以及如今的寮國戰爭前線流浪五年之後，還是沒找到。至少這是我從他那隨和的意識流獨白裡得知的。

我以前沒抽過鴉片，之後也沒有，但是自從那一夜之後，我就揣著不負責任的信念，相信鴉片這種惡名昭彰的禁藥，如果以合理的分量給明理的人抽，就有益無害。你躺在草蓆上，覺得有點不安，有點蠢。這是你的第一次。你依照指示抽了一口，搞得一團糟，苦力搖搖頭，你覺得自己更蠢了。可是一旦掌握訣竅，也就是只要慢慢地長長吸一口，那麼過了一段時間，你就會變得祥和自在：你不醉，不蠢，不暴躁，也沒有突然興起的性衝動。你就只是個非常滿足，思想如行雲流水的人，你向來都知道自己是這樣的人。最棒的是，到了早上，不會有宿醉，不會悔不當初，不會痛苦至極的清醒，你就只是好好地睡了一覺，迎接新的一天。這是山姆在發現我是新手時對我保證的話，我一直深信不移。

山姆早年的生活，我從他的漫談裡發現，走的是非常循規蹈矩的路子：漂亮的英國鄉間宅邸，寄宿學校，牛津劍橋，結婚，生子，直到情況變糟。是什麼樣的情勢，誰的問題，我始終沒猜透。不管山姆希望我知道，或寧可我不知道，我都沒那麼失禮地開口問。**情況變糟**。必定是極端厲害的情況，因為就在那天，山姆抖掉腳上的英國塵土，發誓再也不回去，決定在巴黎落腳。他很愛巴黎，但後來愛上了一個法國女人，她卻拒絕他。所以形勢再度嚴峻。

山姆的第一個念頭是加入法國兵團，但不知道是他們那天不募兵，還是他睡過頭或走錯地方，因為此刻我已開始懷疑，對我們大部分人來說很簡單的事，對山姆來說都不一定很容易。他這人有點丟三落四，讓你很擔心他從某件事又惹出另一件事來。總之他沒加入法國兵團，反而和基地在法國的東南亞新聞社簽了約。他們不會支付你的旅費、開銷或諸如此類的費用，他解釋，但你如果碰巧報回任何稍稍有用的新聞，他們就會給你一些微薄的酬勞。既然自己手邊還有一點點錢，就如山姆說的，他覺得這個條件還算公平。

所以過去五年，他一直遊走戰區，偶爾交上好運，甚至還有一、兩次在法國銷量頗大的小報上刊出了署名的文章，而原因呢，若不是某個貨真價實的記者對他露了口風，就是他自己捏造了整條新聞。他一直很想試試看寫小說，把他的人生經驗寫進故事裡，而且想大展鴻圖：短篇小說，長篇小說，全部。讓他裹足不前的是寂寞，他解釋說：想想看，要在叢林裡獨坐桌前，連續多日埋頭苦寫，沒有編輯來催你，也沒有截稿期限。

但他還是做到了。最近重溫自己的成品，毫無疑問的，在他心目中，他為那家以法國為基地的新聞社憑空捏造的故事，遠比嚴格遵照所謂的事實依據所寫出的新聞要好上太多。不遠的將來有一天，他會坐在叢林的書桌前，拋開寫作的孤寂，不在意有沒有截稿期限，有沒有編輯催稿，終將破繭而出，相信他。讓他裹足不前的就只是寂寞，他又說了一遍，免得我沒聽懂他的話。寂寞吞噬他，特別是在永珍，除了抽鴉片煙、躺在那裡，聽醉了的美國航空墨西哥飛行員吹噓自己在白玫瑰享受吹簫樂趣時的英勇雄風之外，沒別的事情可做。

然後他告訴我，他是怎麼對付這種寂寞的。寂寞不再只和他的寫作企圖心有關，他坦承，而是包圍了他全部的生活方式。天底下他最懷念的地方是巴黎。自從他的摯愛拒絕了他，情況變糟，巴黎對他來說就是個絕對的禁區，直到永遠。他不會再回到那裡，不會再追那個女孩，他辦不到。每一條街，每一幢建築，河流的每一個彎道，都在吶喊著她——他用一種很罕見、簡直可說是催眠似的文學誇示法熱切地說。還是他想起了法國歌手莫里斯．雪佛萊（Maurice Chevalier）的歌呢？然而，巴黎同樣也是他靈魂的歸宿。他的心也在巴黎，他思索了一番之後又補上這一句。聽見我說的了嗎？我聽見了，山姆。

那麼抽了一、兩管之後，他想要做什麼呢，他繼續說——他決定對我坦白招認他最大的祕密，因為如今我是他最親近的朋友，也是天底下唯一一個關心他的人，他補充說——只要一感覺到需要，他就會馬上去做，現在他既然腦筋清楚了，應該隨時可能發生：他要跑去大家都認識他的「白玫瑰」，塞給露露夫人一張二十美元的鈔票，讓他可以打三分鐘的電話到巴黎的花神咖啡館。當花神咖啡館的服務生接起電話之後，他會說要找茱麗．德勞斯小姐，就他所知，這是個捏造的名字，不是他以前叫她的名字。然後他就會聽著他們一桌桌喊她的名字，一路喊到門口的馬路去：德勞斯小姐，德勞斯小姐……有您的電話！

他們喊著她的名字，一次又一次，直到那聲音沒入雲霄，或者他的時間用完了，無論是哪一種情況先發生，他都已經聽到價值二十美元的巴黎。

13 實境劇場：與阿拉法特共舞

一九八一年到八三年，我為《女鼓手》做研究的幾趟旅程裡發生了四個相連的故事，這是第一個。我這本小說的主題是巴勒斯坦與以色列的衝突。書中的女鼓手名叫查莉，這個角色是以我同父異母、小我十四歲的妹妹夏洛特．康威爾為發想。之所以稱她為「鼓手」，是因為在我的故事裡，查莉挑起了衝突雙方要角的戰鬥情緒。在我動筆的彼時，夏洛特是活躍於舞台與電視的知名演員（她是皇家莎士比亞劇團的成員，也演出電視劇《搖滾鬧劇》），同時也是極左的政治激進分子。

在我的小說裡，查莉也是個女演員，被魅力非凡的以色列反恐情報員約瑟招募，要在他所謂的「實境劇場」裡出任主角。查莉向來想像自己是激進的自由鬥士——約瑟也這麼認為——透過如此自稱，換言之也就是在真實世界裡扮演她自己，同時在約瑟的指導下把演技提升到另一個高點，去吸引巴勒斯坦和西德恐怖分子，藉此拯救真實的無辜生命。她同情巴勒斯坦的困境，雖然她是被派去背叛巴勒斯坦人的；但她也認同猶太人有返回家鄉的權利，再加上又被約瑟吸引，種種情緒的拉扯撕裂，讓查莉成為這重複許諾之地重複許諾的女人。

我的任務是和她一起上路；在以巴雙方對她憤慨叫囂的爭論中左右搖擺，就像查莉左右搖擺那樣；同時也竭盡所能去體會她因忠誠、希望與絕望而產生的強烈矛盾。正因為如此，一九八二年的除夕，在山區一所專門收容巴勒斯坦解放運動犧牲者（換句話說也就是殉道者）子女的孤兒院裡，我才會和亞希爾·阿拉法特與他麾下的高級指揮官一同共舞阿拉伯跺腳舞（dabke）。

☆

拜訪他的旅程一路挫折不斷，但當時很多人危言聳聽地描繪他是個神出鬼沒、狡獪靈活，由恐怖分子變身而成的政治家，要是這個過程稍加稱心如意，那才讓人失望呢。我的第一站是去拜訪派屈克·賽爾（Patrick Seale）。他是出生在北愛爾蘭貝爾法斯特、畢業於牛津大學的英國記者與阿拉伯專家，據說也是接替金·費爾比擔任《觀察家報》駐貝魯特特派員的英國間諜。在賽爾的建議下，我的第二站是去拜訪效忠阿拉法特的巴勒斯坦軍事指揮官薩拉·塔馬利（Salah Tamari）。塔馬利經常造訪英國，我和他第一次見面就是在德文郡街的奧汀餐廳，巴勒斯坦籍的服務生以屏息敬畏的眼神注視他，而他證實了我所問過的每一個人給我的忠告：如果你想深入巴勒斯坦人之間，一定要先得到主席的祝福。

塔馬利說他會替我美言，但我必須透過正式管道進行安排。我嘗試這麼做。帶著塔馬利和賽爾的介紹信，我兩度和位於梅菲爾區綠街的阿拉伯聯盟辦公室聯絡，約好時間去見巴勒斯坦解放組織的代表，兩度在人行道上忍受灰色西裝男子的仔細搜查，兩度站進位在門口、活像玻璃棺材的小房間裡接受掃描，看有沒有祕密攜帶武器；同時也兩度被很有禮貌地打發走，因為代表先生有身不由己的理由。他有可能真的身不由己，因為一個月之前，他的前任在西班牙遭遇槍擊身亡。

無論如何，我最後還是飛往貝魯特，登記入住海軍准將飯店，因為這是巴勒斯坦人經營的，同時也因為大家都知道這家飯店對記者、間諜和諸如此類的人物很寬容。在此之前，我的研究都只限於以色列。我在以色列特種部隊耗了好幾天工夫，坐在舒服的辦公室裡，和以色列情報機構的前任與現任領導人談話。但是貝魯特的巴勒斯坦解放組織公共關係辦公室位在一條殘垣斷壁的街道，外面圍了一圈灌滿水泥的波紋鐵桶；武裝男子食指扣在扳機上，怒目圓睜地看我走近。在陰暗的接待室裡，迎面而來的是印著俄文、泛黃的宣傳雜誌，龜裂的玻璃櫃裡展示著從巴勒斯坦難民營蒐集來的砲彈碎片和沒爆炸的小型殺傷彈。一張張捲曲的照片是被屠殺的婦孺，以圖釘釘在水漬斑斑的牆面。

代表先生拉帕迪的私人辦公室也同樣讓人心情輕鬆不起來。他坐在辦公桌後面，左手握著手槍，身邊一把卡拉希尼柯夫自動步槍，瞪著我看，那怒視的目光呆滯，倦乏。

「你替報紙寫稿？」

有部分是。但我同時也在寫一本書。

「你是人類動物學家？」

我是小說家。

「你是來想從我們身上得到好處？」

我想先瞭解你們的志業。

「你要等。」

繼續等，一天又一天，一夜又一夜。破曉晨光射進飯店房間時，我躺在床上數窗簾的彈孔。我在顧客稀少的時段窩在海軍准將飯店的地下室酒吧裡，傾聽那些已經忘了如何入睡的疲憊戰地記者若有所思的叨絮。有天晚上，我正在飯店通風不良、空蕩蕩的餐廳裡吃著十吋長的春捲時，有個服務生興奮地在我耳邊說：

「我們主席要見你，現在。」

我第一個想到的是飯店集團的董事會主席。他要把我趕出去了，我沒付帳？我在酒吧裡得罪了什麼人？還是他想要我替他簽書？然後慢慢的，我才恍然大悟。我隨著服務生走到大廳，踏進滂沱大雨中。一輛灰褐色富豪旅行車敞開後門，身穿牛仔褲、荷槍實彈的戰士圍車而立。沒有人開口，包括我。我爬進富豪車後座，兩名戰士立即跳上車，坐在我兩邊，還有一個坐在前座駕駛員身旁。

我們在滂沱大雨裡疾馳過傾頹的城市，一輛吉普車緊隨在我們之後。我們不斷變換路線。我們不斷換車，快速開過小街巷，來到車流繁忙的雙向道上又猛然衝過中央安全島。對向駛來的車子紛紛閃讓，甚至撞上路沿。我們再次換車。我被搜身，不知是第四次還是第六次。我站在貝魯特某處被大雨淋濕的人行道上，周圍是帽子水淋淋的武裝戰士。我們的車子不見了。一扇面街的門敞開，有個人招手叫我進去。這是一幢彈孔處處的公寓大樓，窗子不見了，燈都沒亮。他做手勢要我走上鋪了瓷磚的樓梯，一排鬼魅似的武裝男子列隊戒備。走上兩段樓梯之後，來到一個鋪有地毯的平台，我被請進飄著消毒水味道的電梯。電梯猛然一晃往上升，然後又一陣劇烈震動之後停了下來。我們來到一間L形的客廳。抵著牆邊站立的戰士有男有女，很意外的是，竟然沒有人抽菸。我想起阿拉法特不喜歡菸味。有名戰士開始對我搜身，這已經數不清是第幾次了。我心中突然一陣沒來由的恐懼。

「拜託，我已經被搜夠了。」

他張開雙手，彷彿要讓我看看裡頭什麼都沒有似的，露出微笑退開。

在L形房間較小的那一區，阿拉法特主席坐在辦公桌後面，等著我發現他。他戴著白色頭巾，身上的卡其襯衫摺痕熨得整整齊齊，褐色塑膠編織槍套裡是一把銀色的手槍。他沒抬頭看客人，始終忙著在文件上簽名。一直到我被帶到他左側那張雕木寶座，他也還是忙得沒注意我。最後他終於抬頭，好像想起什麼愉快的事似的，兀自露出微笑，接著轉頭看我，猛然跳起來，雀躍得令人意外。我也立即跳起來。我們像一對串通好的演員，凝視對方的眼睛。有人警告過我，阿拉法特一直都在表演。我告訴自己，我也是。我是和他一樣的演員，我們面前有活生生的觀眾，或許多達三十人。他身體前傾，伸出雙手歡迎我。我握住他的手，那雙手柔軟如孩童。他凸出的褐色眼睛目光灼灼，充滿懇求。

「大衛先生！」他扯開嗓門：「你為什麼要來見我？」

「主席先生，」我以同樣高亢的語氣回答：「我來這裡，是為了把我的手貼在巴勒斯坦的心上。」

我們預演過這場戲嗎？他已經拉著我的右手貼在他卡其襯衫的左襟上。襯衫上有個開扣口袋，熨得筆挺。

「大衛先生，就是這裡！」他激昂地說，「就是這裡！」他又講了一遍，讓我們的觀眾可以聽清楚。一屋子的人全起立，我們大獲成功。我們開始阿拉伯式的擁抱，左，右，左。他的鬍子並不扎人，是絲般柔軟的絨毛，聞起來有嬌生嬰兒爽身粉的味道。放開我之後，他開始對觀眾講話，一隻手還是緊緊壓在我肩上。我可以在巴勒斯坦人之間自由行走，他慷慨宣稱——他，從不睡在同一張床上兩次，掌控自己的保安，堅稱自己只與巴勒斯坦婚配的他如是說。我可以去見去聽我想見與想聽的一切。他只要求我把真相寫出來、說出來，因為只有真相能讓巴勒斯坦人獲得自由。他要把我託付給他們的戰士首領，也就是我在倫敦見過的那位：薩拉．塔馬利。薩拉會親手從年輕戰士裡為我挑選保鑣。薩拉會帶我到黎巴嫩南部，讓我瞭解他們和猶太復國主義者的艱苦纏鬥，他會介紹我認識他的指揮官和部隊。我碰到的每一個巴勒斯坦人都會毫無保留地與我交談。他要我和他合照，我婉拒了。他問我為什麼，表情非常愉快，也帶著嘲弄，令我放膽如實回答：

「因為我希望能比您早一點到耶路撒冷啊，主席先生。」

他笑了起來，發乎真心的笑，所以觀眾也都笑了。但這句實話太過頭了，我一出口就後悔了。

☆

見過阿拉法特之後，其他事感覺上都變得很正常。法塔赫[1]的年輕戰士全都在薩拉麾下，最後有八個當了我的保鑣。他們的平均年齡頂多十七歲，夜裡在我位於頂樓的床邊圍成一圈睡覺（或是不睡），因為他們接受的指令是守在我窗邊，等候敵人來自於海陸空攻擊的第一線徵兆。無聊的時候——這工作很容易無聊——他們就拿起手槍射躲在樹叢裡的流浪貓。但大部分時候他們都用阿拉伯語互相咕噥，或在我就快要睡著的時候和我練習英文會話。這些人八歲就加入巴勒斯坦幼童軍，也就是所謂的「艾胥巴」（Ashbal）；十四歲時，他們已被當成是完全合格的戰士。據薩拉說，他們用手持式飛彈瞄準以色列坦克的功力無人能及。我可憐的查莉，實境劇場裡的明星演員查莉，一定會愛上他們每一個人，我這麼想，一面把她的想法寫在我破破爛爛的筆記本上。

有薩拉的領路，以及查莉這位親近的旅伴，我拜訪了以色列邊界的巴勒斯坦前哨基地，在以色列偵察機盤旋與偶爾響起的槍火聲中聆聽戰士講述駕駛橡皮艇越過加利利的夜襲故事——是真實或是想像，我並不知道。他們並非要吹噓自己的英勇行為。「人在現場」就已經夠了，他們強調：冒著身亡

1 Fatah，為巴勒斯坦民族解放運動的簡稱，是阿拉法特所創，巴勒斯坦解放組織中最大的派系。

或被逮的危險，讓夢境成真，就算只有幾個鐘頭都好；跨海途中暫時停下你那艘鬼祟的小艇，吸一口故鄉花朵、橄欖樹與農田的香味，豎耳傾聽家園山坡上的羊群咩咩叫——這就是真正的勝利。

薩拉陪著我去探訪塞頓的兒童醫院。有個雙腿被炸斷的七歲男孩對我們豎起大拇指。查莉從沒這麼開心過。在造訪過的難民營裡，我印象最深的是分別位在拉希迪亞（Rashidieh）和納巴提耶（Nabatieh）的兩個營區。拉希迪亞以足球隊聞名，泥土球場常被轟炸，所以比賽都只能臨時通知舉行。好幾名最出色的球員都成了巴解運動的殉難者，遺照就擺在他們生前所贏得的獎盃中間。在納巴提耶，有個穿白袍的阿拉伯老人注意到我腳上的棕色英國皮鞋，以及我走路姿態裡的殖民色彩。

「你是英國人吧，先生？」

「我是英國人。」

「你看看。」

他口袋裡有份文件。那是一份證明書，英文打印，有英國託管官員的簽名蓋章，證明文件持有人是伯大尼村外某塊農地與橄欖園的合法所有人。日期是一九三八年。

「這個所有人就是我啊，先生，現在你看看我，成了什麼樣子。」

我心中湧起了毫無作用的羞愧，而那是查莉的憤慨。

一天奔波勞動結束，在薩拉位於塞頓的家裡吃晚餐，會有一種異常寧靜的幻覺。這幢房子或許彈孔處處，有枚從海上發射的以色列飛彈曾射穿一面牆，卻沒有爆炸；但花園裡有懶洋洋的狗兒和鮮花，壁爐裡燒著柴火，餐桌上還有烤羊排。薩拉的妻子迪娜原是約旦王妃，曾嫁給胡笙國王，她在英國的私立學校受教育，在劍橋的格頓學院主修英文。

迪娜和薩拉以專業知識和得體且富於幽默的方式，帶領我認識巴勒斯坦的志業時，查莉就緊緊挨在我身邊。上次塞頓開戰的時候，薩拉很驕傲地告訴我，迪娜這位素以美貌和堅毅聞名的弱女子，開著他們的捷豹老爺車進城，向烘焙店買了一大堆披薩，駛赴前線，堅持親手發送給戰士們。

☆

那是十一月的夜晚。阿拉法特主席和隨員駕臨塞頓，慶祝巴勒斯坦革命十七週年。天色墨藍，風雨欲來。我們和幾百人一起擠在狹小的街道等著觀看遊行的時候，我的保鑣全不見了，只剩一個在我身邊。僅剩的這位保鑣馬默德，深不可測，不帶槍，不在薩拉家的窗口射貓，英文說得最流利，身上總是有股神祕的孤冷氣質。過去三個晚上，馬默德完全不見蹤影，每天都到天亮才回薩拉家。此刻，在這條旗幟與汽球飄揚，人心激動、人潮擁擠的街上，他緊緊貼在我身邊，一個矮矮胖胖，戴眼鏡的十八歲男生。

遊行開始。先是管樂隊和旗隊，之後是一輛小貨車，架著擴音器大聲放送口號。穿制服的壯碩戰士，穿深色西裝的達官顯要，群集在臨時搭起的講台。在他們之中可以瞥見阿拉法特的白色頭巾。整條街開始狂歡慶祝，我們頭頂上噴出綠色的煙，接著變成紅色。無視降雨，煙火照樣施放，真正的軍火照樣支援助興，我們的領袖一動也不動站在講台前面，手指比出勝利的手勢，在煙火閃爍的光影裡宛如他自己的塑像。這時出現的是戴著綠色新月形胸章的醫院護士，接著是因戰爭傷殘、坐輪椅的孩童，再來是艾胥巴的男女童軍，揮舞手臂，闊步前進。現在駛來一輛吉普車，後面拖著一節花車，站著身裹巴勒斯坦國旗的戰士，他們拿起卡拉希尼柯夫步槍對著落雨的漆黑穹蒼開槍。貼站在我身邊的馬默德拚命對他們揮手，讓我意外的是，他們一也起轉身對他揮手。花車上的那些戰士就是我其餘的保鑣。

「馬默德，」我雙手掩著耳朵對他吼道：「你為什麼沒和你的朋友一起，用槍指著天空？」

「我沒有槍，大衛先生。」

「為什麼沒有，馬默德？」

「我做晚上的工作！」

「可是你晚上都在做什麼，馬默德？你是間諜嗎？」——在嘈雜聲中，我盡可能壓低嗓音。

「大衛先生，我不是間諜。」

儘管在喧鬧之中，馬默德還是拿不定主意，不知道該不該對我吐露他最大的祕密。

「你一定看見艾胥巴制服的前襟上有爸爸阿拉法特主席的照片，對吧？」

我是看見了，馬默德。

「我一整夜都在一個祕密地方，拿著熱熨斗，親自把爸爸阿拉法特主席的照片一張張燙到艾胥巴制服的前襟。」

在這麼多人裡面，查莉一定最愛你，我想。

☆

阿拉法特邀我到一所巴勒斯坦殉難著遺孤學校共度新年。他會派一輛吉普車到飯店來接我。飯店仍然是海軍准將飯店，而吉普車則是護送車隊裡的一輛。車隊一輛緊貼著一輛，以快得簡直要跌斷脖子的高速在山路疾馳，穿過黎巴嫩、敘利亞與巴勒斯坦的檢查哨。那天依舊是滂沱大雨，這好像是我每次見阿拉法特都必須忍受的折磨。

這條路只有一個車道，沒鋪好路面，在暴雨裡崩塌毀損。前方吉普車濺起的碎石子不斷打向我們的車。路邊幾吋之外就是山谷，隱隱能看見幾千呎深谷底下的一小片燈火。領頭的車子是一輛防彈的紅色路寶。據說那裡面坐的是我們的主席先生。但是等我們開進學校時，警衛告訴我們說他們是在耍我們。那輛路寶只是誘餌。阿拉法特安安全全地待在樓下的音樂廳裡，迎接他的新年賓客。

從外表看來，這學校只是一幢簡樸普通的兩層樓房；一踏進屋裡，你才發現自己是在頂樓，房子的其餘部分是沿著山坡往下蓋，盯著我們下樓的人除了尋常的戴頭巾武裝男子外，還有彈帶橫跨胸前的年輕女子。音樂廳是個非常寬敞的圓形大廳，擠滿了人，前面一座木製舞台，阿拉法特站在舞台下方的第一排，擁抱他的新年賓客，而整個擁擠的大廳裡，人人和著音樂旋律鼓掌，聲音震耳欲聾；天花板垂下慶祝新年的彩帶，革命標語貼在牆上，我被推著走向他，他再次給我傳統的擁抱，而其他身穿卡其棉褲、滿頭鬈髮的男子則握住我的手，對著我們交握的手說出新年祝福。他們有些有名字，有些用化名，比方阿拉法特的副手阿布·吉哈德，還有些人根本沒有名字。表演開始：第一個節目是沒有父母的巴勒斯坦女生，圍成一圈跳舞，唱歌；接著是沒有父母的男生；再來則是所有的男生女生一起跳阿拉伯跺腳舞，一面在眾人打拍子的節奏裡彼此交換木製的卡拉希尼柯夫步槍。站在我右手邊的阿拉法特伸出雙臂，站在他另一邊那個表情陰鬱的戰士對我點點頭，我抓住阿拉法特的左手肘，兩人合力把夾在我們中間的阿拉法特推上舞台，然後自己也跟在他後面爬上去。

在他心愛的孤兒之間踮腳旋舞，阿拉法特似乎在他們的氣味裡迷失了自己。他抓住自己頭巾的尾端甩了起來，像亞歷·堅尼斯在電影《孤雛淚》裡演出的費金那樣。他的表情渾然忘我。他是在笑還是在哭？不管是什麼情況，他的情緒都非常激動，至於是哭是笑都不重要了。他做個手勢，要我摟住他的腰。另一個人摟住了我的腰。現在我們所有的人——高級指揮官，營區部眾，狂喜的孩童——無疑還有來自世界各國的間諜，因為阿拉法特很可能是有史以來受到最嚴密監視的人——串成了一條長長的鱷魚，由我們的領袖當頭帶領。

穿過水泥長廊，走上一段階梯，越過迴廊，走下另一段階梯，我們跺腳的砰砰聲取代了鼓掌的聲音，在我們後面還是上方，如雷的聲音唱起巴勒斯坦的國歌。我們就這樣跺腳頓足，一行人拖著腳步不知怎麼又回到舞台上。阿拉法特走到眾人前面，停了下來。在群眾的歡呼聲中，他跳水似地縱身一躍，撲進他那些戰士的懷裡。

而在我的想像裡，我這位欣喜若狂的查莉也為他歡呼，聲音響徹雲霄。

八個月後，一九八二年八月三十日，在以色列入侵之後，阿拉法特和他的高級指揮官被逐出黎巴嫩。在貝魯特的碼頭上，阿拉法特和他的戰士忿怒地對空鳴槍，搭船來到突尼斯的碼頭，布爾吉巴總統[2]和他的內閣等在那裡迎接他們到來。城郊一幢豪華飯店匆匆改裝成阿拉法特的新總部。

幾個星期之後，我到那裡看他。

一條長長的車道通向這幢佇立在沙丘之間的優雅白色宅邸。兩名年輕的戰士要求知道我來做什麼。這裡沒有活力十足的微笑，沒有常見的阿拉伯禮儀。我是美國人嗎？我給他們看我的英國護照。其中一人用粗魯挖苦的語氣問我，是不是碰巧聽說過薩巴拉與夏提拉大屠殺[3]。我告訴他，我幾天前才剛去過夏提拉，對在那裡的所見所聞深感哀痛。我告訴他說我來看爸爸（這是阿拉法特的暱稱），

2 Habib Bourguiba, 1903-2000，為突尼西亞推翻君主專制後的第一任總統，執政長達三十一年，後遭罷免。

3 一九八二年九月十六至十八日在黎巴嫩薩巴拉（Sabra）與夏提拉（Chatilla）難民營發生的大屠殺，由右翼武裝分子所發動的攻擊，造成三千名巴勒斯坦人與黎巴嫩人遇害。

要表達我的哀悼之意。我說我們以前在貝魯特見過幾次，還有之後在塞頓，同時還在殉難者遺孤學校和他共度新年。一個男孩抓起電話。我沒聽見他說出我的名字，雖然我的護照就在他手裡。他放下電話，簡單說一句：「來！」從皮帶裡抽出手槍，抵著我的太陽穴、反扭我的雙手，押著我走過長長的通道，來到一扇綠門門口。他打開門鎖，交還護照，推我穿過門，走進一處空地。在我面前是一個騎馬場，沙子被踩得凌亂不堪。戴著白色頭巾的亞希爾・阿拉法特騎在一匹阿拉伯駿馬背上。我看著他騎完一圈，又一圈，再一圈。但是他不是沒看見我，就是不想看見我。

☆

與此同時，在黎巴嫩款待我，也是黎巴嫩南部巴勒斯坦武裝部隊指揮官的薩拉・塔馬利，正因為是有史以來落入以色列手裡最高階的巴勒斯坦武裝人員，而遭受酷刑。他在以色列惡名昭彰的安撒爾監獄裡被單獨囚禁，接受我們近日比較樂於稱之為「強化偵訊」的手段。他斷斷續續地與來訪的傑出以色列記者阿哈隆・巴尼亞（Aharon Banea）建立了深厚的友誼，促成巴尼亞那本《我的敵人》（*Mine Enemy*）出版。這本書申明了許多共同主張，也印證了薩拉其實贊成以巴共存，而非持續不斷、永無希望的軍事鬥爭。

14 實境劇場：碧姬別墅

監獄是一簇不起眼的綠色營房，位於內蓋夫沙漠（Negev desert）凹處，周圍一圈倒鉤鐵絲網。每個邊角都有一座瞭望塔。對以色列情報機構的圈內人來說，這裡是碧姬別墅，對圈外的世界來說，這裡則什麼也不是。陪同我來的這位會講英文的以色列安全情報局（Shin Bet）年輕上校，開著吉普車越過高低起伏的廣袤沙地，一面對我解釋「碧姬」是位決心與巴勒斯坦恐怖分子同生共死的德國激進分子。這群恐怖分子計畫擊落一架在奈洛比肯亞塔機場降落的以色列航空班機，為了達成目標，他們在位於航道下方的建築屋頂準備了火箭筒，以及碧姬。

北歐人外表、一頭金髮，她所要負責的就只是站在機場裡的電話亭，一隻耳朵貼著短波無線電，另一隻耳朵貼著電話聽筒，把塔台的飛航指令傳達給屋頂上的那些男孩。她正在進行任務的時候，一群以色列情報員貼近她身邊，至此，她對這樁行動的貢獻也結束了。這架以色列航空的班機事前接獲警告，提前飛抵奈洛比，機上沒有任何乘客，只有前來逮捕她的人。返航的飛機載著戴上鐐銬的碧姬降落在臺拉維夫，屋頂上的那些男孩則下落未明。他們已經被處理妥當了，我這位以色列安全情報局的上校對我保證，但沒特別說明這是什麼意思，而我覺得開口追問也不太得體。我明白自己被授予極為罕見的特權，這都要感謝索洛莫・賈濟特（Shlomo Gazit）將軍的影響力，他甫自以色列軍事情報局局長一職卸任，也是我一位寶貴的朋友。

碧姬成為以色列的階下囚——但這個行動必須完全保密，我被警告道。肯亞政府與以色列合作，並不希望影響國內穆斯林的情緒，以色列也不希望危及消息來源，讓重要的盟友為難。我得以探視她的條件是：在獲得以色列的許可前不得披露此事。他們告訴我，他們迄至當時還未對她的家人或德國政府承認已知悉她的下落，所以我必須再等一等。但這並沒有太讓我困擾。我要做的是介紹查莉認識碧姬。如果查莉成功滲透進她打算進入的德國—巴勒斯坦恐怖組織，碧姬就會是她的同夥；要是我運氣夠好，查莉就可以由碧姬親自傳授恐怖行動理論與實務的第一堂課。

「碧姬開口嗎？」我問這位年輕的上校。

「或許吧。」

「談她的動機？」

「或許吧。」

我最好自己問她。好吧。我想我辦得到。我相信我會和碧姬建立起某種關係，不管那會是多麼虛妄或短暫。雖然烏爾麗克・曼因霍夫[1]的赤軍旅在德國遍地開花之時，我已經離開德國六年了，但我非常理解他們的起源，也同情他們的部分論點：只是不認同他們的手段。就這一點，僅僅這一點，我和許多德國中產階級並無不同，他們偷偷提供巴德爾—曼因霍夫集團金錢與撫慰。我也很厭恨許多前納粹高階分子如今活躍在政界、司法界、警界、企業、金融界及教會，厭恨德國父母拒絕和子女討論納粹經驗，厭恨西德政府以最醜陋的方式表現出對美國冷戰政策的言聽計從；如果碧姬要求我提供進一步證據，我大可以說難道我沒去拜訪過巴勒斯坦難民營和醫院，沒親眼目睹他們的痛苦、聽見他們的吶喊嗎？這一切綜合在一起，肯定可以為我買到一張通往這位雙十年華的德國女激進分子內心的入場券，無論效期如何短暫，不是嗎？

監獄向來讓我覺得不快。這是我那位曾下獄的父親在我心中留下永遠揮之不去的印象。在我的想像裡，他待過的監獄比他實際待過的多，每次都是同一個有著愛因斯坦似的額頭，魁梧有力、騷動不安的男人在籠中徘徊，嚷嚷自己的無辜。早年，每一次被派去監獄裡審訊某人，我總要控制自己的恐懼，擔心鐵門在我背後一關上，被我審問的囚犯就會嘲笑我。

碧姬別墅外面沒有院子，或者就我印象所及沒有。我們在大門口被攔下，詳加檢查後才獲准進入。那位年輕上校帶我走上戶外樓梯，用希伯來文大聲打招呼。寇夫曼少校是典獄長。我不知道她是不是真的姓寇夫曼，或這只是我自己給她取的名字。我在奧地利當陸軍情報官的時候，有個名叫寇夫曼的中士負責把守格拉茲市立監獄，我們都把嫌犯關在那兒；我可以確定的是，她在異常整潔無瑕的

1 Ulrike Meinhof, 1934-1976，為德國記者、左翼恐怖分子，一九七〇年與 Andreas Baader、Gudrun Ensslin、Horst Mahler 等人共同建立了左翼恐怖組織「赤軍旅」，一九七二年被捕，並以謀殺罪和組織犯罪組織起訴，但判決前即在獄中上吊自殺。

制服左襟口袋上戴了白色的名牌，她是陸軍少校，年紀約莫五十左右，身材結實但不胖，有雙明亮的褐色眼睛，以及痛苦卻親切的微笑。

☆

我們（寇夫曼少校和我）用英文交談。我之前和上校一直講英文，而且我不懂希伯來文，所以用英文交談是再自然不過的事。所以你是來見碧姬的，她說，我說是的，這是莫大的恩典，我非常明白，也很感謝，有沒有什麼話是我應該或不應該對她說的？我接著解釋我之前並未向上校說明的：我不是記者，而是小說家，來這裡蒐集更深入的背景資料，沒有得到東道主的同意，我不許寫出或說出今天會面的事。她微笑著聽我說完，說當然啦，然後問我想喝茶或咖啡。我說咖啡。

「碧姬近來不太好相處，」她警告我，那體貼的語氣很像醫生在討論病人的情況，「她剛來的時候，很能接受。現在，最近這幾個星期，她一直……」輕輕嘆口氣，「不能接受。」

我無法瞭解怎麼有人可以接受自己被監禁的事實，所以沒有答話。

「她會和你談，也或許不會，我不知道。她起先說不要，然後又說要。她下不了決定。我去請她來嗎？」

她透過無線電，用希伯來語去叫她過來。我們等著，繼續等。寇夫曼少校對我微笑，所以我也對她微笑。就在我開始懷疑碧姬是不是又改變主意時，聽見好幾個人的腳步聲朝內室走來，霎時浮現病態的期待，以為會看見一個戴著手銬，頭髮凌亂，精神錯亂的女子被強押到我面前。門從外面打開，兩個瘦小女獄警從兩旁輕輕抓著一個漂亮高䠷女子的手臂，她身穿獄袍、腰間緊束一條平添韻味的皮帶。一頭長長的金髮梳得齊整垂在背後，就連獄袍穿在她身上也非常合適。獄警退開，她上前，譏諷似地略一屈膝，然後像個教養良好家庭出身的女兒那樣對我伸出手。

「有此榮幸一見的這位是？」她用很文雅的德文問，我把之前用英文對寇夫曼少校說過的話，再用德文對她說一遍：我是個小說家，來為自己找資料。她聽了之後一語不發，就只是盯著我看，直到坐在牆角的寇夫曼少校用她那一口流利無比的英文助我一臂之力：

「妳可以坐下，碧姬。」

所以碧姬坐下，挺直脊梁像個乖巧的德國女學生，她顯然決定讓自己扮演這樣的角色。我本來打算先用幾句陳腔濫調當開場白，但發現一句都講不出來。所以我單刀直入，問了幾個很笨拙的問題，諸如：「事後想想，妳是不是後悔自己的行動，碧姬？」以及：「促成妳走上激進之路的，到底是什麼因素？」對這兩個問題她都無話可答，寧可靜靜坐在那裡，手貼在桌上，用混雜著不解與輕蔑的眼神瞪著我。

寇夫曼少校再次出手拯救我：

「或許妳想告訴他，妳是怎麼加入組織的。」她說，講話的語氣像略帶外國口音的英國校長。

碧姬一副沒聽見的樣子。她上下打量我，非常有條不紊，甚至可說有些傲慢無禮。就這樣仔細審視完之後，她的表情已經透露我所需要知道的一切：我只是又一個愚昧無知的資產階級壓迫分子，一個恐怖行動觀光客，頂多只能算是半個人類。她幹麼要在我身上費心？但她還是費了心。她會做一份簡短的任務聲明，她說，就算不是為我，也是為她自己。如果客觀分析自己，她承認，在智識上她很可能是個共產主義者，但未必是蘇聯所定義的那種。她寧可認為自己並不受任何單一教條的束縛。她的使命是喚醒那些未覺醒的資產階級，而她認為最好的例子就是她的父母。她父親是有接受啟發的跡象，她母親則完全沒有。西德是一個由奧斯威辛世代資產階級國家法西斯主義分子所掌控的納粹國家。無產階級只是以他們為典範罷了。

她的話題轉回父母身上。她希望感化他們，特別是她父親。她思索甚久，考慮該如何打破納粹殘留在他們潛意識裡的藩籬。她是在用隱晦的方式表達對父母的思念嗎，我思忖？甚至是在說她愛他們？她日日夜夜為他們憂心忡忡？彷彿為了矯正自己這種資產階級的多愁善感思想，她開始列出一連串指引她前進的先知：哈伯瑪斯[2]、馬庫色[3]、法蘭茲．法農[4]和好幾個我聽都沒聽過的名字。然後她開始論述武裝資本主義的邪惡、西德的再軍事化、美國帝國主義對諸如伊朗國王之類法西斯獨裁者的支持，以及其他我或許同意她意見的議題；說不定她也會對我的看法有些微興趣，但她沒有。

「我想回我的牢房了，麻煩妳，寇夫曼少校。」

又一個譏諷的屈膝行禮，和我握握手之後，她就告訴獄警可以帶她走了。

☆

寇夫曼少校還是坐在牆角沒離開，我也依然坐在碧姬那張空椅子對面。我倆之間的沉默有點怪異，彷彿我們都從同一個惡夢裡醒來。

「你得到你想要的資料了嗎？」寇夫曼少校問。

「是的，謝謝妳。很有意思。」

「碧姬今天有點惶惑，我覺得。」

對她的這句話，我回答說，是啊，老實說，我自己也有點惶惑。

但在這時，就在我全神貫注沉浸於自己的思緒之際，我才發現自己講的是德文，而寇夫曼少校的

---

2 Jürgen Habermas, 1929-，德國當代最重要的哲學家、社會學家之一，也是西方馬克思主義法蘭克福學派第二代的中堅人物，繼承並發展康德哲學，提出著名的溝通理性（communicative rationality）理論，與後現代主義思潮有深刻的對話及批判。

3 Herbert Marcuse, 1898-1979，德國哲學家、社會學家及政治理論家，法蘭克福學派一員，主要研究資本主義與科學技術對人的異化。與馬克思、毛澤東並稱「３Ｍ」。

4 Frantz Fanon, 1925-1961，法國作家，散文家，心理分析學家，革命家。法農是二十世紀研究非殖民化與殖民主義的精神病理學較有影響的思想家之一，作品啟發不少反帝國主義解放運動。

德文聽不出來特別的口音，不管是意第緒語或其他的腔調都沒有。她注意到我的驚詫，逕自回答了我沒問出口的問題。

「我只和她講英文，」她解釋說：「德文，從來不講。一個字也不講。她講德文的時候，我沒辦法信任自己。」彷彿需要進一步解釋似的：「你知道，我待過達豪。」

15 實境劇場：罪咎的問題

耶路撒冷，炎熱的夏夜，我坐在美國電視主播邁可．艾爾金斯[1]家中。艾爾金斯先是替哥倫比亞廣播公司（CBS）工作，接著又為英國國家廣播公司（BBC）服務長達十七年之久。我來找他是因為，和其他千千萬萬同世代的人一樣，陪伴我成長的是他通常從某個荒涼的戰爭前線傳來、句句完美無瑕的嘹亮紐約腔的嘶吼；但另一方面，我在尋找兩位虛構的以色列情報員：我自作主張叫他們約瑟和柯茲[2]。約瑟是年輕的那個，柯茲則是個老手。

到底希望從艾爾金斯身上找到什麼，我如今實在說不清楚，彼時很可能也是。他當時已經七十多歲了。他身上有我想找的柯茲的影子嗎？我知道艾爾金斯做的不只是各式各樣的雜事，雖然究竟有多少我也還待探知：替美國戰略情報局工作；與此同時，卻又在以色列建國之前，為猶太人的迦拿衛

1 Michael Elkins, 1917-2001，美國電視記者，以紐約腔和誇張的嘶吼播報風格著稱，在一九六七年的以阿六日戰爭裡，他是第一個報導開戰首日以色列就摧毀阿拉伯空防的記者。

2 約瑟（Joseph）和柯茲（Kurtz）是《女鼓手》裡的角色。

隊[3]走私非法武器進巴勒斯坦。也就是因為這樣，他被戰略情報局開除，偕同妻子到合作農場定居，但後來離異。我沒讀過他的書，雖然我實在應該要讀的：他一九七一年出版了《怒火鍛鍊》（*Forged in Fury*）。

我也知道，艾爾金斯像柯茲一樣有東歐血統、在紐約下東區長大，移民赴美的父母親從事成衣業。所以，沒錯，我或許在他身上看見了柯茲的些許身影：不是他的外表或習性，因為我心裡已經有了我這個柯茲的長相身形，我才不要讓艾爾金斯偷走呢；我看見的是他在追憶消逝歲月時所閃現的智慧珠璣。在維也納，我曾追隨頗有爭議但名滿天下的納粹獵人西蒙．維森塔爾[4]，雖然他告訴我的事情我早就都知道了，但那段回憶我始終銘記在心。

但是我之所以想要見他，最重要的原因就是他是邁可．艾爾金斯，擁有我這輩子在廣播上所聽過最強悍、最迷惑人心的聲音。他那生動、精心推敲的字句，用拉長聲調的布朗克斯腔講出來，會讓你馬上坐起來、凝神傾聽，深信不疑。所以他打電話到我住的飯店，說他聽說我人在耶路撒冷時，我馬上逮住機會去見他。

☆

耶路撒冷的那一夜異常悶熱，我渾身冒汗，但我想邁可．艾爾金斯連一滴汗都沒流。他有一副瘦削有力的身軀，外表和聲音一樣強壯；他眼睛很大，臉頰凹陷，手長腳長。他側著身子坐在我左邊，一手端著威士忌杯，一手緊抓著帆布摺疊椅的扶手，一輪巨大的月亮高掛在他腦袋後面。廣播裡的完美嗓音聽來讓人安心，且措詞精雕細琢，一如往昔，雖然句子要比過去稍短一些。有時候他會突然停下來，兀自沉思，彷彿人在遠方，然後再喝上一口威士忌。

他不是直接對著我講話，而是對著面前的黑暗，對著看不見的麥克風，顯然還是很講究語法與節奏。我們本來在室內，但夜色太美，於是我們端著酒杯到陽台去。我不太確定我們是什麼時候、又是怎麼聊起獵捕納粹的；或許是因為我提到曾去拜訪維森塔爾。但邁可聊起這事。他談的不是獵捕，而是殺戮。

有時候我們沒時間去解釋我們所做的事，他說。我們就只是動手殺了他們，一走了之。也有時候，我們會把他們帶到某個地方，加以說明一番。一片曠野，或一座倉庫。有些人會流淚自白。有人會恫嚇咆哮。有人會苦苦哀求。有人沒辦法有什麼反應。如果那人有車庫，我們說不定會把他帶進車庫裡。用絞索套住他的脖子、固定在橫梁上。然後讓他站在自己的車頂上，把車開出車庫。事後我們

3 Haganah，以色列建國前，在英國託管的巴勒斯坦活動的猶太武裝組織，後成為以色列國防軍的主力。

4 Simon Wiesenthal, 1908-2005，猶太裔的奧地利工程師，第二次大戰後致力追查納粹黨人，最為人知的是成功逮捕當年拘捕《安妮日記》作者安妮・法蘭克的蓋世太保。

會再回到車庫裡，確定他已經掛了。

我聽到的是「我們」？是哪一種「我們」啊，到底？難道你在告訴我，你，邁可本人，也是復仇者中的一員？或者這個「我們」只是一般的通稱，就像「我們猶太人」，而你只是覺得你和他們沒有兩樣？

他繼續以我無法完全理解的「我們」來描述其他殺人方式，直到思緒又飄向殺害納粹戰犯的道德正當性，因為他們隱姓埋名，在其他地方落腳——例如南美洲——而不願在此生面對司法。然後他開始泛談起罪疚：不是那些被殺的人的罪，而是殺了他們的那些人。

☆

我這時再挖出邁可的書已經太遲了。這本書的出版掀起很大的波瀾，特別是在猶太人群體之間。內容與敘述基調都像書名所暗示的一樣。邁可之所以寫這本書，他說，是聽加利利合作農場一位馬拉奇·瓦德的勸告。他描述自己的猶太覺醒，先是因為童年時代受了美國反猶太主義的刺激而萌發，接著因為大屠殺的恐怖暴行，以及他在被占領的德國為戰略情報局工作的經驗而變得愈發堅定。書寫的風格是前一分鐘還親密傾訴，下一分鐘就變得挖苦嘲諷；他用極其精微的細節描寫納粹對猶太區與集中營裡的猶太人採取的暴行，簡直殘酷得令人難以置信，同時也生動地描繪了猶太反抗行動殉難者的英勇事蹟。

但最重要的、也是最引起爭議的，是他對我們揭露了一個名為DIN，也就是希伯來文「審判」之意的猶太組織的存在，創立人就是最初鼓勵他寫書、住在加利利合作農場的那位馬拉奇．瓦德。

他告訴我們，單單是一九四五年至一九四六年，DIN就追捕殺害了不下一千名的納粹戰犯。他們的任務延續到一九七〇年代，其中包括一個幸未完成的計畫，也就是在供應二十五萬戶德國家庭的用水裡下毒，目標是殺害一百萬名德國男女老少，為被殺害的六百萬名猶太人償命。邁可告訴我，DIN樂於協助世界各地的猶太人。五十名創始會員來自各行各業：商人，宗教人士，詩人。

還有，邁可沒有多解釋地補上，新聞記者。

16 實境劇場：親密關係

海軍准將飯店在局勢緊張的時期——記憶裡貝魯特好像沒有什麼局勢不緊張的日子——是這個半球每一個或真實或冒牌的戰地記者、軍火商、藥商，以及或假冒或真正的援救工作者最喜歡的酒吧。熱愛這裡的人老愛把這家酒吧拿來和《北非諜影》裡的銳克酒吧相提並論，但我怎麼都看不出兩者間的相似之處。《北非諜影》的場景卡薩布蘭加並非一座城市戰場，只是個轉運站；而來到貝魯特的人是為了賺錢、找麻煩甚或創造和平，不過都不是為了要逃命。

海軍准將飯店也沒那麼好看。至少在一九八一年的時候是如此，而到了今天，根本就已經不存在了。房子外觀很單調，直稜稜的，沒有什麼建築美學，除非你把入口大廳那張厚達四呎的強化水泥接待桌也算進來。這張桌子在情況更混亂的時期還拿來兼作砲台用。飯店最受愛戴的房客是隻名叫可可的老鸚鵡，站在一根鐵柱上統治整個地窖酒吧；隨著城市巷戰的技術愈發精良——從半自動武器到火箭推進，從輕量到中量，或不管正確的詞彙是什麼——可可也不斷更新他的戰地聲音資料庫，到後來，初來乍到的酒吧客會被飛彈射來的咻咻聲和尖聲嘶喊的：「炸露台啦，你這個蠢蛋，挪開你的屁股，快！」嚇得跳起來。對那些又在地獄裡打滾一日回到天堂、被戰爭折磨得不成人形的識途老馬來說，看見某個可憐的新手躲進桌子底下，而他們自己漠不關心地喝著紅褐色的威士忌，真是天底下最開心的事了。

可可也會唱馬賽進行曲的前面幾小節，以及貝多芬第五號交響曲一開始的那幾個和弦。他的離去留下永恆的謎團：他被偷渡到某個安全地點，至今都還在快樂高歌；他被敘利亞民兵打死了；他最後被飼料裡的酒精給害死了。

那年我去貝魯特和黎巴嫩南部好幾趟，半是為了我的小說，半是為了那部由小說改編、出師不利的電影。在我的記憶中，那是一連串環環相扣、不可分割的超現實經驗。對膽小的人來說，貝魯特一天二十四小時都是恐懼——無論是配著槍炮聲在崖邊餐館吃晚餐，還是被巴勒斯坦青少年拿著卡拉希尼柯夫步槍指著頭，專心聽他述說自己的夢想是去古巴哈瓦那的大學讀國際關係，能幫他嗎？

☆

身為海軍准將飯店的新生，我第一眼就被阿莫給吸引。他一個下午見到的已死將死之人，比我一輩子見到的還多；他從這世界最黑暗的地帶寫出獨家報導，只要在一天將盡之時瞥見再次從前線歸來的他：肩上掛著一只破爛的卡其揹袋，跨著輕鬆的步伐越過擁擠的大廳到新聞室，你就會感覺到他的索然孤立。阿莫的膝蓋有全城最厚的老繭，據說。他什麼都見識過，什麼都做過，不騙你，走投無路的時候，沒有人能像阿莫那麼厲害，不信去問任何一個認識他的人。有時候會有點沮喪，有點古怪，或許吧；帶瓶酒把自己關在房間裡一、兩天，有何不可呢？就大家所知，他近來的同伴就只有一隻貓，海軍准將飯店裡傳說，這隻貓因為太絕望，從頂樓窗口跳下去。

所以在我第一次造訪貝魯特的第二或第三天，阿莫說他想要來趟小小的公路之旅，隨口問我要不要一起去的時候，我立刻逮住良機。我已經在其他記者身上挖出很多有用的資訊了，唯獨阿莫，始終非常冷漠。我受寵若驚。

「開車到沙漠裡去？和我認識的幾個瘋子打聲招呼？」

我說這再好不過了。

「想找點有看頭的，對吧？」

我是想找點有看頭的。

「司機是德魯茲派[1]的。德魯茲派的混蛋除了自己之外，根本不甩其他混蛋，對吧？」

對的不得了，阿莫，謝謝你。

「其他的混蛋——什葉派，遜尼派，基督教——他們就想找麻煩。德魯茲派不找麻煩。」

聽起來好極了。

這是一趟檢查哨之旅。我痛恨機場、電梯、火葬場、國界和邊境警衛，但檢查哨完全自成一系。他們檢查的不是你的護照，而是你的手。然後是你的臉，再來是你所擁有或沒有的領袖魅力。就算某個檢查哨斷定你沒問題，他們最不願意做的就是把這個好消息傳遞給下一個檢查哨，因為沒有任何一個檢查哨希望被低估他們揪出嫌疑犯的能力。我們停在一根橫擺在兩個汽油桶之間的紅白相間桿子前，拿卡拉希尼柯夫步槍指著我們的男孩穿了黃色防水靴，和剪短到膝蓋的鬚邊牛仔褲，胸前口袋縫了一個曼聯足球後援會的徽章。

「混蛋阿莫！」這個幽靈很歡迎地興奮大叫，「哈囉，太好了，先生！你今天好嗎？」——一口認真練習過的英文。

「我很好，謝謝你，混蛋阿華，我很好。」阿莫輕鬆自在地拉長語調說，「混蛋阿布都拉今天見客嗎？很榮幸介紹我的好朋友，混蛋大衛。」

「混蛋大衛，我們非常非常歡迎你，先生。」

我們聽他喜滋滋地對著俄國製對講機大吼大叫。紅白相間的桿子搖搖晃晃地升了起來。和混蛋阿布都拉的會面，我只有模模糊糊的印象。他的總部就只是一堆磚塊和石頭搭成的，有槍孔凹洞，塗寫標語；他坐在好大一張桃花心木辦公桌後面，其他混蛋懶洋洋地環繞著他，手指扣在半自動步槍上。他頭頂上是一張加框裱好的照片，一架瑞士航空的巨無霸飛機在小型機場裡炸得四分五裂。我碰巧知

1 Druze，源於伊斯蘭教什葉派的獨立教派，有嚴格的階級制度，但不建清真寺，也不奉行伊斯蘭基本教義的「五功」，信徒主要分布於黎巴嫩、敘利亞與約旦等地。

道那座小機場叫道森機場，也知道那架巨無霸是巴勒斯坦戰士在巴德爾—曼因霍夫集團的協助下劫持的。那段時間我經常搭瑞士航空。我還記得我心中狐疑，是誰這麼費事把照片送到裝裱店，還選了框，但是我記的最清楚的是，我暗暗感謝造物主，讓這場交談透過傳譯進行。這位傳譯對英文的理解頂多只能說是時好時壞；我暗自禱告，希望這撐得夠久，好讓我們這位不想惹麻煩的德魯茲派司機將我們送回海軍准將飯店那甜美正常的世界裡。我還記得混蛋阿布都拉手貼在心口上時，留著大鬍子的臉露出微笑，親切感謝混蛋阿莫與混蛋大衛的到訪。

「阿莫喜歡帶人到危險邊緣。」有個好心人警告我，在事後。但他的言下之意非常清楚：在阿莫的世界裡，戰場觀光客罪有應得。

☆

外間電話鈴響是同一天晚上發生的事嗎？就算不是，也應該是才對。事情肯定是發生在我初到貝魯特期間，因為只有第一次進住的房客才會蠢得接受升等新婚套房的禮遇，住進海軍准將飯店空蕩得離奇的頂樓。一九八一年的貝魯特，夜間交響盛會的規模比不上一年後，但也正在逐步升高當中；標準的節目大約是在晚間十點左右開始上演，在午夜之後達到高潮：升級到頂樓的客人可以享受全套饗宴，亮得讓人誤以為破曉天亮的閃光、槍炮彈火來來回回的呼嘯——可是到底是誰打誰？——以及在意味深長的沉寂之後傳來的小型武器開火的聲音。而這一切聽在毫無經驗的耳朵裡，簡直像發生在隔壁房間裡。

我房裡的電話在響。我想過要躲在床底下，卻坐在電話旁邊，聽筒貼在耳朵上。

「約翰？」

約翰？我？好吧，是有些人，主要是不認識我的記者，偶爾會叫我約翰。所以我說，是的，您是哪位？——結果聽筒裡傳來一陣辱罵。打電話的是個女人，美國人，不知為什麼事情大發雷霆。

「你他媽的是什麼意思？您是哪位？別假裝你不認得我該死的聲音！你是個虛偽的英國王八蛋，好嗎？你這個懦弱的大騙子——他媽的別插嘴，可以嗎？」——她氣呼呼地遏止我反駁——「別講這些無關痛癢無的英國屁話，活像我們是在他媽的白金漢宮喝茶！我對你有指望的，好嗎？這叫信任。他媽的給我乖乖聽。我去他媽的美容院。我在我漂亮的小包包裡裝好了東西。站在人行道上活像個流鶯，站了他媽的足足兩個鐘頭。我擔心得不得了，以為你死在哪個壕溝裡了，而你在哪裡？在他媽的床上！」——她聲音一沉，好像被這突如其來的想法嚇到了——「你是在那裡跟其他女人上床？因為如果——住嘴！——別讓我聽見你該死的聲音，你這個英國王八蛋！」

慢慢的，也只能慢慢的，我讓她醒悟過來。我向她解釋，我不是那個約翰；其實我根本不是約翰，而是大衛——停頓一下讓槍火交戰聲現場直播——而那位約翰，真正的約翰，無論是什麼人，一定已經退房了——轟隆轟隆——因為飯店在今天稍早的時候才讓我住進這間舒適的套房。很抱歉，我說，我真的很抱歉，讓她受此羞辱，對著另一個人大吼小叫。而且我真的很感激她帶來的煩惱——因為現在我很慶幸能和某個人類講話，而不是獨自躺在飯店招待的套房床底下等死。而且被人這樣放鴿子真是太過分了，我很有義氣地說——因為現在她的問題就是我的問題，而且我真的很希望我們能當朋友。說不定真正的約翰沒現身有很充分的理由，我說，因為畢竟啊，在這個城市裡，任何時間都可能發生任何事情，對吧？——轟隆轟隆又開始。

她說，的確是如此，大衛，話說回來，我為什麼會有兩個名字呢？所以我也告訴她緣由，問她從哪裡打電話來，她說她是在地窖酒吧打的，而她的約翰也是個英國作家，這豈不是太詭異了嗎，她叫珍忚——應該是珍妮吧，再不然就是潘妮，因為在砲火聲中我什麼都聽不清楚。我何不下樓到酒吧，我倆一塊兒喝杯酒呢？

對這個邀請，我支支吾吾說，那真的約翰呢？

她說，去他的約翰，他不會有事的，他一向都是。

做什麼都比躺在床上或躲在床底下等著被炸死來得好吧。因為在情緒平靜下來之後，她的嗓音聽來很舒服。因為我孤單，恐懼。除此之外，我想得出來的藉口都不怎麼妙。我穿上衣服下樓去。因為我痛恨電梯，也因為我這時覺得自己心裡有鬼，所以拖拖拉拉，走樓梯下樓。等我走到地下室的酒吧時，裡頭空蕩蕩的，只有兩個醉醺醺的法國軍火商、酒保，以及我認為是男士的那隻老鸚鵡——誰知道他是男是女？——正忙著練習他的砲彈音效。

☆

回到英格蘭，我更確定《女鼓手》應該要拍成電影，也確信我妹妹夏洛特應該要扮演以她為發想的查莉。

華納電影公司買下版權，簽下以《虎豹小霸王》聞名的電影導演喬治．羅伊．希爾（George Roy Hill）。我推薦夏洛特。希爾很有興趣，約她見面，很喜歡她。他會和公司談。

這個角色後來給了黛安．基頓，不過這樣也很好。向來有話直說的希爾後來自己告訴我：

「大衛，我搞砸你的電影了。」

17 死在自己盔甲裡的蘇聯騎士

我只去過俄羅斯兩次：第一次是在一九八七年，託米哈伊爾．戈巴契夫的福，蘇聯已日薄西山，所有人都很清楚，除了CIA之外。第二次在六年後的一九九三，彼時犯罪化的資本主義發狂似地宰制了這個失敗的國家，將它變成「無法無天的東部蠻荒」[1]。我渴望一探這個風雨飄搖的新俄羅斯。於是我的這兩趟俄國行，橫跨了自布爾什維克革命以來，俄羅斯歷史上社會變動最劇烈的時期。而且非常獨樹一幟的——如果你撇開其間的一、兩次政變，以及因為買凶殺人、幫派火拚、政治暗殺、敲詐勒索、嚴刑拷打而受害的幾千個人不談——以俄羅斯的標準來看，這場劇變算得上和平沒流血。

在我首次成行之前的二十五年間，我和俄羅斯的關係談不上友好：自從《冷戰諜魂》出版以來，我就成為蘇聯文學界謾罵的目標，而有一段時間——如同批評我的人所說的——是因為我把間諜的地位抬高到變成英雄，一副蘇聯自己的藝術創作裡沒有這樣的作品似的。接著，批評的原因又變成我雖然對冷戰有正確的觀察，卻得出謬誤的結論，所以罪名是邏輯錯誤。可是後來，我們又不談邏輯，開始談宣傳了：KGB操控的《蘇聯文學報》（*Soviet Literary Gazette*）與CIA操控的《接觸雜誌》（*Encounter*）盡忠職守地互相丟炸彈，心知肚明在枯燥乏味的文字邏輯戰裡，沒有任何一方可以得勝。所以，不太意外的，一九八七年我迫不得已到位於肯辛頓宮花園的蘇聯大使館找文化專員辦簽證時，他不太友善地評論說，他們要是能拿下我，還有誰治不了。

同樣不意外的是，一個月之後我應蘇聯作家協會的邀請——很顯然是英國駐俄大使和戈巴契夫夫人蕾莎居中協調，跳過KGB首長促成的——抵達莫斯科雪瑞米耶佛機場時，坐在玻璃籠子裡那個一臉冰冷、肩掛紅色軍章的男生會質疑我的護照是不是真的；我的行李會在神祕失蹤四十八小時之後，沒來由地出現在我飯店房間裡，西裝被揉成一團；我在陰鬱的明斯克飯店裡的那個房間，每回只要離開一、兩個鐘頭，就會被徹底搜個天翻地覆（衣櫃被仔細搜查，紙張亂七八糟散落滿桌）；我每次獨自外出，就有兩名體型過胖的KGB中年男探員（從頭到尾都是相同的這兩人，我給他們取名叫穆特斯基和傑夫斯基）跟在我背後約兩碼，一路尾隨。

感謝他倆的善心：有天我在異議記者阿卡迪．瓦克斯伯格家裡度過熱鬧的一夜，瓦克斯伯格醉倒在客廳地板上不醒人事，而我則發現自己孤身一人站在不知是哪裡的街頭，周圍什麼都沒有，只有一片漆黑夜色，沒有月亮，沒有破曉的跡象，甚至也沒有從市中心照射出來的光線讓我知道該往哪個方向前進。而我不會講俄文，就算有行人經過，我也沒辦法開口問路，更何況根本就沒有人。

這時我如釋重負地認出那兩位盡忠職守的跟監人的側面剪影。他們並肩癱坐在公園長椅上，我猜

---

1 Wild East，這裡是借用美國創國之初對西部蠻荒之地的稱呼「Wild West」。

他們可能是在輪流打盹。

「你們會講英文？」

不會。

「法文？」

不會。

「德文？」

不會。

「我—喝—醉—了。」——我露出白痴似的微笑，用右手慢慢地繞著右耳——「明斯克飯店——好嗎？你們知道明斯克？我們一起走？」我雙手往外攤，表明自己的友好順從。

我們三個並肩成排，慢慢沿著林蔭夾道的大街，從荒無一人的街道來到可怕透頂的明斯克飯店。喜歡物質享受的我本想訂莫斯科僅有的幾家廉價飯店，但我的東道主不肯。我一定要住明斯克飯店頂樓的VIP套房，那裡年代久遠的麥克風永遠都裝在該裝的地方，還有個讓人望而生畏的女經理把守走廊。

但是跟監的人也是人。長時間的跟監有時很無奈，很折磨，我差點就要違反傳統，對穆特斯基和傑夫斯基講些親切的話，說我也很希望能親近他們，而非遠離。有天晚上我和弟弟魯伯特在一家很早期開設的合作餐館（也就是私人經營的餐館）吃飯；在那段狂熱的日子裡，魯伯特是《獨立報》莫斯科分社主任。我們兩個年紀差距頗大，但在陰暗的光線中，看起來真的有點像，特別是在你醉眼迷濛的時候。魯伯特也邀了其他的駐莫斯科記者來。我們一起聊天喝酒，而那兩個心靈創傷難以撫慰的跟監者坐在牆角的位子。他倆的困境讓我心裡一動，要服務生送一瓶伏特加過去給他們，還刻意轉開目光不看他們。等我轉頭回來，那瓶酒已經不見蹤影。而我們分手之後，他們跟了我弟弟回家。

☆

想描述那個年頭的俄羅斯而不提到伏特加，就等於描述賽馬而不提馬匹一樣。同一個星期，我造訪了出版我作品的俄羅斯出版人。那時是上午十一點。他那間擁擠的閣樓辦公室散落著積滿灰塵、頗有狄更斯風格的檔案，還有堆疊起來的神祕紙箱，以及用麻繩綑起的泛黃打字文；一看見我，他就從辦公桌後跳了起來，發出愉快的呼喊，把我摟進懷裡。

「我們開放了！」他大喊：「我們改革[2]了！檢查制度終結了，我的朋友！從此以後，我可以出版你的每一本書：舊書、新書、爛書，什麼都無所謂！你寫分類電話號碼簿嗎？我也會出版！除了黨內檢查室那些王八蛋要我出的書之外，我什麼都出！」

2 開放（glasnost）與改革（perestroika）是戈巴契夫所推行的蘇聯新思維政策，也是蘇聯解體的先聲。

他樂陶陶地不顧戈巴契夫不久前才剛開始執行的酒精消費法，從抽屜裡抓出一瓶伏特加、扯掉蓋子——我的心陡然一沉——把它扔進字紙簍裡。

☆

在我踏進的這個鏡子世界中，我這個理當被奉為蘇聯貴賓的人卻被監視、跟蹤，當成頭號嫌疑犯，在我看來完全合乎邏輯。我的照片登在《消息報》，還加上很討人喜歡的標題；東道主作家協會很盡責地招待我，雖然該協會作家的文學品質大半曖昧不明，有些甚至完全神祕難解。

有位大詩人的傑作包括三十年前出版的一大卷詩作，但有傳聞指出，這些作品其實出自被史達林以暴動之名槍決的另一名詩人之手；還有個年紀很大很大的人，滿臉白鬍子，紅紅的眼睛淚汪汪的，他在古拉格勞改營待了半個世紀，直到開放政策推動才得以平反。他以日記記錄了自己多舛的一生，後來也出版了。這本磚頭般的厚書現在擺在我的書房裡，是俄文寫的，所以我沒辦法讀。有些文學特技演員，多年來走在官方審查的鋼索上，運用隱喻把加了密的訊息傳達給有能力省思的人去解讀。如果他們擁有完全自由發揮的空間，我尋思，可以寫出什麼樣的作品來呢？他們會是明日的托爾斯泰和萊蒙托夫[3]嗎？或者他們會因為太長時間拐彎抹角地思考，反而寫不出坦率直言的文句來？

位在佩雷德金諾蓊鬱蒼翠郊區的作家基地舉行戶外宴會，那些被認為太過熱心配合黨立場的——

多虧戈巴契夫的政治經濟改革開放政策——在素以桀驁不馴聞名的人身邊，看起來都已經像個鄙賤卑微的人。某個有傲骨的人攬著我的脖子不放，討論陰謀似地對著我的耳朵喃喃低語。他是個劇作家，名叫伊果，他告訴我。

伊果和我討論普希金、契訶夫和杜斯妥也夫斯基。這意思也就是呢，伊果在講，而我在聽。我們很欣賞傑克·倫敦，或者應該說伊果很欣賞吧；這會兒他告訴我，如果我真想知道共產黨統治下的俄羅斯到底有多要命，就應該試試把二手冰箱從列寧格勒的家裡送往新西伯利亞的奶奶家，看行不行得通。我們都認為這是個好方法，可以測試一下這個從解體的蘇聯獨立出來的國家，於是一起放聲大笑。

隔天早上，伊果打電話到明斯克飯店找我。

「別叫我的名字。你認得我的聲音，對吧？」

認得。

「昨天晚上我說了一個我祖母的爛笑話，對吧？」

對。

「你記得？」

---

3 Mikhail Lermontov, 1814-1841，俄國作家與詩人，被視為普希金的繼承人，曾為普希金決鬥身亡寫下《詩人之死》（*Death of the Poet*）而激怒沙皇，數度被俄國騎兵團外放參與戰爭。後來在與同事的決鬥中被槍擊身亡，年僅二十七歲。

我記得。

「我沒說過這個爛笑話，好嗎？」

好。

「發誓。」

我發誓。

我認識一位藝術家，任何加諸身上的束縛都無法打倒他，他甚至還樂在其中。他名叫葉利亞・卡巴柯夫（Ilya Kabakov），過去幾十年來，在蘇聯官方的心目中，他忽而得寵，忽而失寵，到後來甚至不得不在自己畫的插圖上用另一個名字署名；要到卡巴柯夫的工作室，你必須先取得信任，必須認識某人，最後還要有個拿手電筒的男生帶路，領你走過搖搖晃晃、架在橫梁上跨越好幾間相鄰閣樓的不牢靠條板才行。

終於抵達之後，你見到了卡巴柯夫，一位生氣蓬勃的隱士、卓然出眾的畫家，身旁簇擁著一群微笑的女人和愛慕者；畫布上，是他自我囚禁的美好世界：一個嘲諷，寬容，美麗與普世性的世界，透過這位永不屈服的創作者深情的眼睛展現。

在有俄羅斯梵諦岡之稱的札格爾斯克，我看見全身黑衣的俄羅斯老婦人匍臥在聖謝爾吉大教堂的石板地上，親吻聖人遺物塚上霧濛濛的厚玻璃罩；在擺設時髦北歐傢俱的摩登辦公室裡，身著精美袍服的司祭代表向我說明，上帝如何透過國家機關行使奇蹟。

「我們指的就只是共產國家嗎？」他的台詞來到設定好的終點時，我問：「或者祂是透過所有的國家來行事？」

我所得到的答案是：這位折磨我的人露出大大的、寬恕的微笑。

為了拜訪作家欽吉斯・艾特馬托夫[4]（很慚愧，我以前竟然沒聽過他的名字），我的英國傳譯陪我搭乘俄羅斯航空的班機飛抵吉爾吉斯的軍事重鎮福倫茲[5]。我們沒住進福倫茲版的明克斯飯店，而是住在中央委員會的五星級豪華療養院中。

鐵絲圍籬有帶狗的武裝KGB警衛巡邏。我們被告知，他們是來保護我們不受山區的雞鳴狗盜之徒侵擾；一點也沒提穆斯林部落異議分子。我們是療養院僅有的客人。地下室有設備一流的游泳池和三溫暖，置物櫃、毛巾和浴袍都繡有絨毛動物。我挑了麋鹿。泳池水加熱到有錢人喜歡的溫度。為了回報我們給的幾塊錢美金，經理提供給我們不同口味的伏特加禁酒，以及城裡的小姐。我們接受了第一項，婉拒第二項。

回到莫斯科，紅場不可思議地封鎖了。我們到列寧陵墓的朝聖之旅被迫延到另一天。又過了十二

---

4 Chingiz Aitmatov, 1928-2008，吉爾吉斯知名作家，有「吉爾吉斯人民作家」之稱，曾任蘇聯作家協會書記，蘇聯解體後屢被派任大使，曾駐比利時、盧森堡、荷蘭、歐盟等地。

5 Frunze，為吉爾吉斯首府，舊名比斯凱克（Bishkek），為紀念共產黨軍事專家福倫茲爾改名，一九九一年吉爾吉斯脫離蘇聯獨立後又改回舊名。

個鐘頭我們才發現世界其他地方的人都已經知道的消息：有個名叫馬帝亞斯・魯斯特的德國年輕飛行員突破蘇聯地面與空中防衛，把他的小飛機降落到克里姆林宮門口，意外給了戈巴契夫藉口可以開除國防部長和一群反對他改革的將軍。我記得這場精彩的飛航表演沒有贏得任何熱烈慶祝，消息傳開時，佩雷德金諾的文學圈也沒有人喝采大笑：個個都渾身僵直、噤口不語，彷彿熟悉的恐懼再次籠罩，擔心導致某些不可預見的暴力後果。這會是政變、軍事叛變，或是（儘管時至今日）為了清理像我們這種不討人喜歡的知識分子？

在當時還叫列寧格勒的城市裡，我見到那個世代最傑出的俄國異議分子，也是最偉大的人物之一：榮獲諾貝爾獎的物理學家安德列・沙卡洛夫，和他的夫人葉蓮娜・邦納。拜戈巴契夫的開放政策所賜，他剛結束在高爾基的六年流放生活，獲釋，以協助推動改革。

身為物理學家的沙卡洛夫把心血結晶提供給克里姆林宮製造了第一枚氫彈；而身為異議分子的沙卡洛夫有天早上起床突然醒悟，自己把炸彈交給了一群黑幫分子，而且他還勇氣十足地大聲告訴他們。我們在全市唯一的一家合作餐廳裡談話，坐一張圓桌，葉蓮娜・邦納坐在沙卡洛夫旁邊，一小群年輕的KGB低階官員繞著我們的桌子走，不停用一九三〇年代的閃光燈泡照相機拍我們。這個作法實在很荒誕，因為不管是在俄羅斯的餐廳或街頭上，都沒有人會轉頭看安德烈・沙卡洛夫一眼，也沒有人會偷偷走上前來握這個偉大人物的手。理由很簡單，因為自從地位陡降之後，他的肖像也遭禁。我們的偽攝影師拍著一張禁止出現的臉。

沙卡洛夫問我有沒有見過克勞斯．富赫斯[6]。這位英國原子專家兼蘇聯間諜已經從英國出獄，住在東德。

沒有，我沒見過。

那麼我是不是碰巧知道富赫斯是怎麼被捕的？

我認識偵訊他的那個人，我回答說，但他是怎麼落網的，我就不得而知了。間諜最怕碰上的敵人就是另一名間諜吧，我猜道，向圍著我們打轉的那四個偽攝影師點點頭。說不定是你們的某個間諜把克勞斯．富赫斯的事告訴我們的間諜。他露出微笑。他和葉蓮娜不一樣，不時微笑。我不知道微笑對他來說一直是很自然而然的，抑或是他教會自己用來鬆懈審訊者心防的工具。但為何問起富赫斯的事？我很好奇，但沒說出口。或許是因為富赫斯人在相對開放的西方社會，卻選擇了暗中背叛，而非站起來公開宣揚自己的信念；而沙卡洛夫置身如今已步向死亡掙扎的警察國家，忍受痛苦折磨和監禁，卻只是為了捍衛自己公開發言的權利。

---

6 Klaus Fuchs, 1911-1988，德裔英國物理學家，曾參與研發原子彈的曼哈頓計畫，一九五〇年坦承曾將機密資料洩露給蘇聯，被判入獄。一九五九年出獄後移居東德。

☆

沙卡洛夫告訴我，站在他高爾基小屋門外的KGB便衣警衛奉令不准和囚犯眼神接觸，因此每天背對著門把《真理報》交給犯人：拿去，可是別看我的眼睛。他說起自己把莎士比亞的作品從頭讀到尾；邦納插嘴說，安德烈會不少莎士比亞的作品，但是不知道怎麼唸出那些字，因為在流放歲月裡他沒聽過人講英文。他提起在流放六年之後，有天晚上，他們的小屋突然傳出如雷的敲門聲，邦納說：「別開。」但他還是打開門。

「我告訴葉蓮娜，他們可以對我們做的，早就都做了。」他解釋道。

所以他還是打開門，看見兩個男的，一個穿KGB制服，一個穿工人連身裝。

「我們來裝電話。」那個KGB說。

沙卡洛夫不禁露出他那頑皮的微笑。他不是愛喝酒的人，他說——事實上他滴酒不沾——可是在俄羅斯封閉的城市獲得一部電話，簡直像在撒哈拉沙漠被請喝一杯冰伏特加一樣不大可能。

「我們不想裝電話，拿走吧。」邦納對那個KGB說。

但是沙卡洛夫再次駁倒她：就讓他們裝吧，我們又有什麼損失呢？所以他們裝好電話，讓邦納很不高興。

「明天中午會有人打電話來。」KGB官員離去前說，然後用力關上門。

沙卡洛夫說得非常詳盡，一如所有的科學家。真相就藏在細節裡。中午到了，又過了，一點鐘，然後兩點。他倆都覺得肚子餓了。他們前一天睡得很不好，而且沒吃早餐。他對著警衛的後腦勺說他要去商店買麵包。就要出門的時候，邦納在背後叫住他。

「找你的。」

他回到屋裡，拿起話筒。經過一連串粗魯程度不一的轉接之後，他和蘇維埃共產黨總書記米哈伊爾．戈巴契夫通上了電話。過去的都過去了，戈巴契夫說。中央委員會已經審議過你的案子，你可以自由返回莫斯科了。你原來的公寓等著迎接你，你會馬上獲准重返科學院；一切都安排好了，你可以重新取得合法的權利，在這個改革開放的新俄羅斯當個有責任感的好公民。

這句「有責任感的好公民」惹惱了沙卡洛夫。他認為所謂的「有責任感的好公民」，他告訴戈巴契夫——我想像沙卡洛夫話裡帶著火氣，雖然他一如往常地微笑著——是遵守自己國家法律的人。光是在這個封閉的城市裡，他說，就有很多人從來沒進過法院，有些人甚至連自己為什麼被關在這裡都不知道。

「我為此寫信給你，結果連半個字的回音都沒有。」

「我們收到你的信了。」戈巴契夫用安撫的語氣回答說，「中央委員會正在審議。回莫斯科來吧。過去的一切都結束了。來協助重建吧。」

這下沙卡洛夫是真的氣炸了，因為他滔滔不絕對戈巴契夫唸出一大串交給中央委員會審議的案子，都是他在信裡（從過去到現在寫給戈巴契夫的信裡）所提及的，也同樣迄今都回音全無。但講著講著，他說，他瞥見了邦納的眼神。他突然醒悟，再這樣繼續講下去，戈巴契夫會告訴他：「好吧，如果你是這樣想，同志，那你就待在原處吧。」

所以沙卡洛夫掛掉電話。就這樣。甚至沒說：「再見，米哈伊爾．戈巴契夫。」

「這時我突然想到」——他臉上頑皮的微笑綻得更開了，就連邦納也淘氣地眨眨眼：「這時我突然想到，」他又喜滋滋地說：「我六年來講的第一通電話，竟是為了掛斷蘇維埃共產黨總書記。」

☆

這是幾天後的事。我被安排去對莫斯科國立大學的學生演講。講台上有我英勇無畏的英國導遊與傳譯約翰．羅伯茲（John Roberts）；我的俄國導遊瓦洛帝亞（Volodya），他到底是蘇聯筆會還是作家協會安排的，我始終沒搞清楚；還有一個病懨懨的教授，他向聽眾介紹說我是新改革政策下的產物，但在我看來他的態度相當無禮。我感覺他是認為如果沒有我，改革可能會好得多。這時他意興闌珊地請觀眾提問。

起初的幾個問題是用俄文，但這名病懨懨的教授過濾得太明顯，所以原本就已經很焦躁的學生決定用英文大聲嚷出問題。我們討論了我喜歡的以及我不喜歡的作家。我們討論了冷戰產物的間諜。我們辯論——多麼傲慢啊——舉報同僚是否道德。這位病懨懨的教授聽夠了。他只准再問最後一個問題。有個女學生舉手。好，就是妳。

女學生：先生，麻煩您，勒卡雷先生，請說說您對馬克思和列寧的看法？

一陣大笑。

本人：他們兩位我都愛。

我不覺得這是我說得最好的台詞，但聽眾卻報以長長的喝采和愉快的叫囂。病懨懨的教授說今天到此結束，而學生馬上圍過來帶我走下樓梯到一間像休息室的房間裡，開始仔細盤問我的一本小說。我知道這本書過去二十五年來一直是蘇聯的禁書。他們到底從哪裡讀到這本書的？我問。

「當然是在我們的私人讀書會裡讀的。」有個女學生用支離破碎的珍．奧斯汀式英文驕傲地說，指著笨重的電腦螢幕，「你們有位同胞給了一本你被禁的書，我們小組把你那本書的內容全部打字印出來。我們一起在晚上讀你的這本書，讀了很多次。我們像這樣讀了很多本禁書。」

「要是被逮到呢？」我問。

他們哈哈大笑。

我到俄國導遊瓦洛帝亞和他太太伊蓮娜住的小公寓裡去道別。瓦洛帝亞助我良多。雖然離聖誕節還久，但我扮演了聖誕老人的角色：他們夫妻倆是很有天分的大學畢業生，生活卻極其窮困，他們有一對聰明伶俐的小女兒。我給瓦洛帝亞買了蘇格蘭威士忌、原子筆、真絲領帶，以及我在希斯洛機場免稅店挑選的一些此地無法購得的珍貴物品；送伊蓮娜的是英國香皂、牙膏、絲襪、絲巾以及內人所建議的其他東西。至於兩個小女孩則是巧克力和格子裙。他們的感激讓我羞愧。我不想當這樣的人。而他們也不希望當那樣的人。

☆

此時此刻拼湊出一九八七年在俄羅斯那短短兩個星期裡的緊湊拜會，我再次深受感動，為俄羅斯的可憐、那些所謂平凡卻一點也不平凡的人所付出的努力與忍受的煎熬，以及為他們被迫在其他人面前承受的羞辱，無論是排隊買生活必需品、照顧自己和子女的健康，或是留意自己的嘴以免不小心說錯話。馬帝亞斯·魯斯特不照劇本演出的降落風波平息之後，我和一位年長的女作家一起逛紅場，對著有哨兵把守的列寧陵墓拍了一張照片——卻只見她臉色慘白，忙著要我收起照相機。

在俄羅斯民眾的集體心理裡，最恐懼的是混亂；他們最想要的是穩定；最害怕的是未知的未來。誰不是如此呢？在一個被史達林的劊子手奪走兩千萬條人命、又被希特勒的劊子手奪去三千萬人命的國家裡，誰不會像他們這樣想呢？擺脫共產統治之後的生活真的會比他們現在的生活好嗎？沒錯，藝術家和知識分子在對你有把握或膽子夠大的情況下，會眼睛發亮地談起自由，很快就會有——嗯，別烏鴉嘴——屬於他們的自由。但在言談之間，他們還是語帶保留。在未來那個不知究竟如何的新社會裡，他們會擁有何種地位？如果他們過去擁有黨的特權，那麼未來取而代之的是什麼？如果他們是黨所認可的作家，在自由市場裡，要由誰來認可他們？而如果他們現在不為黨所喜，接下來的體系會重新接納他們嗎？

一九九三年，我回到俄羅斯，希望能找到答案。

18 無法無天的東部蠻荒——一九九三年的莫斯科

柏林圍牆倒塌了。米哈伊爾・戈巴契夫經歷了一連串雲霄飛車似的人生起伏，一會兒被軟禁在克里米亞，一會兒又在克里姆林宮重掌政權，最後被長期政敵鮑利斯・葉爾欽取而代之。蘇維埃共產黨苟延殘喘，但莫斯科總部已關閉。列寧格勒恢復舊名聖彼得堡，史達林格勒改回伏爾加格勒。組織犯罪如病毒蔓延。正義蕩然無存。沒有薪水可領的軍人從阿富汗運氣不佳的蘇維埃戰役裡歸來，在全國各地遊走，尋找受僱的機會。公民社會並不存在，而葉爾欽不知是沒有意願還是沒有能力，也無法建立起這樣的社會。這是我一九九三年夏天啟程赴俄前所知的情況。所以為什麼我還會想帶就讀大學的二十歲兒子一起去，我自己也不明白。但是他很開心地陪我去，所以我們也就這樣無災無難地混過去了。

我很清楚這趟旅行的目的，至少我如今是這樣想的。我想親身體會一下俄羅斯的新秩序。是只換上新外衣的新型犯罪凌駕了舊有的那些而已嗎？KGB真的被葉爾欽解散了？還是就像過去常見的情況一樣，只是換了一面新招牌？在我們旅行的起點漢堡，我認真準備一九八七年帶去俄羅斯的那些生活必需品：送人的肥皂、洗髮精、牙膏、金百利巧克力餅乾、蘇格蘭威士忌、德國玩具。然而我們才剛昏昏沉沉抵達雪瑞米耶佛機場，就感受到金光閃閃的物質主義氣息。看在我未準備好的眼睛裡，最難以置信的大概是：只要付五十元押金，你就可以在出口的報攤租一部行動電話。

至於我們的落腳處：別再提明斯克飯店了。這是一幢閃耀眩目、大理石打造的宮殿，有寬闊盤旋的樓梯，大得足以照亮整座歌劇院的枝型吊燈，大廳還流連著一批顯然是單身的時髦女孩。我們的房間裡有新近粉刷、空氣清新劑與鉛管的味道；車行過市區，只要瞥一眼街道旁邊的店面就足以道盡一切：傳說中由國家經營的購物商場GUM已然消失，取而代之的是雅詩蘭黛。

☆

這一次我的俄國出版人沒擁抱我。他沒喜滋滋地從抽屜裡掏出一瓶伏特加，把蓋子丟進字紙簍裡。他先是透過鐵門上的窺孔看我，然後打開一連串的鎖，把我拖進去，重新再鎖上門。他壓低嗓音道歉說只有他一個人在公司歡迎我。因為保險公司來了，他說，所以他的員工不來上班。

保險公司？

穿西裝，提公事包的男人。賣火險，竊盜險，水災險，大部分是火險。經歷一連串縱火攻擊事件之後，這一帶變成高風險區，所以保費也很高，這是當然的。火災隨時會發生。最好馬上簽約，筆在這裡。否則他們認識的某些人就會用燃燒彈燒了這裡，到時候我們眼前這些擺得到處都是的檔案和手稿怎麼辦？

那麼警察呢，容我請教？

建議你付錢，閉嘴。他們在這個勾當裡也有份。

所以你會付錢？

也許吧。他會看看情況。他不會乖乖就範。他以前認識有影響力的人。但是他們現在已經沒有任何影響力了。

我問一位以前任職KGB的朋友，要怎樣才能見黑手黨老大，他回我電話：星期四凌晨一點在某某夜店，狄馬會接見你。你兒子？帶他去吧，歡迎他一起來，要是他有女伴，也帶來吧。那是狄馬的夜店。他是老闆。客人很高尚，音樂很不賴。非常安全。我們有位不可或缺的保鑣，叫普斯亞，是阿布哈茲全國角力冠軍，也是他們民族獨立運動一切相關事務的顧問。他矮矮胖胖的，很像米其林寶寶，博學多聞，懂好幾種語言，非常有學問，而且矛盾的是，他很可能是你畢生所見最能和平相處的人。他也算得上是國內的知名人物，某種程度來說，這也是一種保障。

夜店入口的路邊有一排身手矯健的小夥子，個個手持衝鋒槍，而普斯亞客氣地袖手旁觀，看他們給我們搜身。圓形的舞池周圍是一圈豔紅的絨布椅，一對對舞伴隨著六〇年代的音樂靜靜起舞。狄馬先生馬上就來，經理領我們坐進一處靠牆座的時候，對普斯亞說。親自駕私家車載我們來的普斯亞，一路上已經讓我們見識到他不動用暴力就能擺平糾紛的好能耐。街道被堵住了，有輛小車和一輛大車撞在一起，兩名駕駛就快打起來，雙方各擁一群熱心的觀眾；普斯亞打開車門，闊步走向爭執不下的兩人，我以為他是要拉開他們，或嚴厲制止他們吧！結果不是，他抓住小車的後保險桿，把車子從大車上扯開來，在群眾如雷的喝采聲中，把那輛車穩穩放到路邊。

我們喝我們的無酒精飲料。狄馬先生說不定會晚一點到，經理警告我們。狄馬先生有生意要處理，「生意」是新俄羅斯的關鍵字，泛指難以捉摸的交易。走廊的騷動聲讓我們知道有尊貴的賓客駕臨：先是樂聲大作以示歡迎，接著樂聲沉寂。領頭進來的是兩名幹練的年輕人，頭髮剪得短短的，一身深藍色合身義大利西裝。特種部隊，普斯亞低聲告訴我。對莫斯科新貴來說，特種部隊退役士兵是上選的保鑣。他們的頭像鳥那樣猛然扭動，一區一區查看整個房間。看見普斯亞，他們的目光凝住了。普斯亞對他們露出溫和的微笑。他們往後退開一步，站在入口的兩邊。半晌停頓之後，進來了——彷彿應觀眾要求似的——紐約警局的光頭神探柯傑克[1]，又名狄馬，背後跟著一群漂亮的女孩和更多年輕男子。

要是你看過《光頭神探柯傑克》影集，就知道這個比喻真是不可思議地貼切，連雷朋太陽眼鏡的鏡片顏色都一模一樣：閃亮亮的光頭，非常寬的肩膀，左搖右晃的走路姿態，單排釦西裝，雙臂像人猿那樣從身體兩側抬起；圓得像球、刮得乾乾淨淨的臉，永遠帶著半冷笑的表情。《光頭神探柯傑克》如今在新俄羅斯非常紅。狄馬是刻意模仿他的外型嗎？他不會是第一個自認為是電影裡巨星的黑

---

1 Kojak，一九七〇年代甚受歡迎的美國影集。Telly Savalas 扮演的主角柯傑克是個光頭的紐約警察局警探。

幫老大。

前座區的第一排顯然是家族保留席。狄馬自己坐在正中央，其他人側身坐進他的左右。在他右手邊是個戴滿珠寶首飾，非常漂亮的女孩；在他左邊是個面無表情、滿臉痘疤的男人：一定是軍師。夜店經理用托盤端著飲料過來。狄馬戒酒了，普斯亞說，他自己也是。

「狄馬要和你講話，現在。」

普斯亞坐得直挺挺的。我和我的俄文翻譯謹慎地穿過舞池。狄馬伸出手，我握了握。他的手和我的一樣柔軟。我蹲跪在他面前的舞池地板上。我的翻譯蹲在我旁邊。這不是最舒服的姿勢，但是這裡的空間讓我別無選擇。狄馬和他的手下隔著欄杆看我們。已經有人警告過我，狄馬只會講俄文，不懂其他語言。而我不懂俄文。

「狄馬先生說，你想要什麼？」我的翻譯對著我的右耳嘶喊。音樂太吵，我聽不見狄馬講話，但我的翻譯聽得見，這才重要，他的嘴巴離我的耳朵只有四吋。我們蹲著的姿勢似乎霎時讓我們有了虛張聲勢的勇氣，所以我說我希望音樂關掉，也希望狄馬好心地摘掉墨鏡，因為要對著一雙黑漆漆的眼睛講話很困難。狄馬下令關掉音樂，然後試探似地摘掉墨鏡，讓他的眼睛赤裸裸地露出來，像豬似的眼睛。他還在等著知道我想要什麼。仔細一想，我也是。

「我知道你是幫派分子，」我說：「對吧？」

我不知道我的翻譯是怎麼翻譯這句話的，但我懷疑他在我的話裡灌了水，因為狄馬對這個問題的反應似乎格外自在。

「狄馬先生說，在這個國家，每個人都是混幫派的。所有的東西都腐敗，所有的生意人都是幫派分子，所有的生意都是犯罪勾當。」

「那麼我是不是可以請教狄馬先生，他做的究竟是哪一行？」

「狄馬先生做進出口。」我的翻譯以「別再追根究柢」的語氣哀求我。

但是我沒有別條路可走。

「請幫我請教他，他做的是哪一種進出口。只管問就好。」

「這不方便。」

「那好吧，問他身家多少。我們可以說他有五百萬美元的身家嗎？」

我的翻譯儘管不情願，勢必還是問了這個或類似的問題，因為狄馬的手下咯咯笑，而狄馬輕蔑地聳聳肩。別在意。我想我明白自己在幹什麼。

「好吧，那是一億，兩億，不管多少。我們都知道，在今天的俄羅斯，要賺大錢相當容易。如果一切順利，我們可以假設，再過幾年，狄馬會變成非常有錢的人。超級有錢。只要翻給他聽就好，麻煩你。這句話很簡單。」

我猜翻譯是把這句話說給狄馬聽了，因為他那張光頭臉的下半部露出得意的笑。

「狄馬有孩子嗎？」我問，已經瞻前不顧後了。

有。

「孫子？」

「還沒個影。」

狄馬重新戴上雷朋眼鏡，彷彿是說談話結束了，但對我來說並沒有結束。我已經勇往直前走得太遠，無法停止了。

「我的看法是這樣的。在美國，我相信狄馬也很清楚，舊時代的黑色富豪賺錢靠的是我們可能會稱之為『非正式』的方法。」

我很高興察覺到雷朋太陽眼鏡鏡片裡有饒富趣味的目光一閃。

「但是黑色富豪年紀愈來愈大之後，看著自己的兒女和孫兒女，就會變得有理想，覺得應該創造一個比他們強取豪奪的這個世界更光明、更友善的世界。」

翻譯正在傳達他想傳達的訊息時，那雙被黑鏡片遮住的眼睛還盯在我身上。

「所以我想請教狄馬的是，他能想像自己老了以後——比方說十年或十五年之後——等到那個時候，他會不會開始蓋醫院、學校或美術館？成為慈善家？我是認真的。儘管問他。作為補償俄羅斯人民的一種方式，作為——呃——補償他從他們身上所奪走的這一切？」

在老式的喜劇電影裡，透過翻譯交談是標準的笑話橋段。一個問題提出來。翻譯。被問的人很仔細地聽，然後兩條手臂揮來揮去，在電影裡足足講了兩分鐘，翻譯沉吟半晌後說：「不。」或「對。」

或「也許。」狄馬沒有揮著手臂。他用字斟句酌的俄文回答。他那團後援會開始咯咯笑。門邊的那兩個平頭哨兵也咯咯笑。但是狄馬繼續講。最後他終於滿意了，兩手交握，等著我的翻譯傳達他的信息。

「大衛先生，很抱歉，狄馬先生說滾。」

☆

坐在我們這間莫斯科豪華飯店大廳的水晶吊燈下，一個羞怯纖瘦，年約三十的男子，穿灰西裝、戴眼鏡，啜飲橘子汽水，對我解說盜賊兄弟會，也就是俄羅斯黑幫的行為準則。他也是幫會的一員。我聽說他是狄馬的手下。說不定他和想賣火險給我出版商的西裝男是一夥的。他審慎遣詞用字的模樣，讓我想起外交部發言人。

「蘇聯共產黨垮台之後，黑幫有很大的改變嗎？」

「我會說黑幫擴大了。由於後共產時代有更大的行動自由，更好的通訊管道，我們可以說黑幫的影響力在很多國家裡都擴大了。」

「哪些國家呢，特別是？」

他說，與其說哪些國家，不如說哪些城市來得貼切：華沙、馬德里、柏林、羅馬、倫敦、那不勒斯和紐約都是有利黑幫活動的地方。

「在俄羅斯國內呢？」

「要我說呢，俄羅斯國內的混亂，對很多黑幫活動有利。」

「例如？」

「什麼？」

「例如什麼活動？」

「我會說在俄羅斯本地，毒品利潤很高。還有很多新生意，不靠勒索就做不了。我們也有賭場和很多俱樂部。」

「妓院？」

「妓院對黑幫來說不是必要的。不如我們擁有這些女人，替她們安排飯店。有時候飯店也是我們自己的。」

「種族是特定的條件嗎？」

「什麼？」

「黑幫兄弟有特定的出身地區嗎？」

「要我說呢，如今我們的許多盜匪都不是土生土長的俄羅斯人。」

「比方說？」

「阿布哈茲，亞美尼亞，斯拉夫，還有猶太人。」

「車臣？」

「至於車臣嘛，我得說有點不同。」

「黑幫裡有種族歧視嗎？」

「如果這個幫派弟兄是個好盜賊，遵守規則，每一個弟兄都是平等的。」

「你們有很多規則？」

「我們規則不多，但很嚴格。」

「例如什麼規矩呢？請舉個例子給我聽。」

他似乎很樂意。幫會弟兄不得為當局工作。國家就是當局，所以他不能替國家工作，不能替國家打仗，或用任何方式為國家服務。他不能繳稅給政府。

「幫會愛上帝嗎？」

「是的。」

「幫會弟兄可以涉足政治嗎？」

「如果這位弟兄踏入政界的目的是為了擴張幫會的影響力，而不是協助當局，那麼他可以涉足政治。」

「那麼如果他變成政壇要人呢？甚至廣獲支持？很成功？他心裡還是可以認為自己是弟兄嗎？」

「有可能。」

「弟兄殺害弟兄違反幫會規定嗎？」

「如果是幫內下令就不會。」

「你會殺了你最好的朋友？」

「必要的話。」

「你親自動手殺過很多人嗎？」

「有可能。」

「你想過要當律師嗎？」

「沒有。」

「弟兄可以結婚嗎？」

「弟兄必須是凌駕女人之上的男人。他可以有很多個女人，但他不能屈服於她們，因為她們是不相干的。」

「所以最好別結婚？」

「是有一條規定，弟兄不可結婚。」

「但有人結婚？」

「這是規定。」

「弟兄可以有小孩？」

「不行。」

「但是有人有？」

「我只能說是有可能。但我們不希望這樣。最好是去幫助其他盜匪，服從幫會。」

「那麼弟兄的父母親呢？幫會可以接受他們嗎？」

「我們也不喜歡父母親。最好拋棄他們。」

「因為他們代表權威當局？」

「我們不准表露情感，這條仍是幫規。」

「但是有些弟兄愛他們的母親？」

「有可能。」

「你拋棄自己的父母嗎？」

「有一點。也許還不夠。」

「你曾經愛上女人嗎？」

「問這個問題不恰當，還是愛上女人不恰當？」

「這是不恰當的。」

「這是不恰當的。」他又重複一遍。

但這時他臉紅發笑，像個學生，而我的翻譯也笑了起來。然後我們三個都笑了。身為杜斯妥也夫斯基謙卑讀者的我心想，在現代俄羅斯罪犯的心靈裡，何處可以找得到道德、自尊與人性呢？因為我腦海裡有個角色需要知道。

事實上，是有好幾個角色。這幾個角色擴展成兩本沒有答案的小說：《變調的遊戲》和《辛格家族》，都以共產黨剛垮台之後的新俄羅斯為背景。這兩本書都帶我來到俄羅斯、喬治亞和高加索西部，也都試圖描繪俄羅斯犯罪腐敗的規模之鉅，以及和南方穆斯林之間持續不斷的戰爭。十年之後，我透過第三部小說《我輩叛徒》，勾勒俄羅斯飽受爭議、僅次於能源的第二大出口產業：數以億計，從俄羅斯自己的金庫裡偷來的髒錢。

☆

而始終陪在我們身邊，但也從不過分貼近的是普斯亞，我們的阿布哈茲全國角力冠軍。只有一次，我很怕我們需要他提供更多的體能服務。

這一次是在彼得堡的夜店。和狄馬的夜店一樣，這家夜店的老闆是個聲勢正旺的生意人，名叫卡爾，他有個律師叫葉利亞，總是隨侍在側。我們搭一輛防彈的迷你巴士去，還有一輛防彈的路寶跟在後面。一條綴飾紙燈籠的石砌步道通向門口，我們看見一組必備的武裝男子，但他們除了衝鋒槍之外，彈藥帶擦得晶亮的銅鉤上還掛著手榴彈。夜店裡，自家聘僱的女郎一對對隨著震耳欲聾的搖滾樂懶洋洋跳舞，等待顧客上門。

但是沒有半個顧客，時間已經十一點半。

「彼得堡醒得晚。」卡爾露出會心的微笑解釋道，帶我們走向一張長餐桌。擺在絨布椅中間的這張桌子是特別為我們鋪設的。有著鷹勾鼻的他散發學究氣質，很年輕，態度卻很老派。而身邊那個身形笨重的葉利亞，對他來說有點太過粗俗了。葉利亞的金髮妻子身穿黑貂大衣，雖然這時正值盛夏。我們被帶到一圈斜坡座位最上面的一排。我們下方的舞池可兼作拳擊場，葉利亞自豪地說，但是今晚沒有拳賽。普斯亞坐在我左邊，小犬尼克坐在我右邊。坐在主子身邊的葉利亞對著行動電話聲調平板地嘟嘟噥噥，一通接著一通不間斷。

還是沒有顧客進來。周圍滿是空蕩蕩的椅子，搖滾樂震耳欲聾求人注意，百無聊賴的女郎盡責地在舞池裡旋轉，我們這一桌的談話變得愈來愈不自在。因為交通壅塞的關係，卡爾越過葉利亞龐大的身軀對我解釋道。最近經濟又景氣繁榮起來。每個人都有車，彼得堡晚上的交通簡直要命。

又過了一個鐘頭。

因為今天是星期四，卡爾解釋。星期四，彼得堡的社交名流都去跑趴，夜店的順序就往後挪了。我不相信他，我認為普斯亞也不相信，我們憂心地互望一眼。我腦袋裡掠過好多悲慘的場景，我想普斯亞也是。彼得堡的社交名流是不是知道什麼我們不知道的事？卡爾是不是惹上了生意的對手，而我們坐在這裡等著被炸成碎片或當槍靶打？或者——他們銅鉤上掛著的那些手榴彈閃著光澤——我們已經被當成人質，所以葉利亞才對著行動電話交涉談判？

普斯亞豎起一根手指貼在唇上，走向男廁，然後轉進暗處。幾分鐘之後，他回來了，臉上的微笑比平常更親切。我們的主人卡爾省錢省過頭了，他在音樂聲裡輕聲對我說明。腰帶上掛著手榴彈的警衛是車臣人。在彼得堡的社交圈，僱車臣保鑣是有點太超過了。彼得堡任何一個稍微有頭有臉的人，都不想被看見走進一家由車臣人把守的夜店。

☆

而狄馬呢？一年之後，狄馬總算被莫斯科警察局叫去到案說明，但這在當時非常違反常情，要麼是因為某個競爭對手的指示要麼是因為——如果他沒付該付的保護費——克里姆林宮。最後一次聽到他的消息時，他已入獄，拚命解釋為什麼有兩個受重傷的生意人被銬在他家地窖的牆上。在我那本小說《我輩叛徒》裡，我創造了自己的狄馬，但只是用了他的名字。他是個黑幫硬漢，和原本那個狄馬不同，真的有可能去創建幾間學校、醫院和美術館。

19 鮮血與財富

最近這些年，媒體上和我有關的一切報導，無論是好是壞還是什麼，我都懷著幼稚的反感，不願去看。但偶爾還是會有些東西偷偷突破防線溜了進來，比如一九九一年秋天的這個早晨，我一打開我的《泰晤士報》，迎面而來的就是我自己的臉瞪著我看。從臉上那乖戾的表情看來，我馬上知道這篇文章想必不怎麼友善。照片編輯挑照片很在行的。我讀了報導內容，說是華沙一家奮力求生的劇院為慶祝共產統治結束、重獲自由，打算把《冷戰諜魂》搬上舞台。但是貪婪的勒卡雷（請見照片）獅子大開口，每一場演出要收一百五十英鎊：「我們猜想，這就是自由的代價。」

我又看了一眼照片，確實看到一個會四處尋找獵物、對奮力求生的波蘭劇院強取豪奪的傢伙。貪得無饜。吃相難看。光看那一對眉毛就知道。我已經沒胃口吃早餐了。

保持冷靜，打電話給你的經紀人。第一通電話沒打通，第二通找到人了。我的文學經紀人名叫雷納。我用小說家會稱之為顫抖的聲音，把那篇報導唸給他聽。他是不是——我很委婉地暗示——他有沒有可能，僅此一次，明白這是怎麼回事——他這次是不是太過熱心幫我爭取權益了？

雷納語氣斷然堅決。事情恰恰相反。共產黨崩潰之後的波蘭還躺在醫院裡等待康復，所以他一切好談。為了證明，他也唸了他和那家波蘭劇院敲定的條件給我聽。我們沒有每場收一百五十英鎊，他向我保證，而是只收最低標準的二十六英鎊，我不記得了嗎？這個嘛，沒錯，事實上我不記得了。除此之外，我們也提供版權，完全免費。簡而言之，這是個很貼心的協議啊，大衛，伸手援助需要幫助的波蘭劇院。很好，我說，但是非常不解，怒火中燒。

保持冷靜，寫封傳真給《泰晤士報》編輯。自從認識這位編輯以來，我就很景仰他的生活與作品，但是在一九九一年時，我還不太瞭解他的優點。他的回覆並沒有安撫的意味，反而顯得高傲。我就直接說吧，是讓人很火大。他說，他覺得這篇報導沒帶來什麼傷害。他甚至說，僥倖獲此地位如我者，應當無論好壞都照單全收。這不是我準備好要接受的建議。但我又能找誰去呢？

噢，當然啦：找擁有這家報紙的人啊，魯伯特．梅鐸，我的老朋友。

☆

好吧，也不算是真的老朋友啦。我在幾個社交場合見過梅鐸，儘管我很懷疑他是不是還記得。第一次是一九八〇年代中期在波列斯汀餐廳，我和我當時的文學經紀人一起午餐，梅鐸走了進來，我的經紀人介紹我們認識，梅鐸則和我們一起喝了杯乾馬汀尼。他和我恰恰同年。當時他與艦隊街報業聯盟至死方休的奮戰正值高峰，我們稍微討論了一下，然後我不經意地問他——很可能是馬汀尼的醉話——他為何要打破傳統。在古代，我不加思索地說，貧困的英國人遠赴澳洲尋求財富。而今，一位並不貧困的澳洲人來英國尋求他的財富。這到底是怎麼回事啊？就算在最好的情況下，這也是個愚不可及的問題，但是梅鐸欣然回答：

「我告訴你為什麼，」他反擊說：「因為你們從這裡以上全都是木頭。」

他還在喉嚨上比個劃上一刀的手勢，讓我知道木頭的部位是從哪裡開始的。

我們的第二次會面是在私人寓所，他在餐桌上直言不諱，談起對蘇聯崩潰後的負面觀感。那天晚上散會之前，他很慷慨地給了我他的名片：電話、傳真、住家地址。隨時候教，這部電話就在他的辦公桌上。

保持冷靜，寫封傳真給梅鐸。我有三個條件，我說：第一，在《泰晤士報》登一則醒目的道歉；第二，大方捐一筆錢給奮力求生的波蘭劇院；第三——還是乾馬汀尼醉話作祟嗎？——午餐。隔天早上，他的回覆躺在我傳真機底下的地板上：

「接受你的條件。魯伯特。」

☆

當年的薩伏伊牛排館是給大人物去的高級餐廳：大紅絨布裝潢的馬蹄型座位，如果是在更多彩多姿的年代，應該是有錢仕紳用來取悅女伴的地方。我一對領班說出梅鐸的名字，就被帶進了私人包廂。我來早了。梅鐸一分不差準時抵達。

他的個頭比我印象中更小，但也更顯爭強好鬥，有重要人士那種輕擺臀部、疾步快行，在鏡頭面前朝彼此走去伸出手的模樣；頭和身體傾斜的角度也比我記憶中來得大，他對著我眨眨眼，露出燦爛微笑時，我竟有種怪異的感覺，以為他正拿槍瞄準我。

我們坐下來，面對面。我注意到——怎麼能不？——他左手那好幾只令人不安的戒指。我們點了菜，講了幾句陳腔濫調。魯伯特說他很抱歉，登了我的那篇報導。英國人啊，他說，是偉大的作家，但不是每一次都能把事情搞對。我說，不需要抱歉，也謝謝你的立即回覆。我們的閒聊聊夠了。他直直盯著我看，燦爛的笑容消失。

「誰殺了鮑伯．麥斯威爾？」他質問。

羅伯特．麥斯威爾[1]——不記得他的人還真走運——是個捷克出生的媒體大亨，英國議員，據說也替好幾個國家當間諜，包括以色列、蘇聯和英國。還是捷克年輕自由鬥士的時候，他參與了諾曼第登陸戰，贏得英國的表揚與獎章。戰後進入外交部，在柏林工作。他也是個體型龐然、胃口奇大、行事浮誇的騙子與惡棍，從自己的公司集團偷走了四億四千萬英鎊的退休基金，欠下根本還不起的四十億英鎊債務，一九九一年十一月被發現陳屍在西班牙的特納里夫海灘，顯然是從以他女兒命名的豪華私人遊艇甲板墜海。

陰謀論四起。有人覺得這擺明了是自殺，因為他無力擺脫自己犯下的罪行。但也有人認為是謀殺，凶手就是他所效力的幾個情報機構之一。但究竟是哪一個呢？對於這個問題，我搞不懂梅鐸為什麼會認為我可能比其他人有更好的答案，但是我竭力讓他滿意。這個嘛，魯伯特，要是我們真的認為他不是自殺，那麼據我看啊，應該是以色列人幹的，我說。

「為什麼？」

我讀過種種蜚短流長的謠傳，我們都這麼做。我從腦海裡挖出那些資訊：麥斯威爾長期為以色列情報局工作，反過頭來勒索他的前僱主；麥斯威爾曾和秘魯的「光明之路」（Shining Path）游擊隊交易，用以色列武器換戰略物質鈷；麥斯威爾要以色列給錢，否則就把這個消息公諸於世。

但是魯伯特．梅鐸已經站起來，握我的手，說很高興再次見到我。或許他和我一樣尷尬，或只是覺得無聊了，乒乒乓乓便走出包廂，而且大人物是不結帳的，這些事情他們留給手下做。整頓午餐持續的時間：二十五分鐘。

但是此時此刻，我真希望我們當時的餐會延後幾個月才進行，因為到了那時，對於鮑伯．麥斯威爾的死因，我已有了有趣得多的推論。

---

1 Robert Maxwell, 1923-1991，捷克裔英國政治家與媒體大亨，曾任國會議員，擁有英國出版公司、鏡報報業集團等重要出版與傳媒事業。一九九一年被發現從自己遊艇墜海身亡，其後一連串財務醜聞被揭發，最終導致麥斯威爾集團在一九九二年破產。

☆

我人在倫敦，寫關於新俄羅斯的東西，很想見見加入這股挖金熱潮的西方掮客。某人告訴我，巴瑞就是我在找的人，而這個「某人」說對了。遲早會有個巴瑞，等你找到了，就要像塗了膠水那樣牢牢黏住他。朋友A介紹你認識朋友B，朋友B幫不上忙很抱歉，但也許他的朋友C可以；C沒辦法，但是D剛好在城裡，所以何不打個電話給老D呢，就說你是C的朋友，這是D的電話號碼。然後突然之間，你就和對的人一起坐在房間裡了。

巴瑞是土生土長的倫敦東區小子，卻在西區發跡：不屬於任何階級；很會哄人；想到要見見作家覺得挺有意思，但除非必要絕不看書；大家都知道他不費吹灰之力就迅速累積大量財富；他很想知道是不是可能在解體的蘇聯撈一大票，而且他的這個興趣遠遠超越純學術探討的層次。這一切，他告訴我，都可以解釋鮑伯．麥斯威爾為什麼有天打電話到他的辦公室，叫他（只有鮑伯才能這麼做）馬上抬起屁股到鮑伯的辦公室去，提供建議看如何在一個星期內大撈俄羅斯一筆，否則鮑伯麻煩就大了。

而且，沒錯，巴瑞今天中午剛好有空一起吃飯，大衛，這是茱莉亞，親愛的，幫我取消下午的約會，可以嗎，親愛的，因為我和大衛要溜到銀光牛排屋去，打電話給瑪莎，兩位，要安靜角落的好位子。

大衛啊，一定要記住的重點，巴瑞嚴肅地提醒我，先是在計程車裡，接著在面對一塊以他最喜歡的方式烹調的菲力牛排時又提了一次：最重要的是麥斯威爾打電話給他的日期。那是一九九一年七月，他浮屍在海上的四個月之前。搞懂了嗎？因為如果你搞不懂，就會錯過所有的重點。準備好了嗎，我要開始講囉。

☆

「我欠米哈伊爾・戈巴契夫錢。」在麥斯威爾那間華麗誇張的頂樓辦公室，他們一坐下來商量，麥斯威爾就對巴瑞說，「所以我要你做的是，巴瑞，把遊艇拿去。」——指的就是麥斯威爾後來跳船身亡的那艘「吉絲蘭小姐號」；當然他也可能是死後才被推下船。「在上面待個三天，頂多，然後帶個提案回來。現在滾吧。」

當然，巴瑞也可以好好分一杯羹，否則他幹麼坐在那裡聽他咆哮，不是嗎？——他先想到的是自己的酬勞，再加上採取行動時可以撈到的好處。他沒搭遊艇，因為那不對他的胃口。不過他在鄉下有個地方，他喜歡待在那裡思考；二十四小時之後——不是鮑伯所給的三天——就帶著他的提案回到頂樓辦公室。實際上呢，大衛，是三個提案。全都是萬無一失穩賺不賠，保證帶來豐厚回報的案子，雖然投資報酬率不見得一樣。

第一個方案，他告訴麥斯威爾，是你的石油，再清楚不過。如果老戈可以把近期就要出售的高加索國家特許權塞一點給你，那你就可以把權利拍賣給那些搞油品買賣的大男孩，或者出租油井坐收權利金。不管是哪一種作法，你都會賺翻天，鮑伯——

那麼不利的因素呢？麥斯威爾打斷他。他媽的不利因素是什麼？

你的不利因素啊，鮑伯，是時間。你自己也告訴我，這是你的大問題。像這麼大規模的石油買賣不可能一夜搞定，就算你在克里姆林的那個兄弟使勁幫你也做不到，你沒有東西可以喊價，也就——

也就沒有他媽的錢可賺。下一個？

我的下一個提案啊，鮑伯，是你的廢金屬。我講的可不是推著手推車走過大街小巷、在窗戶底下叫喊要買廢五金喔。我講的是有史以來極度、非常、最高品質的金屬製品，堆積如山，一座又一座，在指令型經濟如火如荼執行的時候，不計成本大量製造的東西：一大堆生鏽的坦克、武器、廢棄的工廠、無用的加油站，還有其他因為五年計畫、七年計畫和什麼都沒有的計畫所遺留下來的一切。但是在你的世界市場裡，鮑伯，無價的金屬等著像你這樣的人來運用啊。而且，除了你之外，沒有人需要擁有這些。你可以幫俄羅斯一個忙，清理掉這些東西。我們克里姆林宮的兄弟會寫一封信謝謝你的費心，然後打幾通電話給我認識的搞金屬的傢伙，你就發了。

只是有個問題？

你的不利因素，鮑伯？是你回收的代價。這樣說吧，是你的高能見度，在你人生的這個關頭，全世界都在盯著你看。因為遲早有人要問，這個回收工作為什麼是交給鮑伯·麥斯威爾來做，而不是某個俄羅斯的善良好人。

所以麥斯威爾不耐煩地問巴瑞的第三個提案是什麼。巴瑞回答說：你的血，鮑伯。

☆

「你的血，鮑伯，」巴瑞告訴羅伯特·麥斯威爾，「在任何一個市場都是很珍貴的商品。但是你們俄國人的血，只要適當抽取和行銷，就是很大的金礦，真的。你們俄國人很愛國。要是他在收音機聽到、在電視上看到，或在俄國報紙上讀到國內發生大災難，某個地方有場小戰爭，或者火車翻覆、飛機墜毀，還是地震、油管爆炸、恐怖分子炸毀市場之類的，你們俄國人不會坐視不管，他會馬上跑到最近的醫院去捐血。捐血啊，鮑伯。不要錢的。因為他是好公民。好幾百萬加侖的血啊。他們靜靜排隊，這是他們很習慣的事，一個一個去捐血。這是他們俄國善良天性的表現。一毛錢都不要。」

巴瑞停了一下，等著我發問，但我想不到有什麼問題，或許是因為我突然有點毛骨悚然，覺得他努力推銷的對象不再是羅伯特·麥斯威爾，而是我。

「所以，如果你有無限量供應的俄國鮮血，一毛成本都不需要，」巴瑞繼續說，戴上邏輯的大帽子，「你哪裡還需要別的？不過因為是在俄羅斯，系統組織是你首先要擔心的問題。抽血的服務已經有了，所以集血沒有問題，只是要再稍加改進。然後是配送的問題。俄羅斯的每個城市都有冷藏設備，所以你要做的就只是提升貯存量。更大、更好、更多的儲存場所。誰來出資支持你的運作？蘇維埃政府啊，不然還有誰。蘇維埃政府出於善心，要讓全國的捐血服務得以改善，並加以現代化，不過早該這麼做了；老戈自己就順水推舟，助一臂之力。蘇維埃中央統一補助這項行動，每一個共和國按照商定的比率把血送到中央血庫——在莫斯科，靠近你的其中一座機場——當作補助的報償。你的莫斯科中央血庫表面上要拿這些血做什麼呢？不特定的全國性超大型緊急事故之需。那你要做什麼呢？你弄幾架有冷凍設備的七四七，往返雪瑞米耶佛機場和甘迺迪機場。你不必買飛機，只要透過我去租就行了。把血運到紐約，在途中找化學家做愛滋檢驗。我剛好也認識可以做這些事的小子。在世界市場上，做過愛滋病篩檢的高加索鮮血，一加侖值多少錢，你有沒有概念？我告訴你……」

那麼不利因素呢，巴瑞？這一次問問題的是我，不是麥斯威爾，但巴瑞已經搖頭了。

「大衛，沒有任何不利因素。這個生意肯定運轉順利啊。要是有人做這個生意會不順，我才覺得意外咧。」

那為什麼鮑伯沒做？

是日期啊，大衛，不是嗎？巴瑞又再提到他一開始講故事時所強調的那個重要日期。

「一九九一年夏天，記得嗎？老戈拚了老命想保住權位。黨分崩離析，葉爾欽虎視眈眈。然後秋天來了，各個共和國鬧著要獨立，沒有人想要把血送到莫斯科去。他們心裡打的算盤很可能是要莫斯科送點什麼東西來交換咧。」

那你的朋友鮑伯呢？我問。

「鮑伯．麥斯威爾又不是瞎子，而且也不蠢，大衛。他一知道老戈撐不住，就明白這檔鮮血生意沒戲唱了，他最後一個機會也沒了。如果他再多撐一個月，就會看到蘇聯這艘大船永遠沉沒，老戈也隨著船一起。鮑伯知道一切都完蛋了，所以他也不撐了，對吧？」

在我最後寫成的小說裡，借用了巴瑞輸出俄羅斯血液的點子，但是沒有我原本以為的那麼震撼。或許是因為沒有人為此自殺吧。

☆

但是，我和魯伯特．梅鐸在薩伏伊牛排館的二十五分鐘午餐還有個後續的小插曲。梅鐸有個前任助理寫到前老闆因為旗下報紙記者的電話竊聽事件，被傳喚到英國國會聽證會作證時的表現，說梅鐸的策士要他先取下左手手指上的那排金戒指，然後才上台用粗嘎的聲音告訴觀眾，這是他這輩子最謙卑的一天。

20 花園裡最大的熊

我這輩子見過兩位KGB的前任首腦，而且兩位我都很喜歡。在KGB改名（就算改了名也還是沒能擺脫汙名）之前最後一任在位的是瓦京．巴卡欽。有個聰明人說，情報組織就像是房子裡的電線線路：新屋主搬進來，按下開關，亮起的仍是同樣的舊燈。

時間是一九九三年。已熄燈的KGB的退休局長瓦京．巴卡欽在他的塗鴉板上畫著斷掉的箭。箭上有精心裝飾的羽毛和纖巧的箭桿。但是到一半就轉九十度彎，變成回力鏢狀，每一枝箭頭都指著不同的方向，飛出畫板之外。畫這些箭頭的時候，他人就在全蘇聯（後來的全俄）外國文學國家圖書館的長桌旁，坐得直挺挺的。他那百夫長似的背脊拱起來，頭僵硬地垂在肩上，彷彿在接受檢查儀式。「改革基金」，他那張印刷不良的名片在英文那一面印著。「社會與經濟改革國際基金」。

他體型壯碩，髮色薑黃，長相像北歐人，臉上掛著哀傷的微笑，有雙斑斑點點、很能幹的手。在新西伯利亞出生長大，原本學的是工程，曾掌管國家建設，擔任共產黨中央委員會委員，以及內政部部長；一九九一年，在讓他意外與完全稱不上愉快的情況下，戈巴契夫交給他一杯毒酒：為我掌管KGB，好好整頓一下。坐在面前聽他述說，我完全可以理解戈巴契夫為什麼把這個工作交給他：巴卡欽獨特的正直作風，是靜水流深，近乎固執的那種，令他在給出審慎的回答前總是陷入令人不安的沉默，細細思索。

「KGB並不喜歡我給的建議。」他說，然後又畫了一枝箭。彷彿後來想到似地補上一句：「這不是個輕鬆的任務。」

他的意思是：在某個夏日早晨，輕步走進澤爾新斯基廣場的KGB總部，一舉清除專制作風，引進淨化且富社會意識的新情報組織，以符合戈巴契夫所想像的民主與重建的俄羅斯，並不是輕鬆的任務。他從一開始就知道，這個過程會很艱困。但他體悟到多深，則沒有人曉得。他是不是清楚，KGB本身就是個非常有效率的盜賊統治機構，早已將大量的國家現金、黃金儲備納入口袋，藏在海外？他是不是知道這個機構的頭子和國內的組織犯罪集團密切合作？以及，機構裡許多人是擁護史達林主義的守舊派，視戈巴契夫為頭號叛徒？

無論巴卡欽知不知道，他表現出來的「開放」態度在全球情報機構史上也絕無僅有。接任不到幾個星期，他交給美國駐俄大使羅勃．史特勞斯[1]一張圖表，附帶使用手冊，列出KGB音訊小組在指定取代美國大使館現址的新建築結構裡裝設的竊聽器位置。據史特勞斯說，他這個作為是「沒有條件

1 Robert Strauss, 1918-2014，美國律師、政治家與外交官，曾在卡特總統時期擔任美國貿易代表與中東特使，在老布希總統時期為駐蘇聯大使，以及蘇聯解體後的首任駐俄羅斯大使。

的，純粹出於合作與善意」。而據莫斯科許多愛說笑的人說，當美國清理大隊移除KGB所有的竊聽器之後，這幢建築差不多就要倒了。

「這些技術人員，你什麼都說不準的。」巴卡欽誠懇地對我說：「我告訴史特勞斯，我最多只能從他們身上挖到這些。」

巴卡欽這個開放的英勇行為得到的回報是他所領導的組織對他的勃然大怒。叛徒的罵聲四起，他被罷黜，在葉爾欽主政之下，有一小段時間KGB被拆解分到不同部會，結果卻只讓這個機構在瓦拉迪米爾．普丁親自領導之下立刻借屍還魂，擁有更大的權力、全新的名字。普丁本人就是喝老KGB奶水長大的。

瓦京．巴卡欽又繼續畫他的箭，對間諜行動這件事陷入沉思。以此維生的人有強迫症，無法過正常生活，他說。他進入與離開間諜這一行的時候，都還是個新手。

「你比我還瞭解得多。」他突然抬起頭，補了一句。

「才不是，」我反駁：「我也是個新手。我做這份工作的時候還很年輕，而且三十年前就離開了。從那時候開始，我就靠我的機智過活。」

他畫了一枝箭。

「所以這是個遊戲？」他說。

他的意思是我是個遊戲？還是間諜這一行是遊戲？他搖搖頭，彷彿在說指的是什麼都無所謂。突然之間，他的問題變成信念被剝奪的人困惑的吶喊——這個世界何去何從？俄羅斯何去何從？夾在無節制的資本主義與過渡的社會主義之間的中間道路，也就是所謂的人道主義道路，在哪裡？他是社會主義者，他說。他從小就是個社會主義者：

「我從小接受的教養讓我相信共產主義是人類唯一的真理道路。好吧，事情出了差錯。權力落到不當的人手上，黨拐錯了一些彎。但我還是相信我們永遠是這世界的道德力量。我們現在成了什麼？道德力量哪裡去了？」

☆

這兩個人之間的對比實在太強烈了：新西伯利亞出身的巴卡欽善於內省，果敢堅定，是對黨忠心耿耿的工程師；而喬治亞長大的葉夫根尼．普里馬柯夫[2]有一半的猶太血統，母親是醫生，父親曾遭政治迫害。他是平步青雲的學者，專研阿拉伯問題，橫跨政治圈與學術圈，同時——長達半個世紀的時間在對衝突對象絕不手軟的體系中服務——精通求生技能。

---

2 Yevgeny Primakov, 1929-2015，俄羅斯政治家，曾任情報局長、外交部長與總理。曾在一九九九年宣布參選總統，成為普丁強勁的對手，但終又退選。

和巴卡欽不同，葉夫根尼・普里馬柯夫接掌KGB或任何重量級情報機構都絕對夠格。他年輕時是外勤情報員，以MAKSIM為化名，在中東和美國進行情報工作，曾任莫斯科電台的特派員，然後成為《真理報》的文字記者。而在外勤工作期間，他在蘇聯學術與政治體系裡的權位仍然不斷提升。蘇維埃政權結束之後，他的權力並沒有告終，所以他出任新成立的對外情報局（Foreign Intelligence Service）局長五年之後，被拔擢出任俄羅斯外交部長，外界一點都不意外。任外長期間，他曾到倫敦與英國外交大臣馬爾康・芮夫金[3]討論北約問題。

就在那一天晚上，我太太和我無預警地被請到位於肯辛頓宮花園的俄羅斯大使館和普里馬柯夫伉儷共進晚餐。當天早上，我的文學經紀人接到芮夫金辦公室一通急得喘不過氣來的電話：外交部長需要一本我簽名的書，送給他的俄羅斯對手葉夫根尼・普里馬柯夫。

特定哪一本，或是隨便一本都行？我的經紀人問。

《史邁利人馬》。他馬上就要。

我身邊並沒留有自己的著作，但想辦法挖出了一本書況尚佳的《史邁利人馬》精裝本。肯定是因為國家經濟問題作祟，芮夫金辦公室沒說要提供信差，所以我們打電話找快遞來，包好書，寫上西南一區，外交部，芮夫金收，送了出去。

幾個鐘頭之後，辦公室又來電話。沒看到書，天啊，是怎麼回事？我太太急瘋了，打電話給快遞公司。您詢問的這個包裹已經在幾點幾分送達外交部，還有收件員簽收。我們把這個訊息轉給部長辦公室。天啊，一定是被該死的安全人員給扣住了，我們來查。他們查了。那應該是被拿去聞了聞、搖了搖、過X光機檢查的書從該死的安全人員懷裡搶了去，芮夫金很可能還在我的名字旁邊簽上他自己的，以外交部長對外交部長的身分，添上一、兩行展現同僚情誼的話。我們永遠都不會知道，因為我的經紀人和我都沒再接到芮夫金或他辦公室打來的電話。

☆

該是著裝打扮、叫輛黑色計程車的時候了。我太太買了一盆白色蘭花送給女主人，也就是俄國大使夫人。我則收拾了一袋書和錄影帶要給普里馬柯夫。計程車載我們到俄羅斯大使館外頭。一盞燈都沒亮。我是個堅決守時的人，所以我們提前十五分鐘抵達。這天晚上天氣舒爽，幾碼之外的路邊停了一輛紅色的外交警車。

你好，警官。

您好，先生夫人。

我們有個小問題，警官。我們來赴俄國大使館的晚宴，但是來早了，又帶了這些禮物來送主人。

---

3 Malcolm Rifkind, 1946-，英國保守黨政治家與國會議員，先後擔任蘇格蘭事務大臣、國防大臣、外交大臣等職。

我們想去肯辛頓宮花園散一下步，能不能把禮物託給你們照看一下？

當然可以，先生，但是恐怕不能擺在這部車上。放在那邊的人行道上，我們會替你們看著。

我們把禮物擺在人行道上，散步，回來，拿起幸好在這段時間沒爆炸的禮物。我們走上大使館的台階。燈光陡然一亮，大門敞開來。幾個穿西裝、塊頭很大的傢伙瞪著我們的禮物。其中一個伸手接過蘭花，其他人則檢查我手上的袋子。在他們點頭示意之下，我們踏進金碧輝煌的客廳。一個人都沒有。不合時宜的回憶朝我襲來。我二十多歲，還是個為英國打拚、胸有大志的年輕間諜時，曾在這個房間裡參加過許多次可怕的英蘇友誼會議，然後被過度友善的KGB人才探子偷偷帶到樓上，看數不清第幾遍的愛森斯坦電影《波坦金戰艦》[4]，再一次回答彬彬有禮的詢問，問我的生活、背景、女朋友、政治傾向、抱負，都只是白費心機地希望我能成為蘇聯情報傳遞的目標，進而取得在我英國主子心目中簡直是夢寐以求的雙面諜地位。這個期待從未成真，就當時蘇聯在我們情報組織裡滲透的程度來看，應該不會有任何人覺得意外。也或者只是我不對他們的胃口罷了，而這點我自己也不意外。

當年，這間漂亮客廳的角落裡也有個小吧台，倒不冰的白酒給壯得能穿過擁擠人潮的同志。吧台還在。今晚負責吧台的是個年逾七旬的老奶奶。

「你要飲料嗎？」

「是的。」

「你想喝什麼？」

「蘇格蘭，麻煩了，兩杯。」

「威士忌？」

「是的，威士忌。」

「要兩杯？她也要？」

「麻煩，加蘇打水，不要冰。」

「水呢？」

「水也可以。」

但我們根本還來不及啜一口，雙扉門就敞開，普里馬柯夫在他夫人和俄國大使夫人的陪同下走了進來，後面跟著俄國大使與一群穿薄料西裝、皮膚曬得黝黑的權貴人士。普里馬柯夫停在我面前，露出漫畫似的笑容，對著我的杯子伸出指控的手指。

「你喝什麼？」

「蘇格蘭威士忌。」

「你現在人在俄羅斯，喝伏特加。」

---

4 Battleship Potemkin，為蘇聯一九二五年出品的黑白電影，由愛森斯坦（Sergei Eisenstein）導演，紀念一九〇五年波坦金戰艦士兵不堪壓迫而起義的故事，被稱為蒙太奇美學開山之作，也是電影史上影響力最大的電影之一。

我們把喝都沒喝的威士忌交還給老奶奶，加入行列，以輕步兵的速度走向優雅的帝俄風格餐廳。一張長桌，燭光照明。我按指示就座，和對面的普里馬柯夫隔了三呎的距離。我太太和我在同一側，隔了兩個位子。她感覺上比我鎮靜得多。寬肩的侍者幫我們把伏特加斟得滿滿的。我猜普里馬柯夫已經先喝過一、兩杯了。他顯得很快活，笑口常開。他太太坐在他身邊，一頭金髮，是位聰明漂亮的愛沙尼亞醫生，渾身散發母性光芒。他另一邊坐的是他的傳譯，但是普里馬柯夫喜歡用他活力充沛的英文自己講，只偶爾需要提詞。

穿薄料西裝的那些權貴人士，有人告訴我，是從中東各地被召來倫敦開會的俄國大使。整桌人裡面，只有我太太和我不是俄國人。

「你可以叫我葉夫根尼，我叫你大衛。」他對我說。

晚宴開始。普里馬柯夫說話的時候，所有人都住口不講。他會在思索很久以後突然開口，只在講不出某個詞彙時才問傳譯。就像我見過的大部分俄國知識分子一樣，他沒有時間閒聊。他這天晚上的主題依序是：薩達姆．海珊，老布希總統，柴契爾夫人，以及他自己試圖制止波斯灣戰爭卻未能如願。他是個才智敏捷，活力澎湃，善於溝通的人，散發極大的魅力。他的眼睛不會輕易放過你。他每隔一段時間就停頓一下，對著我笑，扶扶眼鏡，舉杯敬酒。我舉起杯子，報以微笑，也向他敬酒。每位客人想必都配有一個手持伏特加瓶的侍者。肯定也有一個專門侍候我。我第一次到俄羅斯時有位英國朋友告誡我，如果你不得不跑馬拉松似地一直灌伏特加，那從頭到尾就只要喝伏特加，看在老天爺的份上，千萬別要求改喝致命的克里米亞沙克特（也就是香檳）。我這輩子始終感謝他的忠告。

「你知道沙漠風暴吧，大衛？」普里馬柯夫逼問。

是的，葉夫根尼，我知道沙漠風暴。

「薩達姆，他是我的朋友。你知道我說的朋友是什麼嗎，大衛？」

知道，葉夫根尼，我想我知道在這裡你說的朋友是什麼意思。

「薩達姆，他打電話給我。」——愈說愈氣——「葉夫根尼，給我留點面子，把我弄出科威特。」

他停頓半晌，讓這個請求的重要性可以在聽眾心裡沉澱。慢慢的，我們都瞭解了。他是在告訴我們，薩達姆．海珊請他說服老布希，讓他的軍隊有尊嚴地撤出科威特——給他留點面子——這樣一來，美國和伊拉克就不必開戰了。

「所以我去找布希，」他接著說，氣呼呼地提到那個名字，「這個人，」——緊張地和傳譯討論了一下，就算本來想用措詞強硬的字眼形容老布希，他最後也還是克制住了。

「這個布希不合作，」他很不甘願地說，露出忿忿不平的表情，「對英國人，對你們的柴契爾，我去……」——又急忙和傳譯商量一番，這一次我聽到一個俄文詞「dacha」（鄉間別墅），我唯一懂的詞。

「契克斯。」傳譯說。

「所以我去契克斯。」手一揮，要我們大家安靜下來，但早已鴉雀無聲。「整整一個鐘頭，這個女人一直在教訓我。他們想要開戰！」

☆

我太太和我走下俄國大使館大門台階，回到英國領土的時候，已經過了半夜。在這漫長的一整夜，普里馬柯夫有沒有問過我任何私人或政治問題？我們是不是談到文學、間諜和人生？就算有，我也一點都不記得了。我只記得他似乎希望我對他的挫折感同身受；他希望我知道他這麼一個愛好和平與理性的人，已經使盡渾身解數去制止戰爭了；而他的努力之所以失敗，全因為兩名豬頭的西方領袖。

這個故事還有個諷刺的後續發展，我最近才知道。相隔十年之後的事。小布希主政之後立刻再次入侵伊拉克，普里馬柯夫飛到巴格達，勸老友海珊把手上不管有還是沒有的什麼大規模毀滅武器交給聯合國以妥善保管。而這一次，對他置若罔聞的不是小布希，而是海珊，理由是美國絕對不敢對付他：他們有太多共同的祕密了。

自從那次晚宴之後，我沒再見過普里馬柯夫，也沒和他講過話。我倆之間沒有書信，沒有電子郵件往返。偶爾會有透過第三人轉來的邀請：告訴大衛，隨時歡迎到莫斯科來，諸如此類。但是普丁的俄羅斯吸引不了我，所以我沒去拜訪他。然後，二〇一五年春天，我收到一個訊息，說他病了，問我可不可以寄更多我的書去給他看。因為沒有人告訴我是要哪幾本，所以我太太和我弄了一大箱精裝書。我每一本都簽名、題詞，用快遞寄到他們給我的那個地址，結果卻被俄國海關退了回來，說一次寄了太多本書。我們把書拆裝成幾個小箱分寄，推斷應該是穿過了防線，雖然未有隻字片語的回音。

而今再也不會有回音了。葉夫根尼・普里馬柯夫還來不及看這些書就撒手人寰。我聽說，在他的自傳中，他寫了我的好話，讓我非常開心。寫作的此時，我很想把自傳的內文弄到手，但那可是俄羅斯啊。[5]

事隔多年，我是怎麼看待那天晚上的？很久以前我就發現，偶爾在和重要人士面對面的時候，我身體的全部機能好像就全部消失，我唯一想做的就是在那裡，親耳聽，親眼看。對普里馬柯夫而言，我僅僅只是某個晚上的珍玩，像是某種消遣娛樂，但我也喜歡認為，這是他對一位作品耳熟能詳的作家講出心裡話的機會。

5 作者注：參考資料隨後就曝光了，普里馬柯夫在*Vstrechi na perekrestkach*（《相遇在十字路口》：https://www.litres.ru/evgeniy-primakov/vstrechi-na-perekrestkah-2/chital-onlayn/）寫了如下一段話：「於一九九七年三月以外交官身分拜訪英國首都時，在倫敦等著我的另一個『驚喜』，是我見到了至今為止我認為寫政治驚悚最優秀的作家之一，約翰・勒卡雷。我們的大使阿達米辛（Anatoly Adamishin）在我的請託下邀請了他與他的夫人來參加晚宴。那場會面令人全然放鬆。我和內人都很享受與這位有趣朋友的談話。由於長期以來對這名前間諜大衛・康威爾——他如今以勒卡雷這個名字享譽全球——的敬佩，我們尤其高興收到他最近出版的新書《史邁利人馬》，上頭還有作者的簽名：『向葉夫根尼・馬克西莫維奇・普里馬柯夫致上誠摯溫暖的祝願，希望我們都能活在一個比這裡所描述的更好的世界。』」

瓦京・巴卡欽同意和我談談，只是幫朋友一個忙，但同樣的，我也喜歡認為我給了他講出心底感覺的機會。雖然以我的出身背景，和權貴人士往來的經驗極其有限，但我認為位居權力中樞的人對周圍發生的事情很少有概念。而向來的自我中心，讓他們更難以瞭解周遭的一切。有位訪問莫斯科的美國訪賓問普里馬柯夫，他覺得自己最像我書裡的哪個人物：

「噢，當然是喬治・史邁利啊。」

☆

歐德里希・錢尼[6]不管從哪方面來看，都不應和當年公開宣稱自己是共產黨員的巴卡汀與普里馬柯夫相提並論。一九九三年，也就是柏林圍牆倒塌的四年之後，歐德里希・錢尼——朋友都叫他歐老——接掌了捷克對外情報組織，銜同為異議分子的老友瓦茨拉夫・哈維爾之命，想把這個機構變成可以容身於西方間諜世界的組織。在他主政的五年間，他和英國的軍情六處建立起緊密關係，特別是和後來在布萊爾政府時期出任局長的理查・狄爾洛夫[7]，關係格外熱絡。錢尼剛從局長職務退休，我就到布拉格探訪他，我們有時在他和多年伴侶伊蓮娜住的小公寓，有時在遍布全城各處的地窖酒吧裡挑一家，在刷痕累累的松木桌上啜飲蘇格蘭威士忌。

錢尼獲任命之前，就像瓦京・巴卡欽一樣，對情報工作一無所知，而哈維爾告訴他，這就是他雀屏中選的原因。一接任之後，他無法相信自己踏進的竟然是這樣的一個世界：

「那些混蛋不知道冷戰已經結束了。」他在陣陣大笑之間扯著喉嚨說。

很少有外國人能自信滿滿地講英文髒話，而錢尼是個例外。他在布拉格之春期間拿到獎學金，赴英國新堡求學，八成是在那裡學到這門藝術的。回到再次屈服於蘇聯鐵蹄之下的祖國，他白天翻譯童書，晚上匿名寫革命宣傳小冊。

「我們竟然有人暗中監視他媽的德國！」他無法置信地繼續說，「在他媽的一九九三年！我們有人帶著警棍上街找神父和反黨分子，把他們打個屁滾尿流！『給我聽好，』我告訴他們：『我們不再幹這些事。我們是他媽的民主國家！』」

若說錢尼一開口就像剛出獄的人那般熱情洋溢，他這麼做一點都不過分。他天生就反共產黨，也出生在反共的家庭裡；他父親在戰時加入捷克反抗軍，曾被納粹囚禁在布亨瓦德中營，接著又被共產黨以叛國罪關了二十年。他童年最初的記憶之一，就是獄卒把他父親的棺木丟在他家門口。

所以，這位擁有英國文學學位的捷克作家、劇作家與翻譯家會一輩子奮戰反抗政治獨裁，也就一

6 Oldřich Černý, 1947-2012，為冷戰時期捷克最重要的異議分子，也是一九八九年絲絨革命的關鍵人物，共產黨政權崩潰後，錢尼成為哈維爾的安全顧問，後來出掌捷克情報局，致力組織革新。退休後出任「公元二〇〇〇論壇」執行長，創立「布拉格安全研究中心」，致力推動民主與自由。

7 Richard Dearlove, 1945-，從一九九九年至二〇〇四年擔任英國情報局（即俗稱的軍情六處）局長。

點也不意外了。而他一再被KGB和吸收他不成的捷克情報組織抓去偵訊迫害，當然也不足為奇。

有意思的是，儘管他一再聲明，在捷克與斯洛伐克分家之後，他沒有能力，無法控制手下的間諜，但這個職位他坐了五年，退休時享有極高的聲譽，繼續出掌老友哈維爾所創立的人權基金會，而他自己所創設的智庫「安全研究」（Security Studies）在十五年後，也就是他逝世的三年之後，仍然蓬勃發展。

☆

錢尼過世後不久，我在捷克駐英國大使的私人午宴上見到年歲已長的瓦茨拉夫·哈維爾。當時是在倫敦。哈維爾身體疲累，健康狀況明顯不佳，自己一個人坐著，大半時間都沉默不語。瞭解他的人都知道別去打擾他。我怯怯地走過去，提起錢尼的名字，說我和錢尼在布拉格度過很愉快的時光。他臉上驟然一亮：

「那你運氣很好。」他說，就這樣微笑了好一會兒。

21 印古什人

我聽過以撒・柯斯托耶夫（Issa Kostoev）的名字，但你若還不滿五十歲，很可能不曾聽過。他是掌管重大犯罪部門的俄國警察，一九九〇年那時，曾很有技巧地誘使一名連續殺人犯吐實。這個名叫安德列・奇卡提羅（Andrei Chikatilo）的烏克蘭工程師殺害了五十三個人。柯斯托耶夫如今是俄羅斯國會議員，奮戰不休，直言坦率，為北高加索的人民，特別是他自己的族人印古什（Ingush），爭取更高的尊重與更多的公民權。他認為外界多半不瞭解印古什人的命運。

史達林宣稱車臣和印古什聯合德國侵略者——他們想都沒想過要這麼做——而將兩地人民都貶為罪犯時，他才剛出生。所有的印古什人，包括他的母親，被強制遣送到哈薩克的奴役勞改營。他童年最初的記憶之一，就是看見俄羅斯警衛騎在馬背上，拿鞭子鞭打彎腰撿玉米穗的母親。印古什人，他沉著臉說，對所有的侵略者都同樣痛恨。史達林死後，蘇聯勉強准許他們回家，這些人卻發現自己的家已經被分給了來自高加索山脈南麓的基督教掠奪者，也是以前做史達林走狗的奧塞梯人（Ossetians）。但最讓他氣憤的是，一般俄國人對他族人所表現出來的種族歧視。

「我是俄羅斯的**黑鬼**，」他忿忿不平地指著自己具亞裔特徵的鼻子和耳朵說：「我隨時都可能在莫斯科街頭被捕，就因為我長這樣！」接著他一句道歉也沒說就又改變譬喻，說印古什人就是俄國的巴勒斯坦人：「他們先是把我們踢出自己的家，自己的村子，然後又因為我們活了下來而痛恨我們。」

他告訴我，他要弄一組人，帶我去印古什，有何不可呢？這是順口提起的邀請，但我馬上就明白，他是認真的。我們可以一起欣賞壯麗的景色，一起見見印古什人，然後我就可以自己下判斷。就在腦筋還轉不過來的時候，我回答說我很榮幸，樂意之至，於是我們當場握手敲定。那是一九九三年。

☆

所有善於偵訊的人都有個特色，他們學會把自己的個人特色轉化成勸服的武器。有些人會讓自己變成和平說理的化身，有些人則操作恐懼與不安，還有些人以自己的坦率與魅力讓你無法招架，而身材魁梧、強悍非常，傷心欲絕的以撒·柯斯托耶夫則從一見面的那一瞬間，就會讓你有想去討好他的衝動。不管你怎麼說或怎麼做，都無法甩掉伴隨他那年長親切微笑而來的永恆哀傷氣息。

「那奇卡提羅呢？」我問他：「你是怎麼突破的？」

沉重的眼皮半垂，輕輕一聲嘆息。「他呼吸的臭味。」他抽了長長的一口菸之後回答。「奇卡提羅吃掉受害者的私處。經過這麼長的時間，影響了他的消化系統。」

雙向無線電嘎嘎響。我倆頭挨頭坐在看似沒有盡頭的暮色中，在莫斯科一幢搖搖欲墜的老房子頂樓，拉上窗簾。武裝人員敲敲門，進來，講了幾句話，又出去。他們是警察嗎？印古什愛國志士？我們所在的位置是辦公室還是安全藏身點？而且沒錯，他說對了：我的周圍都是流亡者。這位只簡單介紹說是「檢察官」的嚴肅年輕女子，和薩拉．塔馬利在塞頓或貝魯特的戰士並無二致。咻咻響的影印機，古老的打字機，吃了一半的三明治，滿到溢出來的菸灰缸，和一罐罐溫熱的可樂，都是存在感稀薄的巴勒斯坦自由鬥士必然要有的配備。還有柯斯托耶夫綁在屁股上的那把巨大手槍也是，只是他不時要把槍拿下來，為了坐的舒服些，而把槍塞進大腿之間。

我對印古什之所以感興趣，部分是因為就像柯斯托耶夫說的，西方世界似乎聽都沒聽過這個地方：我美國的文學經紀人還問是不是我憑空揑造出來的。但我感興趣的主要原因是，經歷多次的旅行，我愈來愈被冷戰後附庸國的命運所吸引。也是基於這樣的好奇，讓我在不同時期先後造訪了肯亞、剛果、香港和巴拿馬。九〇年代初期，北高加索各個穆斯林共和國的未來仍不確定；冷戰時期的「利益範圍」是否還會繼續存在？俄國人從布爾什維克的枷鎖裡解放出來，或許他們南方的附庸國也想從他們的掌控中解放？倘若如此，他們和俄羅斯能延續經年的戰爭是否將重啟？

簡單的答案是，我們現在都知道，沒錯，戰火確將重啟，並付出駭人的代價。但是在我和柯斯托耶夫談話的彼時，亞洲共和國叫嚷獨立的吶喊震耳欲聾，沒有人預見——或者應該說，就算是預見了也不在乎——鎮壓的代價是讓幾百萬溫和的穆斯林變得激進。

我原本計畫把新小說的背景設在車臣，但是認識了柯斯托耶夫之後，我卻更喜歡車臣旁邊的印古什，這個小到讓人完全忽視其存在的小國。回到康瓦爾的家裡，我開始準備我們約定好的旅行。我申請簽證，在柯斯托耶夫的協助之下也拿到了。我在彭贊斯的運動用品店買了一個後背包，還意外買到一條可以藏錢的皮帶，為行程作準備。我想辦法讓自己變得更健壯一些，免得到歐洲最高山脈時出醜。我和專精俄國穆斯林族群的英國學術單位聯絡，結果就像你每次開始認真追查的時候一樣，找到了一個跨國的學術社群，熱情澎湃的學者們所思所言都是北高加索。我加入成為臨時且極其資淺的會員。我結交流亡歐洲的車臣人和印古什人，從他們身上汲取知識。

柯斯托耶夫比較喜歡透過非高加索的中間人聯繫，理由我雖未深究，卻完全可以理解。他說我應該準備足夠的美國香菸和一些小玩意。他建議買一只便宜的鍍金手錶，一、兩個Zippo打火機，幾枝有金屬外殼的原子筆——因為火車往南走時可能會碰上搶匪。不過搶匪人還不錯，柯斯托耶夫堅稱，他們不想殺任何人，只是覺得自己有權向每個經過他們領地的人收取一點過路費。

他把我們的保鑣人數精簡成六人。六個就夠了。我買了一些小玩意和Zippo打火機裝進我的背包裡。就在我準備啟程到莫斯科再轉赴印古什首府納茲蘭的四十八小時前，我們的中間人打電話通知我說行程取消。「權責當局」無法保證我的通行安全，希望我等到事態平靖之後再出發。是哪個權責當局，我始終不知道，但幾天後我打開電視看到晚間新聞，覺得應該感謝他們。紅軍對車臣展開大規模的地面與空中攻擊，鄰近的印古什似乎也捲入戰火當中。

☆

十五年後，我在寫《頭號要犯》時選擇了車臣，作為筆下那名無辜捲入所謂反恐戰爭的俄羅斯年輕穆斯林的出身背景。而且我為他命名為以撒，紀念以撒・柯斯托耶夫。

22 約瑟夫・布羅斯基獲獎

一九八七年秋季，一個晴朗的日子，我太太和我在漢普斯德的一家中國餐館請客吃午飯。其中一位客人是約瑟夫・布羅斯基[1]。他是個流亡的俄羅斯人、前蘇聯政治犯、詩人，被眾多仰慕者視為俄羅斯的靈魂。我們斷斷續續和約瑟夫算是認識了好些年，但是老實說，我們也不太確定，為什麼今天會被找來招待他吃飯。

「無論你要怎麼招待他都可以，就是絕對不要讓他喝酒或抽菸。」他在倫敦的接待人，也是在文化圈人脈很廣的一位女士警告我。儘管心臟一再出問題，他還是菸酒不拒。我說我會盡量，但依據我對約瑟夫的些微瞭解，他這人想做什麼就做什麼。

約瑟夫不是個很容易交談的對象，但這天午宴他異常活潑，這都要歸功於他不顧我太太的婉言勸阻，灌了好幾大杯的黑牌威士忌，抽了好幾根菸，配上小鳥似的幾小口雞湯麵。

就我的經驗，文學界的人除了抱怨經紀人、出版商和讀者之外，少有話題可以彼此交談——至少對我肯定是如此——而且事後回想起來，我也很難想出我們究竟聊了什麼，因為我們之間的差異大到不能再大。我讀過他的詩，覺得自己需要一本使用手冊才行。我喜歡他的隨筆，特別是寫他被監禁在列寧格勒那篇。而他對已故詩人阿赫瑪托娃[2]的敬愛更讓我感動。但是如果要我猜呢，我會說他沒讀過我寫的半個字，他也沒有義務要讀。

然而我們那頓午飯還是吃得很愉快，直到約瑟夫那位高䠷優雅的女主人出現在門口，一臉凜然。我的第一個念頭是，只要看一眼我們桌上的酒瓶和盤旋其上的煙霧，她大概就要狠狠痛罵我們一頓，怪我們讓約瑟夫如此放縱。但我很快就發現，她拚命想壓抑自己的興奮之情。

「約瑟夫，」她上氣不接下氣地說：「你得獎了。」

約瑟夫好一會兒沒說話，抽了長長一口菸，蹙著眉頭看煙霧。

「什麼獎？」他咆哮。

「約瑟夫，你得了諾貝爾文學獎。」

約瑟夫一手迅速掩住嘴巴，彷彿在攔住差點就要說出口的驚詫。他轉頭用眼神向我求救：他當然要這麼做啦，因為我太太和我對他入圍諾貝爾獎一無所知，更別提知道今天是宣布得獎人的日子了。

我問了那位女主人最淺顯的問題：

---

1 Joseph Brodsky, 1940-1996，俄羅斯詩人。他在蘇聯屢次獲罪入獄，一九七二年遭放逐，流亡美國，一九八七年以四十七歲之齡獲得諾貝爾文學獎。

2 Anna Akhamatova, 1889-1966，俄羅斯知名詩人，曾被譽為「俄羅斯詩歌的月亮」，與「俄羅斯詩歌的太陽」普希金齊名。但蘇聯成立後屢遭迫害。

的女主人說：

「妳怎麼知道？」

「因為有北歐來的記者站在門口，就是現在，他們想要恭喜你，採訪你啊，約瑟夫！」

約瑟夫痛苦的眼神還在懇求我。做點什麼吧，那雙眼睛似乎在說。助我脫身吧。我再次轉頭對他

「說不定那些北歐記者是來訪問所有入圍的人。不只是得獎人。是全部的人。」

走道上有個公共電話。這位女主人知道約瑟夫的美國出版商羅傑·史特勞斯已經為了親自見證這一刻飛到倫敦來了。這位果決的女士立即打電話到他住的旅館找他。她掛掉電話時，滿面微笑。

「你現在就得回家，約瑟夫。」她碰碰他的手臂，輕聲說。

約瑟夫灌了最後一口最愛的威士忌，以緩慢到極點的速度站起來。他擁抱女主人，接受她的道賀。我太太和我也恭喜他。我們四個人站在陽光普照的人行道上。約瑟夫和我面對面。好一會兒，我覺得自己像是這位囚犯的朋友，馬上就要送他踏進列寧格勒的監牢裡。他以俄羅斯人的急性子，雙臂突然攬住我，然後雙手抓著我的肩膀，把我往後一推，讓我看見他臉上的淚水。

「好吧，開始油腔滑調一整年吧。」他說，然後乖乖被帶走，去面對他的審訊員。

23 問道於盲

如果你打算找尋一級方程式賽車單場大獎賽的內線消息，我想，你必定不會找個想像力過度豐富、賽車經驗等於零的資淺技工當消息來源。然而，僅僅因為我小說的影響力，在一夜之間就把我奉為可以對任何情報事務提供建議的大師，差不多也就是這個情況。

這個大帽子第一次戴在我頭上時，我的拒絕有現實理由，因為《國家機密保護法》禁止，我連聞到情報工作的味道都不可以承認。我以前工作的情報單位對他們竟然准許我的作品出版感到追悔莫及，所以我始終擔心不滿的他們會拿我殺雞儆猴，雖然天曉得，我所知道的祕密情報根本少到連想洩漏都沒得漏。但我猜對我來說更重要的是（儘管我連對自己都不承認）我身為作家的自尊心作祟。我希望讀者不要認為我的作品是某個投身文學的叛徒遮遮掩掩的告白，而知道這是我想像力的產物，頂多只稍稍描述了醞釀故事的現實環境而已。

然而，我聲稱自己從未踏足情報世界的說法也愈來愈顯得站不住腳，這都要感謝我的前同事，他們吹噓我的身分不遺餘力。碰上這個問題，我只能軟弱地反駁說，我是個碰巧當過間諜的作家，而非搖身變成作家的間諜。結果我得到的明確訊息是，別想了：一日間諜，終生間諜。就算我自己不相信我虛構出來的小說，其他人也都相信了，所以接受現實吧。

所以我就接受了，無論喜不喜歡。如今想來，一連好幾年——就在我的黃金年代，如果你想知道的話——我差不多每個星期都會收到讀者來信，詢問該怎麼才能成為間諜，我的回答大多是：寫信給你選區的國會議員或外交部，倘若你還在唸書，就去找你的職涯顧問。

但真實的情況是，在以前那個年代，你並不能，也不該去申請。你不能上網搜尋軍情五處、軍情六處或以前英國超級機密的解碼單位GCHQ。不過現在可以了。那時《衛報》不會有登在頭版的廣告表示，如果你可以勸服房間裡的三個人做你希望他們做的事，那麼間諜的差事就是你的了。你必須讓別人**看上**你。要是主動申請，你就有可能是敵人；若是被看上，你就不可能是敵人。我們都知道這套系統運作得有多好。

要被看上，那你就得有天生的好運。你必須上好學校，最好是私立的，然後上大學，最好是牛津劍橋。最理想的狀況是，你的家族早就有間諜背景，或至少有一、兩個軍人。如果沒有，那麼在某個你並不知情的時間點，必須得到校長、院長或導師的青睞，認為你是招募的合適人選，把你叫到他的辦公室、關上門，給你一杯雪莉酒，以及去倫敦見見幾位有趣朋友的機會。

如果你說好啊，你有興趣見見這幾位有趣的朋友，那很可能就會有一封印著浮水印官徽、雙層密封，非常吸睛的淺藍色信封送到你手上，邀請你到白廳的某某處，於是，你的間諜生涯就此開始或不開始了。我的那封邀請函包括一頓午宴，在山洞似的寶馬俱樂部，和一位令人望之生畏的海軍上將一起用餐。這位海軍上將問我是室內型還是戶外型的人，直到今天，我都還不知道該如何回答這個問題。

☆

若說在那段日子裡，來函的讀者大部分是嚮往間諜生涯的人，那麼緊追在後的肯定是受到情報工作迫害的受害者。他們絕望的訴求大同小異。寫信給我的人被盯梢，電話被錄音，汽車和房子被竊聽，鄰居被收買，他們的信會晚一天收到，他們的丈夫、妻子或情人舉報他們，他們不管車停在哪裡都會收到罰單。稅務員盯著他們，還有一些看起來完全不像工人的工人在他們家外面修排水管，在那裡混一整個星期，什麼工作也沒完成。告訴來信者說他們講的每一件事都可能是真的，一點意義也沒有。

但也有些時候，偽造的王牌間諜身分讓我自食惡果，例如有一群被形容為「波蘭叛亂家鄉軍」的波蘭年輕異議分子占領伯恩的波蘭大使館，演變成長達三天的圍攻事件。伯恩恰好是我曾經去留學的地方。

我倫敦的電話響起時是半夜時分，打來的是瑞士政界赫赫有名、我有幸認識的一位先生，他迫切需要我提供極度機密的意見。他的同僚也是。他的嗓音聽起來異常洪亮，但也許是因為我還沒完全清醒的緣故。他不支持共產黨，他說。事實上，他很厭惡共產黨的作為。他覺得我應該也是。然而，不管是不是共產黨，波蘭政府都是合法的政府，地主國有義務全面保護他們在伯恩的大使館。

到目前為止我都聽得明白嗎？明白。很好。因為一群波蘭年輕人剛剛用槍口占領了他們國家駐伯恩的大使館，謝天謝地，到目前為止還沒開任何一槍。我還在聽嗎？還在聽。這些年輕人都反共產黨，若是在其他狀況下，都非常值得鼓勵。但是眼前我們沒有時間來討論個人喜好，對吧，大衛？

是啊，沒時間。

所以必須讓這些孩子解除武裝，對不對？必須要盡快且盡量低調地把他們弄出大使館，弄出國去。既然我很懂這些事，我可不可以去把他們弄出來？

我用聽起來想必是接近歇斯底里的口氣對打電話來的人發誓，我對這種事情沒有半點實際經驗，不懂半句波蘭文，對波蘭反抗運動一無所知，根本不知道如何用甜言蜜語勸服挾持人質者、波蘭人、共產黨員、非共產黨員或其他任何人。想盡辦法告訴他我真的不適任之後，我想我建議他和他的同僚找位會講波蘭語的神父來。要是這招不奏效，那就把英國駐伯恩大使從床上挖起來，正式要求我們的特種部隊提供協助。

他和他的同僚究竟有沒有採納我的建議，也是我永遠不得而知的事。我這位傑出的朋友始終沒告訴我此次事件是怎麼落幕的，雖然新聞記者指出瑞士警方襲擊大使館，逮捕四名叛亂分子，解救了人質。半年後，我在滑雪坡上碰到這位朋友，問他這件事，他滿不在乎地回答說那只是一場無傷大雅的玩笑。我的解讀是：無論瑞士當局談成了什麼協議，都不可以透露給我這個老外知道。

☆

然後還有義大利總統。

派駐倫敦的義大利文化參事打電話給我，說義大利總統科西加[1]是我的粉絲，希望能邀請我到羅馬的總統官邸奎里納爾宮共進午餐，我心中湧現的自豪少有作家能有幸感受得到。在這個重大時刻，我是不是進一步去讓自己瞭解這位總統的政治立場，或他在人民眼中的地位呢？我不記得曾經這樣做。我高興得飄飄然。

我很不好意思地問文化參事，總統是不是特別喜歡我的哪一本書呢？或者是我的所有作品他都喜歡？參事說他會去問。書名問來了：《鍋匠 裁縫 士兵 間諜》。

那麼總統閣下比較喜歡英文版呢，還是為了便於閱讀起見，比較想要義大利文版呢？他的回答正中我心：總統喜歡閱讀我母語的版本。

隔天我帶了這本中選的書到倫敦最熱門的裝幀店——桑奧斯克暨薩特克利夫先生裝幀公司[2]——

1 Francesco Cossiga, 1928-2010，一九八五年至一九九二年擔任義大利總統。
2 Messrs Sangorski & Scutcliffe，成立於一九〇一年，為英國最知名的書籍裝幀公司。

不計成本，給書封包上最頂級的小牛皮——就我印象所及，書皮用的是皇家藍，作者的名字以金箔裝飾得非常華麗。完成之後的效果（因為當年英國書籍內頁看起來都破舊，就算是嶄新的時候也不例外）像是重新裝幀的珍貴舊手稿。

我在書名頁寫上題詞：獻給義大利共和國總統弗朗切斯柯．科西加。底下簽上我的筆名，寫得大大的。我很可能還添上了我的崇敬，至高的敬意，或永遠的忠貞。回想起來，我很確定自己在動筆之前，花了很多時間思索適當的文字，同時還在廢紙上練習過，才寫在書上永垂青史。

於是我帶著這本新裝幀的書，啟程赴羅馬。

我記得他們幫我選的飯店叫「豪華飯店」。我睡得不好，早餐吃不下，花了大把時間在鏡子前面擔心我的頭髮，在壓力下它老是亂翹。我八成還在飯店內一間玻璃小精品店裡買了一條貴得太離譜的真絲領帶。那家精品店的鑰匙竟然還是禮賓經理保管的。

約定的時間到來之前，我在飯店的前院走來走去，心想頂多就是個公關搭著司機開的車子過來。我當然毫無心理準備，看見一輛車窗裝有窗簾的豪華大禮車開進飯店入口，還有一隊白衣警察，騎摩托車，有藍色燈光閃爍和警笛高鳴。他們全是為我而來。我上車，在比我預期來得短的時間之後又下了車，迎面一整排閃著鎂光燈的照相機。我走上宏偉的台階，一個個臉色嚴肅，穿中世紀緊身衣、戴眼鏡的男子對我敬禮。

有必要瞭解的是，我這時已經遠離了所謂的現實。這個場合、這個地方，都是時間異常扭曲的結果。我獨自站在一個巨大的房間裡，抱著我那本桑奧斯克暨薩特克利夫先生裝幀的書。誰配得上這個廣闊的空間呢？回答這個問題的是個身穿灰色西裝，緩緩走下宏偉豪華石砌樓梯的男子。他是位十分典型的義大利總統。非常優雅，一口義大利腔的英語，親切溫和地說著歡迎的話，張開雙手朝我走來，愉快喜悅，散發出自信、寬慰，以及權力。

「勒卡雷先生。我盼了一輩子。您寫的每一個字。每一個音節。都記在我的腦袋裡。」愉快的輕嘆，「歡迎，歡迎來到奎里納爾宮。」

我結結巴巴地道謝。我們背後有一群身影模糊，穿著相仿灰西裝的中年男子，但出於敬意，和我們保持距離。

「我們上樓之前，能容我先帶您參觀宮裡幾個特別的地方？」我的主人以一貫流暢的嗓音說。

我當然容許囉。我們並肩走過壯麗的迴廊，高高的窗戶俯瞰這座永恆之城。那隊灰色人馬隔著一段距離，靜悄悄地跟在我們背後。我的主人停下腳步，講點笑話：

「在我們右手邊，有個小房間。那是我們關伽利略的房間，等著他改變心意。」

我咯咯笑。他咯咯笑。我們往前走，然後又停下來，這一次是在一扇大窗子前面。整個羅馬在我們腳下。

「我們的左手邊是**梵諦岡**。我們並不是永遠都和梵諦岡意見一致。」

更多睿智的微笑。我們轉過牆角。有那麼一會兒，只有我們兩個人。我以兩個輕快的動作，抹去桑奧斯克暨薩特克利夫先生裝幀小牛皮上的汗水，把書交給我的主人。

我帶了**這個**送您，我說。

他接過書，露出親切笑容，欣賞著書本，打開來，讀我的題詞。他把書交還給我。

「非常漂亮。」他回答說：「何不直接送給總統呢？」

☆

對於那頓午餐，我記得的不多。我的意思是，我不記得我們吃什麼或喝了什麼，但無疑都非常精緻。我們身處美麗非凡的中世紀閣樓中，坐的是一條長桌，約有三十幾個人，包括那群面目模糊的灰衣大軍。弗朗切斯柯．科西加總統是個表情消沉的人，戴著染色鏡片的眼鏡，垂肩坐在長桌正中央。雖然倫敦的文化參事一再保證，但他顯然不太能講英語。有位女傳譯在現場展現技藝，等我們開始用法文交談之後，她就顯得多餘了。沒過多久，情況就很清楚，她不只替我們兩個翻譯，也替我們旁邊的那支灰衣大軍翻譯。

我不記得第二次送出那本牛皮精裝的書，但我必定是送了。我只記得我們交談的大略主題，因為既無關文學或藝術，也非關建築與政治，而是和間諜有關。每次科西加總統一抬頭，透過眼鏡的染色鏡片用令人不安的凌厲眼神盯著我看時，就會發動一連串猝不及防、出乎意料的進擊。

社會可以完全不需要間諜嗎？他希望知道。**我**怎麼想呢？所謂的民主國家該如何控管它們的間諜？義大利應該控管他們嗎？——彷彿義大利是個獨立的個案，不是一般民主國家，而是一個特有名詞**義大利**。我對義大利的情報機構整體有什麼看法？請不要客氣，坦率告訴我。他們稱職嗎？他們算是正面力量還是負面力量，可以說說嗎？

對於這些問題我當時沒有、現在也還是沒有值得一哂的答案。義大利情報系統的運作我一無所知。我發現，每次總統丟給我一個問題，而我想盡辦法擠出腦力來回答時，我們周圍的灰衣大軍就彷彿遵照指揮棒的指揮似的，立刻停止用餐、抬起頭來，直到我說完了，才又開始吃東西。

總統突然離席。也許他是受不了我了。也許他有世界要去治理。他跳起來，又賜我一個凌厲的眼神，和我握握手，就把我留給其他的與宴賓客。

僕役領我們到相連的一個房間裡，已備好咖啡和酒。還是沒有人開口。圍坐在低矮桌子旁邊的軟椅子上，這些身穿灰西裝的男子只和彼此簡單交談幾句，聲音很低，彷彿怕被偷聽似的。至於我，沒有人對我說半句話。然後，一個接一個，他們和我握手點頭，一一離去。

回到倫敦之後我才透過知情人士得知，那天和我一起吃飯的是義大利眾多情報組織的頭頭。科西加總統顯然是認為他們可以從我這裡挖出一些指點。我覺得很丟臉，也很尷尬，像個笨蛋似的，這時才問起我這位東道主的事情，因而也才知悉早在啟程前往桑奧斯克暨薩特克利夫先生裝幀公司之前就該知道的背景資料。

在競選中宣稱自己是國父的科西加總統已然成為義大利的禍根。對以前的同僚，不分左派右派，他都嚴厲批判，贏得「鶴嘴鋤人」的外號。他始終認為義大利是個精神不正常的國家。

他是極端保守的天主教徒，認定共產黨反基督。科西加在二〇一〇年過世。依據《衛報》的訃文，他老來更加瘋狂。他是不是從我的建議（無論是什麼樣的建議）獲益，就無跡可考了。

☆

柴契爾夫人也邀我共進午餐。她的辦公室曾提議要贈勳給我，但我婉拒了。我沒投票給她，而我的決定和這沒有關係。我覺得，到現在還是這樣覺得，我和國家的榮典體制格格不入，因為這個體制代表了我最不喜歡我們國家的部分，所以最好是保持距離。最後，如果一定要有最後的理由的話，既然我向來不在意英國的文學評論，當然也就不在意他們的選擇，儘管他們還是把我納入其中。在回信裡，我很謹慎地向首相辦公室保證，我的無禮並非出於任何個人或政治上的敵意，同時也向首相致意，表達感謝。我確信不會再收到他們的任何音訊。

我錯了。她辦公室寄來的第二封信語氣更為親切。為免我懊悔當初在盛怒之下所作的決定，來信者希望我知道，授勳的門仍然敞開。我也以同等禮貌的態度（我希望是啦）回答，就我而言，這門還是關得嚴嚴的，而且在類似情況下，也將繼續維持如此。我再次致謝。再次向首相致意。而且，我也再一次確信這件事情已經結束。但第三封信寄來了，邀請我共進午餐。

那天在唐寧街十號的餐廳裡，擺了六張桌子，但是我只記得我們這一桌，主位是柴契爾夫人，她的右邊是荷蘭首相呂德．呂貝爾斯[3]，身穿合身全新灰色西裝的我坐在她左手邊。那年應該是一九八二年。我剛從中東回來，而呂貝爾斯剛當上首相。其他三位同桌的客人在我記憶中一團模糊，但是，基於如今已經想不起來的理由，我想他們是北方的工業界人士。我也不記得我們六個人是怎麼開始寒暄交談的，但也許在我們坐下吃飯之前，他們碰巧已經喝過了雞尾酒。我記得柴契爾夫人轉頭對荷蘭總理介紹我的豐功偉蹟。

「呂貝爾斯先生，」她說話的口氣很像是準備給他一個大大的驚喜，「這位是康威爾先生，但您比較熟悉的應該是他的另一個身分：作家約翰．勒卡雷。」

呂貝爾斯先生往前傾，很仔細地看著我。他有張年輕的臉，看起來有點淘氣。他微笑，我微笑，真的是非常友善的微笑。

「不。」他說。

他靠回椅背，臉上仍掛著微笑。

可是大家都知道，柴契爾夫人不會接受「不」的答案。

---

3 Ruud Lubbers, 1939-2018。於一九八二年至一九九四年擔任荷蘭首相。

「唉，別這樣，呂貝爾斯先生。您一定聽過約翰．勒卡雷。他寫了《冷戰諜魂》，還有……」有點支支吾吾，「……還有其他很棒的書。」

完全像個政治人物的呂貝爾斯再次思索自己的處境。他又一次傾身向前，花了更長的時間端詳我，像頭一次那麼親切友善，但更謹慎，也更像政治人物。

「不。」他又說了一遍。

作出了正確發現之後，他顯然很滿意，再次靠回椅背。

這回輪到柴契爾夫人轉頭凝視我良久，她那清一色男性的內閣閣員[4]如果惹她不高興會招來什麼後果，我這會兒已經領教到了。

「嗯，康威爾先生，」她說，彷彿面對的是個被抓回來解釋的逃學男生，「既然你來了，」意思是我休想不開口講話，「有沒有什麼話想對我說呢？」

拖延之中，我突然想到我的確有話想對她說，非常之想。因為剛從黎巴嫩南部回來，我覺得自己有責任為無家可歸的巴勒斯坦人請願。呂貝爾斯側耳傾聽。從北部工業區來的紳士也側耳傾聽。但是柴契爾夫人比他們聽得更專注，一點都沒有露出別人常批評她的不耐神情。我一路結結巴巴講到結尾，她繼續聽完，然後才作出她的回應。

「別講這些**哭哭啼啼的故事**給我聽，」她突然忿忿地對我說，還特別強調關鍵字，「每一天都有人想用**感情**打動我。國政不能這樣**治理**的。這樣絕對不**公平**。」

如是之故，她訴諸我的情感，提醒我說，訓練出北愛爾蘭共和軍的炸彈客，殺了她的好友兼顧問，也是英國戰爭英雄、政治家的埃爾瑞．尼耶夫[5]的，就是巴勒斯坦人。之後，我想我們就沒怎麼交談了。我非常合理地推測，她寧可和呂貝爾斯先生與她的工業家們談話。

偶爾我也自問，柴契爾夫人邀請我是不是別有用心。比方說，她是不是考慮找我去某個當時很流行的特殊法人——那些怪異的半官方機構擁有職權，但沒有權力——還是剛好相反？但是我覺得很難想像她能找我做什麼工作，除非她需要有人指點，想辦法擺平她那些爭吵不休的間諜。

4 作者注：我的研究資料顯示，當時其實是有位女閣員楊格女爵（Baroness Young），但她並不在核心內閣中。

5 Airey Neave, 1916-1979，英國政治家，第二次大戰期間為第一個成功逃出德國戰俘營的英國軍官，戰後成為保守黨的國會議員，一九七九年因汽車炸彈遇害。

24 兄弟的守護者

我猶豫很久，不知道要不要納入尼可拉斯．艾略特談他與同為間諜的好友、英國叛國賊金．費爾比的關係的記述。我之所以猶豫的第一個原因是：按照現在的情況看來，他所敘述的並不是客觀的事實，而是他自己信以為真的虛構。第二個理由是：無論對我這個世代的人來說，費爾比具有何種意義，他的名字或許都不應該再在當今世代的耳裡響起。但最後我還是抗拒不了，希望在去掉評註的部分之後，將之當成窺見戰後英國情報機構的窗口，一探其對階級的自我認定與思維模式。

圈外人無法想像費爾比叛國案規模的影響。光是在東歐，就有數十名、甚至數百名英國情報探員被捕、遭刑求、槍殺。而沒被費爾比出賣的，也被喬治．布雷克和軍情六處的其他雙面諜出賣了。

費爾比的事始終在我腦海盤旋，誠如我在他處所陳述的，這也導致我與他的朋友格雷安．葛林公開爭執，讓我後悔莫及。我也因此與其他名人意見相左，如休．崔佛羅伯[1]，不過我對此倒是一點都不懊悔。在他們看來，費爾比只是另一個三〇年代的聰明男孩，那是屬於他們而非我們的年代；他被迫在資本主義（在當時的左翼人士眼中等同於法西斯主義）和共產主義的新曙光之間抉擇。他選擇了共產主義，葛林選了天主教，崔佛羅伯則兩者都不要。沒錯，費爾比的決定恰好與西方世界的利益為敵，但這是他自己的選擇，他有資格這麼做。辯論結束。

然而對我來說，費爾比背叛自己國家的動機，更多來自於對欺詐騙術的沉溺、無法自拔。一開始或許是意識型態的信奉，接著變成了心理的依賴，最後是無法遏止的渴望。只擁有一邊是無法滿足他的。他要玩的是世界級的遊戲。因此，當我讀到班．麥金泰爾[2]對費爾比與艾略特友誼的精彩描寫[3]，其中述及費爾比人在貝魯特，前景晦暗，努力熬過他當軍情六處與KGB雙面諜生涯的最後一段可恥時日、擔心他的蘇聯專案控管官會放棄他時，他最想念的，除了觀賞板球比賽，就是多年來雙面人生所帶給他的刺激，我一點都不詫異。

經過這些年，我對費爾比的憎恨更深了嗎？我並不覺得。有一種類型的英國人，在哀嘆資本主義的罪孽之餘，投身於下一個帝國主義強權，妄想自己能掌控其命運，我相信費爾比就是這樣的人。他和他的傳記作者菲爾．奈特利（Phil Knightley）對談時，質疑我為什麼會一直對他心懷怨恨。我只能

1 Hugh Trevor-Roper, 1914-2003，英國近代史學家，在第二次大戰期間曾任職情報部門，後任教牛津大學。一九七九年由英國首相柴契爾夫人推薦封爵。知名著作包括《希特勒的最後時日》（*The Last Days of Hitler*）。

2 Ben Macintyre, 1963-，英國泰晤士報專欄作家與編輯，曾任該報駐紐約、巴黎與華府特派員，出版多部著作，報導軍情五處探員Eddie Chapman故事的*Agent Zigzag*獲英國傳記文學獎，而描述金．費爾比叛國事件的*A Spy among Friends*更成為暢銷書。

3 作者注：《朋友中的間諜》（*A Spy Among Friends*），Bloomsbury出版，二〇一四年。

回答說，就像費爾比一樣，自行其是的父親可能掀起的內心風暴，我也略知一二，但是要懲罰社會，還有其他更好的作法。

現在來談談尼可拉斯．艾略特。他是費爾比最忠心的朋友，不論在戰時或承平時期，都是他最知心也最親近的袍澤弟兄。伊頓公學出身，伊頓前校長之子，也是位探險家、阿爾卑斯山登山家，同時還是個容易上當的人——而且，肯定也是我見過最有趣的間諜。事後想來，他其實也是最神祕的一個。在今天，對他外表的描述恐怕是要引來嘲弄的。他是個講究生活享受、閃亮出色的老派人士，每次見到他，他都一身深色三件式西裝，打理得整潔無瑕；他瘦如竹竿，總像是半浮在地面上般地輕鬆寫意，臉上掛著靜靜的微笑，彎著一隻手肘，不是端著杯馬汀尼，就是拿著一根菸；他的背心永遠都是向內縮，而不是向外凸。他看起來像伍德豪斯[4]筆下的紈褲子弟，講話的調調也像，差別在於他講話直截了當，旁徵博引，而且對權威毫無一點敬意。就我所知，我從來沒惹他討厭，但倫敦城區那些老頑固中的提尼．羅藍[5]形容他是「戚普賽街[6]的哈利．萊姆[7]」，也不是沒有理由。

然而，在艾略特一生做過的許多千奇百怪、異乎尋常的事情裡，最怪，無疑也最痛苦的，就是和他最親近的朋友、亦是同事與良師益友的金．費爾比面對面坐在黎巴嫩，聽他坦承自己是蘇聯間諜，從他們認識以來一直都是。

☆

在我任職軍情六處的那段期間，艾略特和我頂多算是點頭之交。我第一次到局裡面試的時候，他就是遴選委員；我成為新學員時，他已是位居五樓的大人物，而他利用諜報戰發動的政變也被拿來當成範例，向受訓學員說明神通廣大的外勤探員可以達成何等成就。他優雅的身影在中東和總部之間來去往返，發表一場演講、參加某個行動會議，然後又離開。

一九六四年，三十三歲的時候，對局裡沒什麼貢獻的我辭掉工作。艾略特在一九六九年、五十三歲時辭職。第二次世界大戰爆發以來局裡進行的所有重要行動，他無役不與。我們斷斷續續地保持聯

4 P. G. Wodehouse, 1881-1975，英國小說家，以幽默風格與擅長描繪上流社會廣受歡迎，長達七十餘年的寫作生涯，創作了包括短篇故事、小說與歌舞劇的九十六本書。

5 Tiny Rowland, 1917-1998，英國企業家，一九六二年至一九九四年擔任朗羅企業集團（Lonrho Conglomerate）執行長，以眾多廣受矚目的併購案聞名。

6 Cheapside，倫敦金融區的一條街道，是歷史悠久的金融中心。

7 Harry Lime，為電影《黑獄亡魂》（The Third Man）的角色，為一表面正直，暗地裡卻從事黑市買賣、盜賣假藥的惡棍。一九四九年出品的這部電影由小說家格雷安．葛林編劇，曾獲英國電影學院評選為「百大英國影片」第一名。

繫。局裡不准他洩漏在他看來早已逾保密期限的祕密，讓他很不滿。他堅信自己有權利，其實更貼切來說是有義務，把他的故事流傳給後代子孫。或許就是因為如此，他認為我可以介入——充當某種中介或傳聲筒，幫他把他不凡的功蹟傳揚到應該公開的地方。

所以一九八六年五月的一個晚上，在我位於漢普斯德的家裡，距金．費爾比對他那次不完全的告白已有二十三年之久，他對我吐露心聲，也是一連串後續會面的開端。他講，我在筆記本記下內容。三十年後看著我的筆記——手寫的筆跡，褪色的筆記紙，邊角還有生鏽的釘書針——幾乎沒有什麼塗掉的部分，我很安慰。談到後來，我想要列入金和尼可拉斯聯手演出的雙人戲碼，但現實世界裡的艾略特不這麼想：

「我們可不可以別再提那件事了。」他在一九九一年寫信這麼說。如今，感謝班．麥金泰爾，我很慶幸當初並沒有寫出這件事，因為艾略特告訴我的不是實情，而是他人生的掩護版本。不管以再多慣用的刻薄輕浮態度應付，知道自己毫無保留付託一切個人與專業機密的人，竟然從長久友誼的第一天開始就一直背叛他、為蘇聯敵人效力，他心裡的痛苦如何也消弭不了。

☆

艾略特口中的費爾比：

「是個很棒的弄蛇人，總是忍不住要讓別人震驚。我和他非常熟，特別是他的家人。我真的很關心他們。我從來不知道像他這樣的人也會喝得爛醉如泥。我偵訊過他，他從頭到尾一直喝威士忌，後來我只好把他扛進計程車，不誇張，是真的扛進去，還給司機五鎊，叫他載他到家之後把人扛上樓。有一次帶他去參加晚宴。他把每個人迷得團團轉，然後莫名其妙開始談女主人的奶子。說她的胸部是全局最漂亮的。簡直下流。我的意思是，在晚宴上，你怎麼會討論人家女主人的奶子呢。可是他就是這個德性。喜歡讓別人震驚。我也認識他父親。他過世的那個晚上，我還在貝魯特請他吃飯。很有意思的傢伙。總是講他和沙特[8]的關係，沒完沒了。費爾比的第三任妻子艾蓮諾，非常喜歡他。那個老小子總是有辦法挑逗某人的老婆，然後走人。幾個鐘頭之後就死了。最後的遺言是：『天啊，我好無聊！』」

☆

「偵訊費爾比持續了很長一段時間。在貝魯特那次，是那回合的最後一次。我們有兩個消息來源。一個是很不賴的投誠者。另一個就是這位慈母的化身。局裡的心理醫師告訴我她的事。他打電話給

8 作者注：Ibn Saud，沙烏地阿拉伯的建國者與第一任國王。

我，那個心理醫師。他一直在治療愛琳，也就是費爾比的第二任老婆。他說：『她同意我不必遵守希波克拉底誓言。我得和你談一下。』所以我去見他，他告訴我，費爾比是同性戀。別管他的四處調情，也別管愛琳說費爾比很享受性愛，技巧也很好，我太瞭解她了。他是同性戀，症狀很明顯，這位精神科醫生雖然沒有證據，但也相信他不是個好東西；替俄國人工作；或其他什麼的。他不能明確指出是什麼，但確信不移。他建議我去找一位像母親一樣的人物。某個地方必然有個母親的化身存在，他說。就是這個女人：索羅門[9]。這個猶太女人在馬克．史賓塞（Mark & Spencer）工作，做採購還是什麼的。他們一起加入過共產黨，後來因為猶太人的問題，對費爾比很不爽。費爾比以前在提亞格上校手下做事。他是耶路撒冷分處的主任。提亞格反猶太人人，所以她很生氣。她對我們透露他的事。以前的共產黨關係。當時是五處（軍情五處）負責，所以我把全部的情資轉給五處——找到這位母親的化身，索羅門。可是他們當然不聽，他們太官僚了。」

☆

「大家都太寵費爾比了。辛克萊爾和曼濟茲（軍情六處的前局長）——唉，任何對他不利的事情，他們都不想聽。」

☆

「然後電報就來了，說他們握有證據。我回拍電報給懷特[10]（狄克・懷特爵士曾任軍情五處局長，當時是軍情六處局長）說我要去找他對質。這件事情已經拖了太久了，我對他的家人有責任，所以得從費爾比身上問出真相。感覺？這樣說吧，我不認為我是感情用事的人，不算是啦，但是我喜歡他老婆和小孩，也總是覺得費爾比自己想要把心裡的事說出來，讓一切塵埃落定，然後去看他喜歡的板球賽。他對板球的打擊率倒背如流。一講起板球就沒完沒了。狄克・懷特說好。去吧。所以我飛到貝魯特，見到他，告訴他說，要是你像我想的那麼聰明，而且為了你的家人好，你就全盤招供吧，因為事跡已經敗露了。我們橫豎沒辦法在法庭上釘死他，因為他會否認。你知我知，條件非常簡單。他必須交代得一清二楚，我想他反正也打算這麼做，但也就是在這一點上，他唬弄了我。他必須把所有的東西交給我們，造成損害的一切。這是最重要的。損害的範圍。畢竟，我想KGB會要求他的是，除了你之外我們還可以接觸誰、局裡還有誰，誰可能替我們工作？他很可能建議了人選。我們必須全盤

9 作者注：芙羅拉・索羅門（Flora Soloman）在一九三九年介紹費爾比和愛琳認識。

10 Dick White, 1906-1993，英國情報首長，一九五三年至一九五六年擔任軍情五處處長，一九五六年至一九六八年為軍情六處局長。

掌握。還有他交給他們的東西，不管是什麼都要。這一點我們非常堅決。」

我的筆記寫下了我倆的直接對話：

我：「如果他不願合作，你們要怎麼懲罰他？」

艾略特：「你說什麼啊，小子？」

「你們的懲罰啊，尼克，如果事情發展到不可收拾的程度，你們要用什麼手段來威脅他。比方說，把他痛揍一頓，然後運回倫敦？」

「沒有人想要他回倫敦啊，小子。」

「好吧，那麼來個終極懲罰——請原諒我——可以把他給宰了，清算一切？」

「天啊，好傢伙，他是我們的人耶。」

「那你們要怎麼做？」

「我告訴他，另一個選項就是徹底完蛋。整個中東地區沒有任何一個大使館、領事館或聯絡辦事處想和他扯上他媽的半點關係。商界沒人敢碰他，他的記者生涯也結束了。人人對他敬而遠之，他整個人生都完了。我壓根沒想到他會去莫斯科。他過去做了這件事、他想要脫身，所以必須全盤招供。然後我們就當沒這件事。他的家人和艾蓮諾怎麼辦呢？」

我提到有個關係沒這麼好的英國叛國賊，洩漏的情報遠比費爾比少得多，卻為此坐了好幾年的牢：

「啊哈，就是瓦薩爾[11]啦——這個嘛，他不是菁英隊的隊友，對吧？」

☆

艾略特繼續說：

「這是第一回合，我們同意四點鐘再次碰面。四點鐘的時候，他帶了自白來，好幾頁，八、九張打字打得密密麻麻的東西，損害範圍、其他一切，亂七八糟的。然後他說，其實你可以幫我一個忙。艾蓮諾知道你來了。她不知道我的事。但你如果不來我家喝一杯，她肯定會覺得事有蹊蹺。所以我說好吧，看在艾蓮諾的份上，我會到家裡，和你喝一杯。但是首先，我要用密電把這些資料傳回去給狄克．懷特，所以也就這麼做了。等我到他家喝一杯時，他已經不醒人事。醉了。躺在地板上。艾蓮諾和我得把他扛到床上。她抓頭，我抓腳。他喝醉的時候，一句話都不說。這輩子一句話都不說溜嘴，就我所知。所以我告訴她。我對她說：『妳知道這是怎麼回事，對不對？』她說：『不知道。』所以我說：『他是該死的俄國間諜。』他說她從不嘮叨他，一點都沒錯。所以我回倫敦，讓彼德．倫恩[12]

11 作者注：John William Vassall，英國駐莫斯科大使館海軍武官隨員，出身英國國教牧師家庭，為同性戀。因為替KGB刺探情報，被判入獄十八年。

12 作者注：Peter Lunn，軍情六處貝魯特分處主任，也是我在波昂的兩個主管之一。

繼續偵訊他。狄克．懷特把這個案子處理得很好，但沒對美國人透露半個字。所以我得馬上飛到華盛頓去告訴他們。可憐的老吉姆．安格頓[13]。費爾比在華盛頓擔任分處主任的時候，安格頓對他呵護備至，發現之後——也就是在我告訴他之後啦——他態度簡直一百八十度轉變了。我幾天前才和他吃過飯。」

☆

「我的推論是，你知道嗎，總有一天KGB會出版費爾比傳記的其餘部分。第一部只講到一九四七年。我猜啊，他們還有另一本藏在儲物櫃裡。費爾比教他們的一件事是，要讓他們那些呆瓜脫胎換骨。讓他們穿得人模人樣，少點臭味。老練有修養。他們現在看起來已經和以前完全不一樣了。精明得要命，平易圓滑，第一流的傢伙。那是費爾比的功勞，我敢和你打賭。沒有，我們從沒想過要殺他。雖然他耍了我。我以為他希望維持原樣。」

☆

「不過，你知道，回頭看看——你不同意嗎？——我們搞出來的這一切——沒錯，我們真的是捧腹大笑。我的天啊，我們真的笑死了；我們真是太外行了，就某個方面來說。我指的是高加索的那幾條線，探員進進出出，真是太不專業了。好吧，他出賣了沃爾柯夫，沒錯，他們殺了他[14]。所以費爾比寫信給我，邀我到柏林或赫爾辛基和他見面，而且不要告訴伊麗莎白和狄克．懷特的時候，我回信叫他替我在沃爾柯夫的墳前擺束花。我覺得那樣挺好的。

「我的意思是，他以為我是什麼人啊，不要告訴他們？我第一個就告訴伊麗莎白，緊接著馬上告訴狄克．懷特。我那天和蓋倫出去吃飯──你認識蓋倫[15]吧？──很晚才回家，一到家就看見一個普普通通的信封躺在我家的門墊上，上頭只寫了『尼克』兩個字。是有人親自送來的。『要是你能來，就寄風景明信片給我，圖片如果是納爾遜紀念柱就代表赫爾辛基，是禁衛騎兵就代表柏林。』什麼鬼啊！他以為我是什麼人？阿爾巴尼亞行動[16]啊？是啊，那件事八成也是被他搞砸的。我是說，我們當時在俄國還有不少該死的好資產。也不知道他們怎麼了。然後他想要見我，因為他很寂寞。他當然寂

13 作者注：Jim Jesus Angleton，美國中央情報局反情報部門主管，嗜酒，有妄想症，他相信KGB的紅色情報網已遍及西方世界的每個角落。費爾比派駐華府時曾在下棋喝酒之間，為他提供諮詢，傳授操作雙面諜的藝術。

14 作者注：一九四五年，蘇聯駐伊斯坦堡領事館內務人民委員會（NKVD，即蘇聯祕密警察）官員康斯坦丁．沃爾柯夫（Konstantin Volkov）宣稱他握有情報，知悉英國外交部中有三名蘇聯間諜，其中一名在反情報部門工作。費爾比負責這個案子，全身綑滿繃帶的沃爾柯夫被送上蘇聯運輸機，送回莫斯科。我在《鍋匠 裁縫 士兵 間諜》書中用了這個情節。

15 作者注：Reinhard Gehlen當時是西德情報組織BND的負責人，請見第八章。

寞啦。他不該走的。他要了我。我寫過他。雪塢出版社（The Sherwood Press）那些大出版社都希望我寫當初偵訊他的事，可是我不想。這比較像是寫給登山好友看的，一本回憶錄[17]。你不能寫辦公室的事。偵訊是一門藝術。你瞭解的。持續了好長的一段時間。我講到哪了？」

☆

艾略特有時候會離題，回憶起他曾參與過的案子。其中最重要的就是奧列格・潘可夫斯基（Oleg Penkovsky）。潘可夫斯基是蘇聯情報總局GRU的上校，在冷戰逐漸升高到古巴飛彈危機的時期，把蘇聯的關鍵國防機密提供給西方。艾略特非常生氣，因為中央情報局捏造了一本書來作為冷戰宣傳工具，書名竟然就叫《潘可夫斯基報告》（*The Penkovsky Papers*）。

「可怕的書。把那個傢伙搞得像什麼聖人或英雄似的。他才不是咧，他被晾在一邊，很討人厭。美國人讓他很失望，但是老薛[18]知道他沒問題。老薛鼻子靈得很。我們兩個作風南轅北轍，卻處得很好。兩個極端反而能碰在一起吧。我負責行動部門，老薛是我的副手。不可思議的外勤好手，非常敏感，幾乎從來不出錯。他對費爾比的看法也是對的。從老早之前就有正確的看法。薛葛德審查過潘可夫斯基，覺得沒問題，所以我們就接收他。在間諜這行，把信心押在某個人身上是很勇敢的。任何一個笨蛋都可以回到自己的辦公桌，說：『我一點都不信任這個傢伙。一方面這樣這樣，另一方面那樣那樣。』要有很大的膽識才能冒險一試，說：『我相信他。』老薛就是這麼做的，我們也同意他的看法。女人。潘可夫斯基在巴黎有很多女人。我們替他安排的。然後他抱怨說他什麼也幹不了：有個晚上行，然後就不行了。我們還得派局裡的醫生到巴黎去，給他屁股打一針，讓他可以站起來。你儘管笑好了，有時候這就是人活著的目的啊。值得哈哈大笑吧。我的意思是，你怎麼可以把潘可夫斯基塑造成英雄呢？提醒你，背叛也是需要勇氣的。這一點，你不得不佩服費爾比。他有勇氣。老薛辭職過一次。他那人非常捉摸不定。我進來，看見他的辭呈在我桌上。『基於狄克．懷特，』——他當然只寫了ＣＳＳ（局長）——『在沒有取得我同意的情況下將情報轉交給美國，因而危及我極其機密的情報來源，我盼以辭職為局內同仁樹立典範。』——內容差不多是這樣啦。後來懷特道歉，老薛收回辭呈。但我勸了他好久。真是不容易啊。很難捉摸的傢伙。不過也是個棒得不得了的外勤探員。潘可夫

16 作者注：英國軍情六處與美國中情局在一九四九年聯手想推翻阿爾巴尼亞政府，最後沒有成功，並導致至少三百名情報員喪生，同時遭逮捕、刑求的平民不計其數。金．費爾比也是參與策劃行動的一員。（譯註：「阿爾巴尼亞行動」（The Albanian Operation）是第二次世界大戰之後，東西對峙的冷戰開啟之後，英國軍情六處與美國ＣＩＡ聯手策動，想在東歐的阿爾巴尼亞推翻共產政權，最後行動失敗，導致大批從義大利與希臘等國返鄉作戰的阿爾巴尼亞人遇難，面對這個難堪的挫敗，美國與英國始終無法找出確切的原因，直到金．費爾比叛逃，才知道是行動進行之時派駐華府的費爾比將情報洩漏給了蘇聯。）

17 作者注：艾略特和他父親一樣，都是熱愛攀登阿爾卑斯山的登山好手。

18 作者注：哈洛德．薛葛德（Harold Shergold）是軍情六處蘇聯集團行動的專案控管官。

斯基的事情他完全押對寶了。大師啊。」

☆

艾略特提及克勞德．丹西爵士[19]，也就在第二次世界大戰期間擔任軍情六處副局長的Z上校：

「根本一文不值，是個大白痴。可是強悍又粗魯。寫了這些亂七八糟的備忘錄給人。搞得世仇繼續延燒。真的是活見鬼。戰後我當伯恩分處主任的時候接收了他的網絡。沒錯，他是有些高級的商界線民。他們很厲害。他有辦法搞定這些生意人，讓他們替他做事。他精通此道。」

對於冷戰期間擔任狄克．懷特副手的喬治．楊格爵士[20]，他是這樣說的：

「缺點多多。聰明，粗俗，總愛獨來獨往。離開局裡之後，他去了漢波（銀行）集團。我後來問他們：你們和喬治處得怎麼樣？你們滿意還是不滿意？他們說他們覺得他表現平平。他幫他們弄到了一些中東大王的錢，但是也捅出不少簍子，害他們賠掉很多錢，和他賺進來的差不多打平。」

對於戰時在祕密情報局任職的歷史學家休．崔佛羅伯，他的看法是：

「很出色的學者，整體來說，但懦弱，一點用都沒有。他內心有些邪惡的東西。他一頭栽進那些希特勒日記的時候，我簡直笑掉大牙了。全局的人都知道那些日記是假的。休卻還是踏進陷阱。希特勒怎麼可能寫那些日記？戰爭的時候，我絕不讓這傢伙靠近我一步。我在塞浦路斯當主任的時候，我告訴我門口的警衛，要是有個崔佛羅伯上尉來了，就拿警棍狠狠抽他屁股。結果他真的來了，警衛把我說的話告訴他。他一頭霧水。笑死人了。這就是我愛我們情報局的原因。笑話一籮筐啊。」

提到為祕密情報局在中東的某個潛在情報線民提供女人：

「在聖厄敏飯店。她不肯去。太靠近下議院了。『我老公是國會議員。』她六月四日要休息，因為要去伊頓公學接兒子回家。『那好吧，還是我們另外找別人？』我說。一點都不遲疑。『我只想知道，多少錢？』」

提起格雷安．葛林：

「我戰爭期間在獅子山見到他。葛林在港口等我。『你有沒有帶法國信來？』我遠遠走過去，就聽到他這麼大喊。他對太監異常著迷。他讀過外站的密碼簿，發現局裡真的有一套專為太監而設的密碼。一定是以前我們利用太監在後宮當密探的時候創設的。他很想要發個寫有太監的密電，想得要死。後來有一天，他找到了辦法。總部派他去某個地方出席會議。是開普敦吧，我想。他有個行動要搞定還是什麼的。根本什麼行動都沒有，你也知道他，他從來就沒有負責什麼行動。反正，他傳訊回

19 Sir Claude Dansey, 1876-1947，外號Z上校的英國資深情報員，從一九〇〇年即從事情報工作，直至過世。

20 Sir George Kennedy Young, 1911-1990，曾任記者，後加入外交工作，涉入情報領域，一九六一年因不滿麥米倫政府而辭去軍情六處副局長職務，轉任商業銀行。

來說：『我像太監一樣，來不了。』」

回想起戰時在土耳其以外交官身分掩護的生活：

「在大使官邸晚餐。戰爭期間。大使夫人驚叫一聲，因為我切掉了鼻子。『什麼鼻子？』『乳酪的鼻子。』『是男僕把這該死的乳酪交給我。』我告訴她。『而你把它的鼻子切掉了。』她說。他們到底從哪裡弄來這些東西啊？在該死的戰爭期間。切達乳酪。那個把乳酪遞給我的傢伙是西塞羅[21]，把我們所有的情報賣給德國阿勃維爾的傢伙。諾曼第登陸。一大堆。德國人不信任他。很典型啊。沒有信念。」

我對艾略特談起，我還在軍情五處的時候，格雷安·葛林的《哈瓦那特派員》出版，局裡的法律顧問打算以違反國家機密保護法、揭露分處主任與頭號情報員的聯絡方式起訴他。

「是啊，他差點就因為這樣而完蛋了。要真那樣也是他媽的活該。」

☆

最難忘的，很可能是艾略特回憶早年調查費爾比在劍橋的歲月時，和他的一段談話：

「『他們好像覺得你被帶壞了。』我說。

「『被誰帶壞了？』

「『噢，你知道的，年輕的熱情，入會……』

「『什麼會？』

「『有趣的團體啊，其實，聽起來像。大學本來就是要這樣的。左派聚在一起。使徒[22]，對吧？』」

☆

一九八七年，柏林圍牆倒塌之前兩年，我造訪莫斯科。在蘇聯作家協會舉辦的歡迎酒會上，有個名叫金利克・布洛維克的兼職記者，和KGB有些關係，邀我到他家去見一位老朋友。這位老朋友也很欣賞我的作品。我問起這位朋友的名字。是金・費爾比。如今透過權威的消息管道，我得知費爾比當時知道自己來日無多，希望我能和他合作，寫他的第二部傳記，也就是艾略特相信早就收在他櫃

21 作者注：西塞羅（Cicero）是德國間諜，本名埃利薩・巴茲納（Elyesa Bazna），在英國駐土耳其大使休伊・克納齊布—修格森爵士（Sir Hughe Knatchbull-Hugessen）官邸當男僕。但如今據信他其實是英國間諜，任務是提供假情報給德國。說不定艾略特對我做的也是這樣的事。

22 作者注：劍橋使徒（The Cambridge Apostles），也稱為「座談會社」（Conversazione Society），創立於一八二〇年，由大學精選的學生組成的知識討論祕密社團，實踐「同性戀主義」與「柏拉圖式愛情」。一九三〇年代社團為蘇聯尋才者滲透，招募有為的年輕學生加入共產主義陣營。但金・費爾比從未列於校友名單中。

子裡的那一本。結果我拒絕見他。我這麼做，艾略特很高興。最起碼我覺得他很高興。但也許他仍然暗暗希望我可以讓他知道老夥伴的一些消息也說不定。

他告訴我的，都只是他自己淨化過的版本，包括他最後一次和金・費爾比的面對面接觸，以及他想像自己早幾年前就對費爾比生出的疑心。感謝班・麥金泰爾的揭露，事實的真相是，打從費爾比被懷疑開始，艾略特就拚命保護他這位最親近的朋友與同事，一直到對費爾比的指控已經無可辯駁，艾略特才自己出馬去拿到老弟兄的自白——頂多只能算是部分自白。當時他是不是奉令放水讓費爾比成功出逃莫斯科，我們很可能永遠也無法確定。無論到底是不是，他當時都愚弄了我，一如愚弄他自己。

25 巴拿馬爛攤子！

一八八五年，法國修築一條海平面運河穿越達瑞恩地峽（Darien）的宏大計畫以悲慘結局收場，大大小小、各形各色的公司都毀了，全國哀鴻遍野，痛苦叫嚷：「巴拿馬爛攤子！」（Quel Panama）這個形容詞在法文裡是否還存在，我很懷疑，但是就我和這個美麗的國家打交道的經驗來看，確實很貼切。我和巴拿馬的接觸始於一九四七年，家父羅尼派我到巴黎找巴拿馬駐法國大使馬利歐・達・博拿斯奇納伯爵收五百鎊。伯爵在愛麗榭宮附近優雅的小街巷裡有幢可愛的房子，屋裡永遠飄著女人香。

依照約定抵達伯爵家門口的時候是傍晚，我身穿灰色的學校制服，頭髮梳得整整齊齊，分好邊。那年我十六歲。家父告訴我，大使是個一流的人物，很樂意把延宕甚久的債務給解決。我非常想相信他的話。這天稍早一些，我才為了類似的差事到喬治五世飯店去，結果未能成功。飯店的禮賓接待員，一個叫安納托的，也是個一流人物，負責照管羅尼的高爾夫球具。我應該代替他偷偷塞給安納托十鎊——這在當時是一筆很大的數目，也差不多等於羅尼給我的全部旅費——安納托就會把球具交給我。

但是安納托把十鎊塞進口袋，親切問候羅尼的健康之後，很遺憾地說，他個人雖然很想把球具交出來，但是奉了飯店管理階層的指示，除非羅尼來付清帳單，否則將繼續扣留球具。打了一通對方付費的電話到倫敦，還是沒能解決問題。

老天爺啊，兒子，你為什麼不叫他找經理來呢？他們以為你老頭會騙他們啊，不然是怎樣？

當然不是的，父親。

打開這幢優雅宅邸大門的，是我畢生見最動人的女人。我想必是站在比她低一階的台階上，因為在我記憶中，她低頭對我微笑，宛如我的天使救星。她裸著雙肩，一頭黑髮，身上的薄洋裝有一層又一層的雪紡紗，完全掩不住她的好身材。十六歲的時候，任何年齡的女人都會讓你怦然心動。在已經比較世故的今天回想起來，我會說她應該是如花盛放的三十幾歲。

「你是羅尼的兒子？」她不可置信地問。

她往後退開，讓我進屋，我從她的身邊擦過。她兩手各攬著我的肩頭，就著玄關的燈光，意興盎然地把我從頭到腳審視一遍，看來一切都合她的意。

「你是來找馬利歐的。」她說。

如果可以的話，我說。

她雙手還是搭在我肩頭，那雙有多重顏色的眼睛也繼續打量我。

「你還是個孩子耶。」她說，彷彿是在提醒自己。

伯爵站在他的客廳裡，背對壁爐，和當年每一部電影裡的每一位大使一模一樣：體態發福，穿絲絨外套，手扣在背後，一頭每個大使都有的完美銀髮——我們都稱之為大波浪——微屈著握手，像男人對男人的握手，雖然我還只個男孩。

伯爵夫人（我當她是）沒問我是不是可以喝酒，當然更不會問我喜不喜歡代基里雞尾酒。我對這兩個問題的答案絕對是一點都不誠實的：「是的。」她給我一個霧面玻璃杯，裡面有叉起來的櫻桃。我們一起坐在軟軟的沙發上，有一番非常大使風格的閒聊。我喜歡這個城市嗎？在巴黎有很多朋友嗎？女朋友，也許？促狹地眨眨眼。對每個問題我都給了得體但虛偽的答案，沒提到高爾夫球具或那位禮賓服務員。對話停頓，我知道這該是提起此行目的的時候了。我已經從經驗中學到，最好是旁敲側擊，而非開門見山。

「我父親提到，您和他有樁小小的生意要完成，大使先生。」我暗示說，聽見自己的聲音從遠處傳來；是代基里酒的緣故吧。

我應該解釋一下這樁小小生意的本質，這件事和羅尼大多數的生意不一樣，是很簡單的。身為外交人員與高貴的大使，兒子啊——羅尼把任務告訴我的時候，用的就是這種熱切的口吻——伯爵有豁免權，不需要面對惱人的稅賦和進口關稅。伯爵想進口什麼就進口什麼，想出口什麼就出口什麼。要是有人，比方說，利用外交豁免，以一品脫幾便士的價錢寄給伯爵一桶未釀熟、沒商標的蘇格蘭威士忌，伯爵把這些威士忌裝瓶，利用外交豁免權，運到巴拿馬或他所選擇的任何地方，是他自己的事，別人全管不著。

相同的，如果伯爵選擇把這些未釀熟、沒商標的威士忌裝進某種特殊設計的瓶子裡——我們不妨想像一下，或許近似於當時很受歡迎的添寶（Dimple Haig）威士忌包裝——要用什麼樣的商標，或瓶裝的內容物要怎麼描述，他享有完全的自由。和我有關的就只是，伯爵應該要付款——現金，兒子啊，不准耍花樣。所以規定是，我應該招待自己吃一頓上好的牛排，用羅尼的錢，保留收據，明天早上搭第一班渡輪回去，帶著結餘的款項直接到他位於倫敦西區的豪華辦公室。

「生意的事，大衛？」伯爵把我的話重複一遍，那困惑驚奇的語氣神似我們學校的舍監：「會是什麼生意呢？」

「您欠他五百英鎊，大使先生。」

我還記得他困惑的微笑，非常克制。我還記得披著許多布幔的沙發，真絲的靠墊，古老的鏡子和閃亮的鍍金，還有我們這位伯爵夫人蹺著長腿，裹在她那一層又一層的雪紡紗裡。伯爵繼續用既困惑又關切的眼神審視我。我的伯爵夫人也是。然後他們看看彼此，彷彿在比較彼此的觀察心得。

「這個嘛，很可惜，大衛。因為我聽說你要來找我的時候，還以為你會帶給我一大筆錢，也就是我投資在你親愛的父親公司裡的錢。」

直到今天，我還是不知道該如何回應這個驚人的問題，也不知道是不是應該覺得這麼震驚。我記得短暫失去了時間與空間的意識，我猜部分是因為那杯代基里的關係，部分更是因為我發現自己無話可說，而且沒有任何權利坐在他的客廳裡，我能做的就只是告辭，快快閃人。這時，我發現自己獨自一人在房間裡。過了一會兒，我的主人夫婦回來了。伯爵的微笑很溫和，很輕鬆。伯爵夫人看起來格外開心。

「那麼，大衛，」伯爵說，彷彿請求諒解，「我們何不一起去吃晚餐，聊點更開心的事情呢？」

有家他們很喜歡的俄國館子，離他們家大約只有五十碼。在我的記憶中，那個地方很小，只有我們三個客人，另外有個穿寬鬆白襯衫的男子在彈巴拉拉卡琴。一整頓飯，伯爵忙著談比較開心的事情時，伯爵夫人踢掉一隻鞋，用穿著絲襪的腳趾輕輕摩挲我的腿。她在小小的舞池裡對我唱「黑眼睛」，緊緊把我整個人摟近貼在她身上，輕輕咬我的耳垂，還一面和彈巴拉拉卡琴的男子眉來眼去，伯爵一副樂在其中的模樣。我們走回餐桌時，伯爵決定，是該上床的時間了。伯爵夫人捏捏我的手，附和他的動議。

我想不起來我究竟找了什麼藉口，但總還是找到了。我還是給自己在公園裡找到一張長椅，還是讓自己維持住她眼中的那個男孩身分。事隔數十年，我自己一個人在巴黎，想要找出那一條街，那一幢房宅，那一家餐館。然而在那時，已經沒有任何真實場景可以讓我一探當年的實情了。

☆

事到如今，我並不是要假裝說是伯爵與伯爵夫人的磁力，吸引我在半個世紀之後來到巴拿馬，為兩部小說與一部電影勘景。只是，那個性感且未得圓滿的夜晚，始終在我的記憶裡揮之不去，彷彿是漫長青春期僥倖遺留的一段光陰。抵達巴拿馬市之後的那幾天，我一直在打探這個名字。博拿斯奇納？沒有人聽過這個傢伙。伯爵？巴拿馬出身的？好像不太可能。這整件事說不定是我自己夢見的？我沒有。

我來巴拿馬是為一本小說做研究工作。異於尋常的，這本小說已經有了書名：《夜班經理》。我想找一些騙子、花言巧語的傢伙和齷齪的勾當，讓我那個名叫理察．安斯路．洛普，無視是非道德的英國軍火販子增添一些生活感。洛普是個高手，不像我父親羅尼那種遜咖，常常搞砸。羅尼曾經想在印尼賣軍火，結果被關進大牢。洛普太大咖，不容失敗，直到遇見他命運的化身：搖身一變成為旅館夜班經理的特種部隊退役士兵強納生．潘恩。

有潘恩當我的祕密分享者，我在盧克索的壯麗景觀裡為他和情婦找到隱身之所；在開羅和蘇黎士勘察豪華飯店，在北魁北克省探查森林與金礦；最後來到邁阿密尋求美國緝毒署的建議，他們向我保證，最適合洛普進行毒品換武器交易的地方，莫過於位居巴拿馬運河西端入口的科隆自由貿易區。他們說，洛普可以放心，他的計畫所需要的官方疏忽大意，在科隆都可以得到滿足。

要是洛普想安排一場展示，好好炫耀他的商品，又不想引起不必要的注意呢？我問。還是巴拿馬，他們說。去中部山區。那裡沒有人會問問題。

☆

在靠近哥斯大黎加邊境，濕淋淋的巴拿馬山林裡有位美軍顧問——現已退休，他說——帶我參觀一座恐怖的訓練營區。在美國幾乎支持中美洲地區所有的販毒獨裁者以對抗任何被視為共產政權的年代，中央情報局在此地為六個中美洲國家訓練特種部隊。一拉鐵絲，布滿彈孔、漆上鮮豔顏色的槍靶便從草叢矮樹裡冒出來：扛著卡拉希尼柯夫步槍、裸胸的西班牙殖民地女子；頭戴三角帽、舉起短彎刀的流血海盜；張開嘴巴，應該是在喊「別殺我，我是小孩！」的紅髮小女孩。在森林邊緣，木籠裡關著營區陷阱捕到的動物：山虎、叢林貓、鹿、蛇、猴子，全都活活餓死，在籠子裡腐爛。而髒臭的鳥舍裡是長尾鸚鵡、老鷹、鶴、鳶和禿鷹的遺骸。

為了教孩子們學會凶狠殘酷，我的嚮導解釋說。為了教他們變得沒血沒淚。

☆

在巴拿馬市，有位彬彬有禮，名喚路易斯的巴拿馬人陪我到蒼鷺宮去見當時的總統恩達拉[1]。途中，他以當時發生的種種醜聞來搏我一笑。

1 Guillermo David Endara Galimany, 1936-2009，巴拿馬政治家，在美國推翻諾瑞加（ManuelNoriega）軍政府之後，於一九八九年當選巴拿馬總統，至一九九四年連任失利下台。

我待會兒看見在蒼鷺宮前院昂首闊步的那些蒼鷺，並不是一般以為的，某隻蒼鷺在那裡一代又一代繁衍出來的後代。是頂替的冒牌貨啊，路易斯裝出一副義憤填膺的樣子說，是三更半夜偷偷送進宮裡的。吉米．卡特總統來拜訪巴拿馬總統的時候，他的特勤人員在宮裡噴灑了消毒劑。到了那天晚上，總統府所有的蒼鷺全都躺在前院裡死翹翹了。替代的鳥來歷不明，是在科隆捕獲的，趕在卡特抵達之前的幾分鐘以客機送達。

恩達拉不久前才死了老婆，但是過沒幾個月就娶了他的情婦，路易斯滔滔不絕。總統五十四歲，新娘卻還在巴拿馬大學唸書，才二十二歲。巴拿馬媒體嘲諷這樁婚事，甚至給了恩達拉一個新封號：「El Gordo Feliz」，也就是「快樂的胖子」。

我們越過蒼鷺宮前院，欣賞冒牌蒼鷺，走上宏偉的西班牙殖民風格樓梯。早期照片裡的恩達拉是他過去的形象，一副街頭鬥凶逞勇的模樣。但是接待我們的恩達拉看起來卻像我回憶裡的那位伯爵，若非他身穿燕尾服，大大的白色背心上又掛了紅色勳章飾帶，我八成會在夢裡向他開口討回那五百英鎊。有個年輕女子四肢趴地跪在他腳邊，正在和總統的小孩用樂高蓋宮殿，她曲線玲瓏的臀部緊繃在名牌牛仔褲裡。

「親愛的，」恩達拉低頭喊她，因為我的緣故，用英文講，「看看誰來了！妳一定聽過……」哇啦哇啦。

第一夫人還是跪在地上，好奇地把我從頭到腳打量一番，然後又回頭去蓋她的房子。

「可是，親愛的，妳一定聽過他啊！」總統懇求她：「妳一定看過他的書，那些書好得不得了！我們都看過啊！」

姍姍來遲的，我那外交官魂回來了。

「總統夫人，你沒有任何理由非聽說過我的名字不可。但妳一定聽過史恩．康納萊吧？那位電影明星，最近在我的電影裡演出。」

漫長的沉默。

「你是康納萊先生的朋友？」

「我是。」我回答，雖然我根本和他不熟。

「非常歡迎來到巴拿馬。」她說。

☆

在巴拿馬富人和名人雲集的聯合俱樂部，我又再次探聽馬利歐．達．博拿斯奇納伯爵的下落，這位巴拿馬前駐法國大使、伯爵夫人的丈夫，無牌威士忌的供應者。沒有人記得他，或者就算記得，也寧可忘記。經過一位名叫羅伯托的巴拿馬朋友不屈不撓，花了許多時間追查，才知道這位伯爵不只確有其人，在這個國家反覆無常的歷史上，還曾扮演一個無足輕重的小角色。

伯爵的頭銜是「透過瑞士、從西班牙得來的」——天曉得這是什麼意思。他原本是巴拿馬前總統阿里亞斯[2]的朋友，阿里亞斯被托雷霍斯[3]推翻之後，博拿斯奇納逃到美國管轄的運河區，自稱是阿里亞斯政府的前外交部長。他根本就不是。反正他就這樣逍遙法外了好幾年，後來有天晚上在一家美國俱樂部吃飯時——我喜歡恣意想像——被托雷霍斯的祕密警察綁架。他被控謀反政府、叛國、煽動暴亂的罪名，監禁於惡名昭彰的拉莫得羅監獄，三個月後又神祕獲釋。雖然他宣稱自己擔任巴拿馬外交官二十五年，但其實從來就不是巴拿馬外交圈的一員。更別說擔任巴拿馬駐法國大使了。那位伯爵夫人——如果她是的話——則幸而一無所悉，讓我的年少幻想得以保持完美。

至於那一桶沒有商標的威士忌與到底是誰欠了誰五百英鎊的問題，我們只能確定：騙子碰上騙子，最後肯定是雙方都拚命喊冤。

☆

國家也是重要的角色。在《夜班經理》裡跑完龍套後，巴拿馬堂堂登上我正在構思的一部小說的明星演員表上，儘管這已經是相隔五年之後的事了。我的準主角是在間諜世界裡最被忽視的居民，也就是杜撰情報的人，或用我們的行話來說：銷贓小販。沒錯，葛林在《哈瓦那特派員》裡讚揚杜撰者。但是，伍爾摩杜撰的情報並沒有釀成立即的戰爭。而我想要把這個鬧劇轉變成悲劇。美國在占領巴拿馬期間，就已經完成入侵巴拿馬的豐功偉業；那麼就讓他們第二次入侵吧，靠著我這名銷贓小販杜撰的情報。

但是由誰來扮演我的這個銷贓小販呢？他必須是個社交圈裡的小角色，無足輕重，個性溫和，天真善良，討人喜歡，和世界大局沒有任何關係，但卻又為之努力奮鬥。他必須對他最愛的一切忠心耿耿：他的妻子，他的子女，他的工作。他必須是個夢想家。眾所周知，夢想家無法抗拒情報工作。情報界最知名的子嗣——比方艾倫．杜勒斯——很多都是夢想家，雖然夢想各有不同。而且他必從事服務業，可以和有權勢、有錢、有影響力、容易上當的人來往。時尚美髮師，或許是費加洛？古董商？畫廊老闆？

抑或裁縫師？

在我出版的小說裡，只有兩本我可以老老實實說：「故事就是從這裡開始的。」《冷戰諜魂》的發軔是在倫敦機場，一個四十歲出頭的矮壯男子坐在我旁邊的吧台凳，掏著風衣口袋，抓出一把五、

---

2 Arnulfo Arias Madrid, 1901-1988年，巴拿馬政治家，三次擔任巴拿馬總統，但三度被軍事政變推翻。一九八四年再次競選總統，民調雖遙遙領先，但在軍方的操縱下落敗，被迫逃往美國，直至過世遺體才運回巴拿馬安葬。

3 Omar Efraín Torrijos Herrera, 1929-1981，巴拿馬國民衛隊指揮官，以軍事政變推翻阿里亞斯，雖無總統頭銜，卻是一九六八年至一九八一年巴拿馬的實質領導人。其最大功蹟是一九七七年與美國總統卡特達成協議，讓美國承認巴拿馬對巴拿馬運河的管轄權，並於二〇〇〇年移交管理權給巴拿馬。

六種貨幣的零錢，擺在吧台上。他用那雙像拳擊手般厚實的手扒開零錢，找出足夠數額的同一種貨幣零錢。

「大杯威士忌。」他點了酒，「別加該死的冰塊。」

我只聽他說了這句話，至少我現在相信是，但我幻想自己在他的嗓音裡聽出一絲絲愛爾蘭口音。酒送到之後，他像個習慣喝酒的人，以老練的動作把嘴唇塞進杯裡，咕嚕咕嚕兩口就喝乾一整杯。然後他就拖著腳步離開了，連看都沒有看任何人一眼。就我所知，他應該是個走霉運的商務旅客。但不管他是誰，他都變成了我的間諜，《冷戰諜魂》裡的艾列克．利馬斯。

☆

然後還有位道格。

有位造訪倫敦的美國朋友提議順道去找他的裁縫師道格．海沃德（Doug Hayward）。他的店開在西區的蒙特街。當時是一九九〇年代中期。我的朋友是好萊塢來的。道格．海沃德替很多電影明星和演員做衣服，他說。我們通常不會想到裁縫師是坐著的，但是我們看見道格的時候，他坐在一張高背的寶座上，正在講電話。他後來告訴我，他之所以常坐著的一個原因是，他個子很高，不希望面對顧客的時候居高臨下。

他在和一個女人講話，我猜對方是個女人，因為他不停說著親愛的、甜心之類的，還提到她的老頭。他的嗓音充滿戲劇性，也很有權威感，有著盡力抹去的倫敦土腔痕跡，但那抑揚頓挫的腔調仍在。道格年輕的時候花很多時間練習朗誦，這樣才能用一口優雅的上流腔調在店面工作。接著六〇年代來了，優雅不流行，地區特色的潮流又回來了。都是演員米高．肯恩（他也是道格的顧客）的功勞，倫敦腔成為六〇年代最流行的腔調。可是道格不打算放棄好不容易學來的優雅腔調。於是，每個上流優雅的花花公子開始放下身段學平民百姓講話時，他還是堅守他的原則。

「聽我說，親愛的，」道格對著電話說：「聽到你老頭亂搞，我真的很難過，因為我很喜歡你們兩個。可是不妨這樣看吧。你們兩個在一起的時候，你是他的情人，而他還有個正規的老婆。然後他甩掉老婆，娶了情人，」他停頓了一下以製造效果，因為這時他已經知道我們在聽，「所以就有了一個空缺啦，不是嗎，親愛的？」

「裁縫店像個劇場。」午餐時，道格告訴我們，「大家來找我，不是因為他們需要一套西裝。他們是要來嘰嘰喳喳的。他們是要來找回青春，要來閒聊八卦的。他們知道自己要什麼嗎？當然不知道。誰都可以為米高．肯恩著裝打扮，但是你能替查爾斯．勞頓[4]打扮嗎？總得要有人來負責做西裝

4 Charles Laughton, 1899-1962，英國演員、劇作家與製作人，外形不佳，但演技出色，一九三三年以《亨利八世的私生活》獲奧斯卡最佳男主角獎。

啊。之前有個傢伙問我，為什麼我不做像亞曼尼那樣的西裝。『給我聽好，』我告訴他：『亞曼尼比我會做亞曼尼西裝。要是你想要一套亞曼尼，就到龐德街去，省下六百大洋，直接買一套吧。』」

我沒給我的裁縫取名「海沃德」，而是叫他「潘戴爾」。書名是《巴拿馬裁縫》，以向碧雅翠絲・波特[5]的《格勞斯特的裁縫》[6]默默致意。我讓他有一半猶太血統，因為就像早期的美國電影人一樣，我們的裁縫多半都出自倫敦東區的中歐移民家庭。而「潘戴爾」（Pendel）也是德文的「鐘擺」之意。因為我總是認為他永遠在真相與虛構之間來回擺盪。我還需要的就只是一個出身良好、道德敗壞的英國惡棍，來徵召我的潘戴爾，利用他來替自己大賺髒錢。不過呢，對任何一個曾在伊頓任教的人，就像我自己，信手拈來都是人選咧。

26
潛伏

我們和他道別才幾年的光景，而我不能告訴你是在何時或何地。我不能告訴你，我們是把他火葬或土葬，是在城裡或鄉下辦後事，他的名字是叫湯姆、狄克或哈利，甚至也不能告訴你喪禮是基督教儀式或其他的。

我姑且叫他哈利吧。

哈利的妻子出席喪禮，腰桿挺得筆直。她嫁給他五十年，為了他，她在排隊買魚的時候被吐口水；為了他，她在街坊鄰里被嘲諷；為了他，她的房子被警察闖入搜查，因為他們自認是善盡職責，搗毀當地共產煽動者的巢穴。還有一個如今已長大成人的孩子，不管是在學校還是出了社會都承受了相同的羞辱。但是我不能告訴你們孩子是兒子還是女兒，也不能告訴你，他或她是不是已經在父親自

5 Beatrix Potter, 1866-1943，英國童書作家與插畫家，以「彼得兔」聞名於世。

6 *The Tailor of Gloucester*，故事描述一名裁縫救了老鼠，老鼠報恩為他完成縫製禮服的工作。波特小姐曾說這本書是她自己最愛一本。

以為盡力保護的世界裡找到了一個安全的角落。如今已成未亡人的妻子，一如過去面對壓力的時候那樣，穩穩站立，但已長大的孩子卻被哀慟擊垮了。媽媽顯然很不滿。艱困的生活讓她學會珍視堅毅忍耐的價值，她期待自己的孩子也能如此。

☆

我去參加葬禮，是因為很久以前我曾經控管哈利的專案。這是很神聖、也很微妙的託付，因為自從童年將要結束以來，他就付出所有心力來打擊他祖國的敵人：透過成為敵人的一分子來打擊他們。哈利消化黨的教條，內化成他的第二天性；他扭曲自己的心性到簡直已經不認得自己原貌的地步。在我們的協助之下，他訓練自己從想法到反應都徹頭徹尾像個忠實黨徒。然而，每個星期向專案控管官簡報的時候，他還是想辦法擠出微笑：

還好嗎，哈利？我會問。

「好極了，謝啦。你和夫人還好吧？」

每到晚上與週末，哈利就扛起黨裡所有的骯髒活，讓其他的同志樂得解脫。他在街角兜售（或者應該說是沒賣）《工人日報》，丟掉沒賣掉的報紙，把我們給他的錢拿去貼補掩飾。他扮演信差和人才探子，去拜訪蘇聯文化專員和ＫＧＢ的三等祕書，接受他們指派的討厭差事，去蒐集有關他所居住那個地區科技業的閒話八卦。如果他探聽不到閒話八卦，我們也會提供給他，只是當然要先確認這些消息並不會造成傷害。

慢慢的，透過對共產黨大業的勤勉奉獻，哈利被拔擢成為重要的同志，被交付半機密的任務，雖然他竭盡心力去操作——我們也是——卻很少能累積成在情報市場上有價值的成果。但是缺乏成果並沒有關係，我們安慰哈利，因為他適才適所，位居最關鍵的監聽崗位。如果你沒聽到任何消息，哈利，我們告訴他，那也無所謂，因為這表示我們在夜裡可以睡得安穩一些。然後哈利會很愉快地回答說，這個嘛，約翰——或者是我當時用的任何一個名字——總得有人清水溝啊，對不對？於是我們就說，這事總得有人做啊，哈利，謝謝你扛起這個任務。

偶爾，或許為了鼓舞他的士氣，我們踏進虛擬的留守世界裡：要是紅軍真的來了，哈利，有一天你起床睜開眼睛，發現自己成了你這個地區的大統帥——那麼你就成了反抗軍的關鍵人物，要負責把這些王八蛋趕到海裡去。為了讓幻想更顯真實，我們會從他的閣樓裡挖出無線電發報機、吹掉堆積的灰塵，看著他傳送假訊息到想像中的地下總部，然後接收假指令，為即將發生的蘇聯占領英國情勢預作練習。我們覺得這件事做起來有點尷尬，哈利也是，但這是工作的一部分，而我們必須適應。

自從離開情報世界後，我不斷思索哈利與他的妻子——以及其他的哈利與他們的妻子——的動機。心理醫師想必會與哈利相處甚歡，而哈利大概也會好好抓住這個機會。「那我應該怎麼做呢？」他會問他們，「眼睜睜讓共產黨從我面前偷走我該死的國家？」

對於自己的雙重人生，哈利並不引以為樂。他把這當成是人生使命的必要負擔。我們只給他一點點津貼，如果我們多給他一些，他就會覺得很窘。況且，他向來沒地方花錢。所以我們給他少少的額外收入，少少的津貼，戲稱是他的贍養費，同時也在安全容許的範圍內，盡力付出尊敬與友情。漸漸的，哈利和他那位表現得像稱職共產黨同志愛人的妻子，暗暗成為略有信仰的人。他們追隨的那位神職人員似乎也從來沒開口問，這兩個幹勁十足的共產黨員為什麼會來找他禱告。

葬禮結束，朋友、親人與共產黨同志散去，有個穿風衣、打黑領帶，長相討喜的男子走到我車子旁邊，和我握手。「我是局裡來的，」他羞怯地低聲說：「哈利是我這個月的第三人。他們全都在同一段時間先後過世。」

哈利是我們那支可憐又該死的兵團的一員，組成這支兵團的可敬人士，無分男女，一心相信共產黨即將要摧毀他們心愛的國家，覺得自己最好採取行動。他認為紅軍其實是一群還不錯的傢伙，很有理想，但有點扭曲偏差。所以他為自己的信念奉獻一生，死的時候仍是冷戰的一名無名小卒。利用間諜滲透進理當被顛覆的組織，自古以來即已有之。據說胡佛在得知金．費爾比是蘇聯雙面諜時，很不尋常地說了句睿智名言：

「告訴他們，耶穌基督雖然只有十二個門徒，也還有一個是雙面諜！」

今天，讀到臥底警察潛入和平與動物權利組織，以偽造的身分談戀愛、養小孩的故事，我們會覺得很反感，因為我們知道他們的目標無法讓這些欺騙的行為或犧牲的人性價值獲得正當性。感謝上帝，哈利並不是以這樣的方式從事工作，而且他絕對相信自己任務的道德正當性。他認為國際共產黨是他國家的敵人，而共產黨在英國的組織是在國境之內的敵人。我所認識的英國共產黨員，沒有人會認同這樣的觀點。英國的國家機制對此深信不移，而這對哈利來說已然足夠。

27 追獵軍閥

這部小說裡什麼都有，甚至包括書名：《使命曲》。小說場景在倫敦與剛果東部，主角叫薩瓦多，暱稱小薩，是誤入歧途的愛爾蘭傳教士與剛果酋長女兒的私生子。小薩從襁褓時期開始就被狂熱的天主教傳教士洗腦，也因為父親的罪孽而遭到棄若敝屣的懲罰，所以我很難不自憐自艾，認同他。

書裡有三名剛果軍閥，每一個都各自掌控一個部落或圍繞他而滋長的社會團體。我分別和幾個英國與南非傭兵吃飯喝酒，設計出夠有彈性的情節，可以隨著故事的發展，呼應不同角色的需求與奇想。

小說裡有位年輕漂亮的剛果女護士，出身剛果的基伍省，在東倫敦的醫院工作，一心渴望回到自己的同胞身邊。我走過她醫院的長廊，坐在候診室中，看著醫生和護士來來去去。我看著他們換班，然後隔著一段合宜的距離，尾隨一群疲累的女護士慢慢走回寢室與宿舍。在倫敦和奧斯登，我花了很多時間與剛果的祕密流亡者密談，聽了許多輪暴與迫害的故事。

但還是有個小小的障礙。對於我要下筆描寫的這個國家，我並沒有第一手的親身認識，對於那裡的原住民族，我的瞭解也幾乎等於零。被我的頭號傭兵梅西捲進基伍奪權行動的那三位軍閥皆無其人：只是幾個人像的拼貼，再經由第三手的道聽塗說與我不學無術的想像力融合而成。至於面積廣大的基伍省與其省會布卡武，則都是我靠著舊旅遊書和網路資料拼湊出來的幻想產物。整個故事的構思，在我因為家庭因素無法出門旅行的期間。只是如今我可以隨心所欲做如果我身在更理想狀況下、早在一年前就該做的事：去那裡。

這個誘惑難以抗拒。布卡武是比利時殖民者在二十世紀初所建的城市，位在非洲最高也最冷的湖——基伍湖——的南端；就書上讀來的資料，宛如遺落的天堂樂園。我想見一個薄霧迷離的香格里拉，有九重葛盛開的寬闊街道，還有庭園花木蓊鬱的度假別墅一路延伸至湖濱。周圍山坡的火山土非常肥沃，同一本旅遊書告訴我，氣候十分溫和，所以幾乎任何的水果、花卉和蔬菜都可以在此蓬勃生長。

我也在書上讀到，東剛果亦是個死亡陷阱。數個世紀以來，豐饒的物產吸引了各式各樣的掠奪者，從流浪的盧安達民兵，到在倫敦、休斯頓、聖彼得堡或北京擁有金碧輝煌辦公室的商業騙子；自從盧安達大屠殺以來，布卡武始終位處難民危機的前線。胡圖叛軍從盧安達大批湧過邊界，利用這個城市當作基地，報復驅逐他們的政府。在後來稱為「第一次剛果戰爭」的戰火肆虐之後，這座城市便淪為廢墟。

所以那裡現在是什麼模樣？給人什麼樣的**感覺**呢？布卡武是我的主角小薩的出生地。在那附近的灌木林裡有座天主教修道院。住在這座修道院裡的小薩父親是個博愛但易犯錯的愛爾蘭神父，屈服於一名部落的女子魅力。能找到這座修道院應該也很不錯。

☆

我讀過米琪拉．隆恩[1]的《循著寇茲先生的腳步》，非常欣賞。隆恩以前住在剛果首都金夏沙，在非洲大陸總共住了十二年之久。盧安達大屠殺之後，她曾為路透社與BBC報導盧安達情勢。我邀她共進午餐。她可以提供協助嗎？可以。她甚至可以陪我一起去布卡武嗎？可以，但有個條件：傑森．史特恩斯[2]要同行。

二十九歲的傑森．史特恩斯精通數國語言，是研究非洲的學者，也是國際危機組織（International Crisis Group）的資深分析師。在我看來簡直難以置信的是，他有三年的時間在布卡武當聯合國的政治顧問。他會講完美流利的法文、斯瓦希里語，以及不知多少種其他的非洲語言，算得上是西方世界首屈一指的剛果問題專家。

也很神奇的是，傑森和米琪拉剛好各有工作上的事情要去東剛果。他們同意和我同行。他們看過我這部小說很羞於示人的初稿，指出許多錯誤。然而這也讓他們想到有哪些人我需要去見、哪些地方我需要親眼去看。清單的第一名是那三名軍閥，第二是天主教設施，包括修道院和小薩小時候唸的學校。

外交部的建議從未如此明確清晰：別去東剛果。但是傑森有自己的探測雷達，回報說雖然剛果民主共和國即將舉行四十一年來的首次多黨選舉，氣氛頗有點緊張，但布卡武還算相當平靜。對我的兩位同伴來說，這是前去拜訪的最佳時機，對我的小說和角色來說也是，因為小說設定的背景恰恰就是在這場選舉之前。那年是二〇〇六年，盧安達大屠殺的十二年之後。

事後回想，我很慚愧，竟然押著他們帶我同行。要是出了問題——這在基伍很常見——他們就要扛著我這行動不太靈活、白髮蒼蒼的七旬老翁了。

☆

遠在我們的吉普車還未離開盧安達首都基加利、抵達剛果邊界之前，我想像的世界就已逐漸褪去，被真實的世界所取代。基加利的米爾柯林飯店（Hotel des Mille Collines），也就是電影裡的盧安達飯店[3]，瀰漫憂鬱壓抑的日常氣氛。我試著在飯店裡尋找電影演員唐・奇鐸（Don Cheadle）或電影角色的真實人物保羅・魯塞薩巴吉納[4]的紀念照片，但沒找到。魯塞薩巴吉納是真實世界中的飯店經

---

1 Michela Wrong, 1961-，英國記者，曾在非洲擔任特派員，二〇〇一年出版《循著寇茲先生的腳步》（*In the Footsteps of Mr. Kurtz*），描述她在剛果的歲月。

2 Jason Stearns, 1976-，美國作家，曾旅居剛果十年，後參與聯合國和平任務團，二〇〇八年獲聯合國秘書長任命，帶領聯合國特別調查團調查剛果暴力事件。著有《在怪獸榮光中起舞：剛果的崩潰與非洲大戰》（*Dancing in the Glory of Monsters: The Collapse of the Congo and the Great War of Africa*）。

理，一九九四年把米爾柯林飯店變成祕密庇護所，保護圖西人免於非洲屠刀與槍砲的暴虐。

只是在今日掌權者心目中，這個故事已經不再有影響力了。只要打開眼睛踏進盧安達十分鐘，就會知道由圖西人主導的政府統治手段真的極其高壓。越過山丘駛往布卡武的途中，我們從車窗瞥見盧安達的司法運作。在綿延宛如瑞士山谷的綠草地上，村民像學生那樣一圈圈蹲坐，在他們中間，通常老師站的位置，有身穿粉紅囚服的男人，或比手畫腳，或垂著頭。為清理積壓待審的大屠殺嫌疑犯，基加利恢復傳統的村民法庭。任何人都可能被起訴，任何人也都可以辯護。除了法官是由新政府指派的。

離剛果邊境還有大約一小時車程時，我們駛離大馬路，開上山丘，去看大屠殺的受害者。那是一座原本是中學的建築，俯瞰風景優美的谷地。管理主任自己也是九死一生的倖存者，他帶領我們走過一間又一間的教室。死者——好幾百個，有的是全家人，被騙去集合以策安全，卻逐一被宰殺——四個四個或六個六個地躺在木板上，全身塗抹像是麵粉與水調合的東西。一名戴面罩的女子提著水桶，繼續往他們身上塗抹。她要繼續幫他們塗抹多久？他們可以保存多久？其中很多都是孩童。在一個農夫自己動手宰殺牲畜的國家裡，技術自然非常純熟：先切開肌腱，然後慢慢來。手，臂，腳分別保存在不同的籃子裡。破損的衣服因血漬而變成褐色，大多是小孩的尺寸，掛在大集會廳的橫梁上。

「什麼時候下葬？」

「等他們完成任務。」

他們的任務是要證明實際發生的事。

受害者沒有人可以指認他們，沒有人可以哀悼或安葬他們，我們的嚮導解釋說。哀悼他們的人也死了。我們展示他們的屍體來讓質疑或否認的人閉嘴。

☆

身穿美軍式綠色制服的盧安達部隊出現在路邊。剛果的邊界崗哨是個荒棄的小屋，位在跨越魯濟河[5]口的鐵橋另一邊。一群女性官員蹙眉查看我們的護照和疫苗接種證明，搖搖頭，互相商量。國家愈是混亂，官僚就愈是難應付。

但我們有傑森。

一道內門砰一下打開，幾聲愉快的喊叫；傑森消失了。在一串串祝賀的隆隆笑聲裡，證件交還給我們。告別盧安達鋪得極其完美的柏油路面，我們在坑坑洞洞的基伍紅土上顛簸搖晃了五分鐘，到我

3 Hotel Rwanda，二〇〇四年的電影，由米爾柯林飯店的真人實事改編，以一九九四年盧安達大屠殺為背景，講述飯店經理設法拯救難民的故事。

4 Paul Rusesabagina，1954-，電影《盧安達飯店》故事的真實主角，獲多項國際人權與自由獎章，目前定居比利時。

5 Ruzizi River，非洲中部大河，由基伍湖流至坦干伊喀湖，盧安達與剛果南部國界即以此河劃分。

們的飯店。傑森就像我的小薩一樣，熟稔多種非洲語言，只要場面一激動，他先是一起激動，接著就輕言婉語地勸服帶頭的人。這不是什麼策略或手法，已經是他的本能。我可以想見我的小薩──衝突之子，天生的調停者──和他做一模一樣的事。

☆

在我戒慎恐懼造訪的每一個紛爭地點，都有一個酒吧，彷彿某種祕密儀式般，有政客、間諜、救援工作者和企業騙子群集。在西貢，是「大陸」酒吧；在金邊，是「黃金」酒吧；在永珍是「星座」；貝魯特，是「海軍准將」。而在布卡武，是「蘭花」酒吧，位於湖濱的殖民風格別墅裡，低矮，有大門隔絕，周圍一圈簡樸的小木屋。老闆是個老江湖的比利時裔農場主，以前差點在基伍的一場戰爭裡流血致死，還好被哥哥偷偷搭救到安全處。而他哥哥如今也已經過世了。昏暗房間的角落裡有個頗有年紀的德國女士，無限留戀地對陌生人追懷布卡武都是白人的那段歲月，說她可以開著愛快羅密歐、以六十哩的時速奔馳在大道上。隔天早上我們開車走過她說過的那條路線，但沒辦法用她當年的那個速度。

大道又寬又直，不過一如布卡武的每一條街道，都因為從周圍山巒沖刷下來的紅色雨水而變得坑坑洞洞。這裡的房舍是新藝術風格的遺落珠寶，有圓圓的牆角，長長的窗戶，以及像老戲院風琴的門廊。整座城涵蓋五個半島，「一隻綠色的手伸入湖裡，」旅遊書裡詩情畫意地描述。最大、也一度最引領風潮的是波特半島，瘋狂的薩伊皇帝蒙博托[6]在此也有住所。據阻擋我們進入的士兵說，這幢別墅已為新總統重新整修。剛果新總統約瑟夫·卡比拉[7]出身基伍，父親是信仰馬克思與毛澤東主義的革命分子，在一九九七年推翻蒙博托，四年後卻又死於自己保鑣的行刺。

湖面霧靄氤氳，與盧安達的邊界將湖縱切為二。波特半島的頂端朝向東方。魚非常小。湖裡的怪獸叫猛巴姆圖，是半女人半鱷魚的怪物，最愛吃人腦。我聽著導遊的說明，迅速做著筆記，心知永遠也用不上。照相機對我沒有用。寫筆記的時候，我的記憶會儲存思想。拍照時，照相機反而會偷走我的成果。

我們進到一間天主教修道院。小薩的父親曾是這裡的修士。沒有窗戶的磚牆和街上的建築完全不一樣。牆後的世界有花園，有衛星接收碟，有客房、會議室、電腦、圖書館和一聲不響的僕人。食堂裡，有個穿牛仔褲的白人老傳教士慢吞吞走向咖啡壺，給我們一個超凡入聖的長長一瞥，又逕自離開了。要是小薩的父親還在世，我想，這大概就是他現在的模樣吧。

6 Mobutu Sese Seko Kuku Ngbendu wa Za Banga, 1930-1997，以軍事政變奪得政權，一九六五年至一九七一年擔任剛果共和國總統，一九七一年改國名為薩伊共和國後續任總統至一九九七年被推翻下台，流亡病逝摩洛哥。

7 Joseph Kabila, 1971-，為剛果前總統洛朗·德西雷·卡比拉（Laurent-Désiré Kabila）之子，父親二〇〇一年遇刺之後繼任，二〇〇六年於總統大選中當選，並連任至今。

身穿褐色長袍的剛果教士哀歎他修道院裡的非洲弟兄身陷危機，因為來懺悔的信眾太過鉅細彌遺地訴說他們的種族仇恨了。他們原本該平抑那些狂熱的言詞，卻反被撩撥，他說，就有可能變成最惡劣的極端主義者。因此，在盧安達，原本應當善良的教士會把教區裡所有的圖西人召集到教堂裡，賜福他們，讓他們去縱火或鏟除異己。

他一面說，我一面在筆記本上寫著：不是他講了什麼金玉良言，而是他講話的口氣：那口緩慢、優雅，受過良好教育的非洲法語，以及談到弟兄罪孽時的哀傷。

☆

湯瑪斯和我心中所想的形象相距甚遠，再次顛覆了我所有的既定偏見。他個子很高，溫文儒雅，身穿剪裁精良的藍色西裝。他以圓熟的外交官輕鬆態度接待我們。他的宅邸由手拿半自動步槍的哨兵把守，占地甚廣，很具代表性。我們談話的時候，一部大電視靜悄悄地在播放足球。在我無知的想像裡，軍閥從來就不像這個樣子。

湯瑪斯是班亞穆勒吉人[8]。過去二十年來，他的手下不停在剛果的各場戰爭征戰。他們原是盧安達的遊牧民族，兩、三百年來逐漸定居在基伍南部的穆勒吉山高原。班亞穆勒吉人以高超的戰鬥技巧與遺世獨立聞名，也因他們和盧安達的血緣關係而遭厭恨，所以每逢不滿的年代總是首先被點名。

我問他，即將舉行的多黨選舉會不會讓他們的處境好轉。他的回答並不樂觀。敗選的人會說投票被操縱，而且一點也沒錯。贏家全拿，而班亞穆勒吉人一如既往會成為遭怪罪的對象。他們被稱為西非的猶太人不是沒有原因的：只要出了任何差錯，都要怪班亞穆勒吉人。金夏沙努力想把剛果的民兵編組成單一的國軍，他同樣不為所動：

「我們很多孩子入伍，後來又逃到山上。在軍隊裡，他們殺我們、侮辱我們，儘管我們替他們打仗，贏了許多戰役。」

還是有一線希望，湯瑪斯承認。矢志把剛果從所有「外國人」——尤指班亞穆勒吉人——手中拯救出來的麥麥[9]，即將以昂貴代價明白成為金夏沙士兵的下場。他沒詳細說明。

「也許在麥麥知道不該信任金夏沙之後，就會更接近我們。」

我們等著看吧。傑森安排我們去見一位麥麥的上校。麥麥是剛果許多武裝民兵裡勢力最大也最惡名昭彰的一支。上校是我要去見的第二位軍閥。

8 Banyamulenge，是聚居剛果東部，特別是基伍省南部的圖西族人，占當地人口少數。一九九六年以圖西族為主的「盧安達愛國陣線」結合班亞穆勒吉人對抗薩伊政府，同年基伍省驅逐班亞穆勒吉人，引發第一次剛果戰爭。

9 Mai Mai，泛指剛果以社區為基礎的民兵組織，在盧安達邊界格外活躍，特別是基伍省。

☆

和湯瑪斯一樣，這位上校外表整潔光鮮，除了穿的不是剪裁精良的藍西裝，而是邪惡的剛果國軍制服。他身上金夏沙發的卡其棉褲熨得平整，還有壓線，軍階徽章在正午的陽光下閃閃發亮，右手的每一根手指都戴著金戒指。我們坐在露天咖啡館，兩支手機放在他面前的桌上，對街堆著沙包的砲臺後面，是頭戴藍色鋼盔的聯合國巴基斯坦部隊用槍口監視我們。我一輩子都在打仗，上校說。當年他麾下的戰士，最小的才八歲。如今都已經長大成人了。

「我們國家裡有些種族不配住在這裡。我們和他們打仗，是因為怕他們會宣稱我們神聖的剛果是他們的領地。金夏沙的政府都做不來，所以我們自己來做。蒙博托政權被推翻的時候，我們帶著自己的大刀、弓箭來扛起責任。麥麥是我們祖先所創的軍力。我們的大瓦會保護我們。」

「大瓦」（Dawa）指的是麥麥的神奇力量，讓他們可以將飛來的子彈轉向，或讓他們變成水：麥（Mai）。

「面對直接瞄準你開火的AK47，什麼事情都沒有，你就知道我們的大瓦絕對不假。」

如果是這樣，我盡可能委婉地問，麥麥怎麼解釋他們的傷亡呢？

「要是我們的戰士被撂倒了，那是因為他是個小偷、強暴犯，不遵守我們的習俗，或是在上戰場打仗的時候腦袋裡裝著對戰友不好的想法。死掉的都是罪人。我們讓巫醫埋葬他們，不舉行任何儀式。」

那麼班亞穆勒吉人呢？在當前的政治氣氛下，上校對他們有什麼看法？

「要是他們再發動戰爭，我們會宰了他們。」

然而，在發洩對金夏沙的恨意上，他的想法和他誓不兩立的敵人湯瑪斯前一天晚上的說法很接近，儘管他自己並不知道：

「金夏沙的那些龜兒子一直在打壓麥麥。他們忘了我們替他們打仗，救了他們的肥屁股。他們沒給我們錢，也不聽我們講。而且因為我們是軍人，他們也不讓我們投票。我們最好回到樹林裡去。一部電腦多少錢？」

☆

該開車到布卡武機場去為我小說結尾的動作場面勘景了。這個星期，我們在城裡經歷了幾次暴動，還偶有幾次槍擊。宵禁仍在執行。通往機場的道路屬於麥麥，但傑森說通行沒有問題，所以我想他是和上校談好了，保障我們通行無礙。正要出發時，我們發現，不管有沒有宵禁，市中心都已經被示威民眾和燃燒的輪胎堵死了，據說起因是有個人為了送妻子去開刀，把房子拿去抵押借了四百元，結果沒從金夏沙領到薪水的軍人聽說這件事，就闖進這個男人家裡，殺了他，搶走他的錢。忿怒的鄰居抓住這些軍人關起來，但是軍人的同袍派援兵來要救他們。有個十五歲的女孩遭射殺身亡，群眾因此暴動。

車子以高速駛過凹凸不平的小街巷，一路令人頭暈目眩地來到戈瑪路，再沿著基伍湖西岸往北開。機場周邊不久前爆發嚴重衝突：一支盧安達民兵占領此地，好幾個月後才被驅逐。現在機場是在聯合國的保護下，由印度與烏拉圭部隊負責維安。烏拉圭人請我們吃了一頓豐盛的午餐，力邀我們盡快回來參加真正的派對。

「要是盧安達人回來，」我問我們的烏拉圭主人，「你們會怎麼做？」

「Vamos！」他毫不遲疑地說：把他們趕出去！

事實上，我想問的是：如果有一批重武裝的白人傭兵猝不及防地降落機場（這是我小說裡的情節），他和他的同袍會怎麼做。我不好意思直接提出我的假設問題，但我一點都不懷疑，就算知道我問題背後的真正目的，他的答案必定還是一模一樣。

我們參觀機場，接著回市區。傾盆而下的熱帶暴雨沖刷紅土路。我們駛下山坡，眼前是一座神速形成的大湖，幾個鐘頭之前那裡還是停車場。一名穿黑西裝的男子站在他那輛溺水車的車頂上揮臂求救，逗樂了迅速圍攏過來的觀眾。我們這輛載有兩個白種男人和一個白種女人的吉普車到來，更增添了娛樂效果。不一會兒，就有一群小孩開始搖晃我們的車子。在狂熱的興奮中，他們很可能會把我們推進湖裡，幸好傑森及時跳下車，開口用他們的語言講話，惹得他們哈哈笑，讓情況得以平靜下來。

對米琪拉來說，這個狀況是家常便飯，她完全不記得了。但我記得。

☆

迪斯可小舞廳是我對布卡武最後也是最動人的回憶。在我的小說裡，舞廳老闆是個受過法國教育、繼承東剛果貿易財富的人，後來成為小薩的救命恩人。他也是某種軍閥，但他真正的權力基礎是布卡武的年輕知識分子與生意人：而他們人都在這裡。

因為有宵禁，整個市區一片死寂。雨還在下。我不記得店面有一閃一閃的招牌，也不記得門口有壯碩的男人進行檢查：只有一排迷你電影螢幕消失在暗處，通向下方的昏暗石階兩側有繩欄。我們摸索著往下走。音樂和閃爍的燈光吞噬我們。呼喚「傑森！」的喊叫聲此起彼落，他消失在揮舞歡迎的黑膚手臂裡。

我聽說，剛果人比任何人都知道該如何找樂子，至少在這裡就是如此。離舞池較遠處，有人在玩撞球，所以我加入圍觀。每個人都緊張無聲地注視每一桿擊出。最後一球落袋。喜悅的狂吼炸響，贏球的人被抬起來，在屋裡展開勝利遊行。吧台旁，漂亮的女孩閒聊談笑。和我們同桌的某人談起他對伏爾泰——還是普魯斯特？——的看法，米琪拉很客氣地拒絕一個喝醉酒的人。傑森和其他男子一起到舞池跳舞。我會這麼作結：

「儘管剛果問題重重，但是你在布卡武街頭碰到的意志消沉的人，遠比在紐約街頭少得多。」

☆

我希望我把這句話用在了小說裡，但我讀到這句話已經是很久以前的事了。東剛果是我最後一次到殺戮戰場的田野考察。這部小說能忠實反映我的親身經驗嗎？當然不能。但在那裡所學到的一切讓我永誌不忘。

28 李察波頓[1]需要我

只要想起我第一次見《冷戰諜魂》導演馬丁・瑞特[2]的情景，就不免要為我穿的那套蠢到爆的衣服而羞愧臉紅。

那是一九六三年。我的小說還未出版，但是瑞特已經買下電影版權。依據的是一本外流的打字稿，不知道是我的文學經紀人或出版商，還是影印室裡某個在電影公司（也就是派拉蒙啦）有哥兒們的聰明傢伙送到他手上的。瑞特後來吹噓說版權是他偷來的。我後來也同意他的說法。那時在我眼中他簡直是慷慨大方到沒有極限的程度，不辭辛勞帶著幾個興趣相投的朋友從洛杉磯飛到倫敦，為的就是請我在康諾特飯店享用一頓愛德華式豪華午宴，極盡讚美之能事地討論我的書。

我則是由女王陛下負擔旅費，從西德首都波昂飛回倫敦。當時我是三十二歲的外交人員，從沒

1 Richard Burton, 1925-1984，英國演員，以雄渾的嗓音與出色的演技著稱，最初以莎劇演員身分奠定舞台明星地位，後在影壇成為身價最高的男演員，七度獲奧斯卡最佳男主角提名卻始終未獲獎。他與伊麗莎白泰勒的兩度婚姻成為影壇永遠的話題。

2 Martin Ritt, 1914-1990，美國電影導演與百老匯演員。曾以一九六三年的《原野鐵漢》（Hud）獲奧斯卡最佳導演提名。

跟電影圈的人打過交道。就像我那個年代的所有男生一樣，我童年時代愛上了狄安娜．竇萍[3]，也為了《三個臭皮匠》（The Three Stooges）捧腹大笑；在戰時的電影院裡，我擊落艾瑞克．波特曼[4]駕駛的德國飛機，和萊斯利．霍華[5]一起打敗蓋世太保（我父親很入戲，相信波特曼是納粹，應該被關起來）。但是，因為早婚，小孩很小，錢也不太多，自此而後我就不太看電影。我有個魅力十足的文學經紀人，以倫敦為基地，一生最大的野心（假如他願意放手一搏的話）就是在爵士樂團裡打鼓。他對電影世界的認識想必比我多，但我猜也多不了多少。然而，替我安排電影版權的是他，於是在一場怡然歡樂的午宴之後，我就簽下合約了。

誠如我在本書其他章節提到的，我在波昂英國大使館擔任二等祕書的工作，有一部分是陪同英國政府與國會反對黨邀請的德國貴賓到英國參訪。那次我就是拜此所賜回到倫敦。而這也就是為什麼，我從官式拜會裡偷空到康諾特飯店和瑞特吃午餐時，身上會穿著德國人稱之為「施特雷澤曼」（Stresemann）的裝束：黑色合身外套、黑色背心、銀色領帶，配上灰黑條紋長褲。施特雷澤曼這個名字源自普魯士一位政治人物，他很不幸地曾經領導過威瑪共和一小段時間[6]。這也可以解釋，瑞特和我握手的時候，為什麼會以親切沙啞的嗓音問我到底著了什麼魔，竟然穿得像餐廳領班。

而瑞特自己又穿了什麼，竟滿不在乎地問我如此挑釁的問題？康諾特飯店的餐廳有很嚴格的服裝規定，但是牛排屋在一九六三年已經學會稍微放寬一點，哪怕是極不情願的。窩在牛排屋的一角，周圍有四位年高德劭的電影人陪同，比我大十七歲、比我世故幾百年的瑞特穿一件革命家的黑襯衫，每一顆釦子都扣上了，搭一條鬆緊褲腰的寬鬆長褲，褲腳收緊裹著腳踝。在我看來，這種種不尋常中最違和的莫過於他頭上那頂扁帽。工匠戴的這種扁帽，帽舌通常該往下壓，他卻往上翻。在室內戴帽子？你知道的，在我那個年代的英國外交官眼裡，這如同用刀吃豌豆。而這一身裝束是穿在一個發福的老足球員熊般粗大的骨架上，而他古銅色的中歐裔寬闊大臉上鏤刻著歲月的風霜，一頭往後梳的濃密灰髮，陰鬱戒備的眼睛躲在黑框眼鏡後頭。

「我沒告訴你們他這麼年輕嗎？」在我想辦法解釋自己到底為什麼穿得像餐廳領班的時候，他得意地逼問陪他來的那批人。

你是說了，老馬，你是說了，他們齊聲應和，因為就像我如今已然明白的，電影導演永遠都是對的。

---

3 Deanna Durbin, 1921-2013，出身加拿大的電影演員，能歌善舞，一九三〇與一九四〇年代以歌舞片走紅影壇。

4 Eric Portman, 1901-1969，英國舞台劇與電影演員，一九四一年在戰爭片《北緯四十九度》（49th Parallel）中扮演納粹軍官而聲名大噪。

5 Leslie Howard, 1893-1943，英國舞台劇與電影演員，同時也是導演與製片。最廣為人知的角色是《亂世佳人》（Gone with the Wind）裡的衛希禮（Ashley Wilkes）。

6 指的是古斯塔夫・施特雷澤曼（Gustav Stresemann, 1878-1929），曾於一九二三年擔任德國威瑪共和總理，是使德國在第一次世界大戰後恢復國際地位的重要人物，因主張和解，於一九二六年與法國外交部長白里安（Aristide Briand, 1862-1932）同獲諾貝爾和平獎。

☆

馬丁．瑞特是對的，比他們大部分的人都來得更正確。他是個成就斐然的電影導演，大膽無畏，人生歷練也甚是可觀。他在第二次世界大戰時於美國部隊服役，而就算不是共產黨員，也是熱心的共產黨同路人。他對卡爾．馬克思毫不掩飾的欣賞，讓他上了電視產業的黑名單，儘管他不論在演出或導演方面都有很出色的表現。他導演了很多齣舞台劇，大多都是左翼的戲，包括在麥迪遜廣場花園為俄羅斯戰爭救濟基金會舉辦的一場演出。他連續導了十部劇情片，最有名的就是前一年和保羅．紐曼合作的《原野鐵漢》（Hud）。打從我們一坐下，他就開門見山地說，他在我的小說裡看見了他自己從早期的信念堅定變成如今無奈狀態的關鍵因素；他現在對麥卡錫主義、對太多同僚和同志站上證人席時的怯懦、對共產主義的失敗、對冷戰時期病態的貧瘠荒蕪，都有無能為力的憎惡。

瑞特很快就會讓你知道，他是徹頭徹尾的猶太人。就算他的家人沒受到大屠殺的荼毒（儘管我相信有），他個人自始至終也一直在為整個民族受苦。猶太身分始終是他持續強調的主題，清晰且強烈，而我們一開始討論他準備用我的小說改編的電影時，這個問題也變得息息相關了。在《冷戰諜魂》裡，兩名具有理想主義色彩的共產黨員——一個是來自倫敦、天真無邪的女圖書館員，一個是東德情報員——因為西方（資本主義）志業的更偉大利益而被冷酷犧牲。這兩人都是猶太人。

對馬丁．瑞特來說，這部電影事關個人。

而我呢？我從人生這所偉大學院裡取得了什麼可回饋的資格？我的施特雷澤曼？截頭去尾的英國公學教育？從間接體會到的零碎經驗裡編造出來的小說？或者是謝天謝地不能向他揭露的驚人事實：我近日的人生大量的時間耗在英國情報系統遮蔽的葡萄園裡做苦工，對抗（據馬丁自己坦承）他熱心投入的志業（共產主義）？

但是一路走來我卻別有一番體會。雖然我也開始質疑自己年少無知的輕率效忠，但不可否認的，拍電影的確可以強迫兩個相對立的極端融合在一起。而等李察．波頓決定出演主角艾列克．利馬斯的時候，這個態勢就更明顯了。

☆

我已經不記得自己是什麼時候知道李察．波頓拿到這個角色的。在康諾特飯店牛排屋吃午飯時，馬丁．瑞特問我認為應該由誰飾演利馬斯，我建議崔佛．霍華（Trevor Horward）；或是彼德．芬奇（Peter Finch）——前提是芬奇必須願意扮演英國人，而非澳洲人，因為我強烈地認為這是個非常英國情報風格、非常英國的故事。瑞特很用心地聽，說他贊成我的看法，這兩個演員他都喜歡，但恐怕都不夠大牌，無法扛起製作的大預算。幾個星期之後，我再次飛到倫敦，這次花的是派拉蒙勘景的費用。他說他把這個角色給了畢蘭卡斯特（Burt Lancaster）。

演**英國人**，馬丁？

加拿大人。他是個很棒的演員，會演個加拿大人，大衛。

這個回答一點用處也沒有。畢蘭卡斯特的確是位優秀的演員，但我的利馬斯並不是個優秀的加拿大人。但是在這之後，「不明所以的大沉寂」就來了。

改編我的作品所拍製（或未拍製）的電影，都會先有「第一陣沖水聲」，接著就是「不明所以的大沉寂」。時程不一而足，短則為期幾個月，長則數年，甚至永遠。拍攝計畫胎死腹中了嗎？還是繼續進行，只是沒有人告訴我？安穩躲開無知百姓的目光，開口閉口都是大筆大筆的金錢，劇本委託出去、寫好又被打回票，經紀人相互競逐，滿口謊言；在封閉的房間裡，打領帶、嘴上無毛的小夥子拚命想以珍貴的年輕創意壓倒群雄，脫穎而出。但是在好萊塢營牆外，沒有任何確切的情報可以取得：理由很簡單，一如威廉．高德曼[7]的不朽名言：沒有任何人知道任何事情。

李察．波頓**出現了**，我只能從這裡說起。沒有上千把小提琴宣告他的大駕光臨，只有肅然起敬的：「大衛，我有個消息要告訴你。李察．波頓簽約要演利馬斯了。」在電話上告訴我這個消息的不是馬丁．瑞特，而是我的美國出版商傑克．蓋根（Jack Geoghegan）。他簡直是進入宗教的狂喜狀態。「還有啊，大衛，你就要見到他本人了！」蓋根是個勇敢無畏的書籍銷售老手。他從製鞋皮料的業務代表做起，後來成為雙日（Doubleday）出版公司的業務主管，接近退休年齡時，自己開了一家小出版社：寇華．麥肯恩（Coward McCann）。我這部小說莫名其妙成功，如今又有李察．波頓加入演出，對他來說簡直是夢想成真。

這時應該是一九六四年年底，因為我已經離開政府公職，成為專職作家，先是到希臘，接著住在維也納。我正打算首度造訪美國，波頓這時也正好在百老匯登台，在《哈姆雷特》裡擔綱演出哈姆雷特，這齣戲由吉爾古德[8]聯合執導並擔任鬼魂的口白演出。這個舞台演出被稱為是「正式彩排」，作為電影院播映之用。蓋根要帶我去看戲，然後在波頓的化妝間裡介紹我給他認識。就算我們要覲見的是教宗，他都不可能這麼興奮。

波頓的演出是十足的經典。我們坐在最好的座位。在化妝間裡，他魅力迷人，說我的書太棒了，雖然我不知道為什麼。我說他的哈姆雷特比奧立佛[9]好，甚至比吉爾古德好（我不假思索地說，明知道吉爾古德也在化妝間裡），比我能想到的其他任何一位演員都演得好。但在我倆滔滔不絕的相互恭

---

7 William Goldman, 1931-2018，美國小說家與編劇，曾以《虎豹小霸王》（Butch Cassidy and the Sundance Kid）和《驚天大陰謀》（All the President's Man）兩度獲奧斯卡最佳劇本獎。

8 Sir Arthur John Gielgud, 1904-2000，英國演員、導演與製片，擅長莎士比亞戲劇，是演藝圈為數不多的大滿貫（奧斯卡獎、艾美獎、金球獎、東尼獎）得主。

9 Laurence Olivier, 1907-1989，英國演員、導演與製片，以詮釋莎士比亞戲劇著稱，一九四八年以《哈姆雷特》獲奧斯卡最佳男主角獎，並曾獲兩次奧斯卡終身成就獎，與吉爾古德並稱為二十世紀最受尊崇的演員。

維中，我暗暗思忖的是：這優美、宏亮的威爾斯男中音，以及讓人難以抗拒的三倍威力男子漢氣勢，如何能演出我筆下那個缺乏他的迷人魅力、沒有他的典雅腔調、沒有他那臉有痘疤的希臘天神外貌，窮途末日的中年英國間諜？

雖然我當時還不知道，但這個問題想必也讓瑞特很不安，因為在此後接續不斷的多場爭吵裡，最初的一次就是為了如何讓波頓收斂他的嗓音，而波頓並不同意。

☆

到了一九六五年，我偶然聽說——當時我還沒有電影經紀人，所以我必定有個間諜躲在某處——在我那部小說最新改編的版本裡，艾列克．利馬斯（也就是李察．波頓預定要演的角色）不是因為揍了雜貨店老闆被抓去牢裡，而是被關在精神病院，從一樓臥房的窗戶逃走。我小說裡的利馬斯就算命在旦夕，也絕對不會靠近精神病院一步，那麼電影裡的他為什麼要這樣做呢？答案似乎是，在好萊塢眼裡，精神病院比監獄來得性感吧。

幾個星期之後，消息逐漸揭露，說是那位和瑞特一樣曾經上過黑名單的編劇生病了，改由保羅．德恩（Paul Dehn）接手。我為這位編劇難過，但也如釋重負。德恩是英國人。他是電影《刺殺命令》（Orders to Kill）的編劇，我很欣賞那個劇本。而且，他是自己人。戰時，他曾經負責訓練盟軍情報員的暗殺技巧，也曾參與法國和挪威的祕密任務。

德恩和我在倫敦碰面。他受不了精神病院，對揮拳揍雜貨店老闆也不會良心不安。他很樂於把利馬斯關進大牢裡，關多久都無所謂。德恩的劇本在幾個月後送抵我家門口，還附上了瑞特貼心的字條，請我指正。

我當時已移居維也納，沿襲了意外成功加身的作家的優良傳統，正在和我不喜歡的小說、我從未夢想過的財富，以及我自己一手造成的婚姻問題苦苦奮鬥。我讀完劇本，很喜歡，告訴瑞特我喜歡，然後回頭繼續面對我的小說和婚姻問題。幾天後，我的電話響了。是瑞特，從電影預計開拍的愛爾蘭阿德摩爾攝影棚打來。他講話的聲音很像被掐住脖子，有一陣沒一陣的，彷彿是被挾持的人質，正在述說最後的訊息。

李察需要你，大衛。李察非常需要你，除非你改寫他的台詞，否則他不肯講。

可是李察的台詞有什麼問題啊，瑞特，我覺得很好啊？

這不是重點，大衛。李察需要你，除非你來，否則他就不拍。我們幫你買頭等艙機票，幫你訂一間套房，你還能要求什麼？

答案是——如果李察真是因為我而讓電影遲遲無法開拍——我可以要求他們給我月亮，然後也會拿得到。但是就我印象所及，我什麼都沒要。這已經是半個世紀以前的事，派拉蒙的檔案紀錄說不定會有不同，儘管我很懷疑。或許我是太盼望電影能拍成，所以不在乎或不敢提出任何要求；或許我是想逃離自己在維也納搞出的那團亂七八糟。

也可能是因為我當時太過青澀，不知道這是電影經紀人肯賣了自己母親去換來的、一生僅有一次的大好機會：一部已經開拍無阻的電影，整個派拉蒙的製作團隊都已就位，六十個電工整天光吃漢堡在片場晃來晃去無所事事，還有一位最炙手可熱的當紅電影明星拒絕演出，除非整個電影動物園裡最被鄙視的動物——原著作家，天啊！——從天而降來握住他的手。

我只知道，放下電話後，隔天一早我就飛往都柏林，因為李察需要我。

☆

李察真的需要我？

或是瑞特更需要我？

理論上，我到都柏林是要改寫李察．波頓的台詞，也就是改寫場景，好迎合他的演出風格。但是波頓的風格不見得是瑞特的。結果呢，在這段為時不長的期間，我變成他們兩個的中間人。我還記得我和瑞特坐在一起，搞定一場戲；然後和波頓坐在一起，重新搞定；最後又匆匆回去找瑞特。但是我不記得曾經和他們兩個同時坐在一起。這個過程只維持了幾天，瑞特就宣稱他對修改過的劇本非常滿意，而波頓也不再想找人吵架了：至少沒找我。可是我告訴瑞特說我要回維也納的時候，他又氣得要死，把我痛罵一頓。

得要有人照顧李察啊，大衛。李察酒喝得太凶。李察需要朋友。李察需要朋友？他不是才剛娶了伊麗莎白．泰勒？她不算朋友？她不是來這裡陪他，每每搭著白色勞斯萊斯大駕光臨，就害得電影暫停拍攝嗎？她總是帶著一大堆其他的朋友，例如尤伯連納和法蘭高．齊費里尼[10]；例如來訪的經紀人與律師；例如波頓那名聞遐邇、足足占住都柏林最大飯店一整層樓空間的十七人大家族。就我所知，這批親友團包括他幾段不同婚姻的子女、子女的家庭教師、美髮師、祕書，以及——套句製片團隊裡某個無禮之人說的話——那些伸出魔爪的人。有了這些人，李察還需要我？

他當然需要。他是艾列克．利馬斯啊。

身為艾列克．利馬斯，他在孤獨中踽踽獨行，身心俱疲，事業撞上了減速丘，唯一能講話的對象就是像我這樣的陌生人。雖然我當時並不太明白，但已經開始接受啟蒙，明白演員是如何深入探索自身人生的黑暗領域，挖掘出角色所需要的重要元素。而如果你是窮途末日的利馬斯，首先需要挖掘的要素就是孤獨。而「孤獨」這兩個字的意思是，只要波頓扮演利馬斯一天，整個波頓親友團就是他誓不兩立的敵人。如果利馬斯踽踽獨行，波頓也得如此，如果利馬斯在風衣口袋裡藏了半瓶約翰走路威

10 Franco Zeffirelli, 1923-2019，義大利知名電影與歌劇導演，知名作品包括改編自莎劇的《殉情記》。

士忌，波頓也要這麼做。然後在孤獨的壓力沉重到難以負荷時，就要不顧健康地喝上一口，儘管——很快就非常明顯——利馬斯有而波頓沒有的，就是對喝酒的自制力。

這對他的家庭生活產生了什麼樣的影響，我一無所知，只是偶爾喝著威士忌高談闊論時他會略透露一二：他飽受冷落，伊麗莎白心情不太好。但是對於他吐露的心聲，我並不敢太過相信。波頓就像很多演員一樣，不管你是什麼人，他都要使出渾身解數，和你馬上熱絡得像哥兒們一樣。我很瞭解，因為我看著他四處施展魅力，從打光師傅到端茶小妹，讓我們的導演掩不住怒氣。

另一方面，伊麗莎白泰勒很可能也有心情不好的理由。波頓要瑞特找她來當女主角，但是瑞特把角色給了克萊兒．布魯[11]。而據謠傳，李察．波頓曾經和她調情。雖然布魯下了戲都關在自己的車屋裡，但是傲慢的伊麗莎白可不樂於看到他倆在場上眉來眼去。

☆

想像一下，在都柏林，燈光打亮的廣場上，醜惡得維妙維肖的柏林圍牆——用灰色煤渣磚和倒勾鐵絲搭造——從中穿越。酒吧關門，所有的都柏林人都跑出來觀看。誰會不來呢？因為沒下雨，所以有一組都柏林的消防隊在場邊待命。我們的攝影主任奧斯華．莫里斯[12]希望夜晚的街道是濕的。沿著牆邊，場景設計師和技術人員正在做最後的整理。牆上要用鐵門釘出一道幾乎看不見的簡陋梯子，而奧斯華・莫里斯和瑞特正忙著研究它。

馬上，利馬斯就會爬上這道梯子，撥開帶刺鐵絲、爬過圍牆頂端，驚恐地盯著躺在另一邊的屍體：那是被他誘騙而叛國的可憐女人。在小說裡，這個女人名叫莉茲[13]，而在電影裡，基於明顯得不需要解釋的理由，改名叫小娜。

馬上就會有個助理導演或其他工作人員走下半地下室房間窗外的階梯。波頓和我關在這個死氣沉沉的房間裡已經好幾個小時了。身穿破舊風衣的艾列克・利馬斯會從這裡現身，來到圍牆邊的位置，在瑞特的指揮下開始決定他一生命運的攀爬。

只是他並沒有。半瓶約翰走路早就喝光了。雖然我想辦法喝了大部分，而如果是利馬斯或許還有辦法爬牆，但波頓絕對沒辦法。

就在這時，圍觀的群眾高興喝采，是那輛由法國司機駕駛的白色勞斯萊斯來了，而被外面的喧鬧聲吵得緩緩醒轉過來的波頓低吼一聲：「天啊！伊麗莎白，妳這個**笨蛋！**」接著便衝上台階，到了廣場。他用瑞特不准他用的洪亮男中音，卯足音量對著司機發飆——用的是不流利的法語，雖然司機英

11 Claire Bloom, 1931-，英國電影與舞台劇演員。
12 Oswald Morris, 1915-2014，英國電影攝影師，曾以《屋頂上的提琴手》獲奧斯卡最佳攝影獎。
13 Liz，是伊麗莎白的暱稱。

語說得很好——罵他把伊麗莎白送到都柏林的暴民手裡：你或許會說哪有這麼嚴重，因為都柏林所有的警察都在這裡看熱鬧啊。

然而波頓那歌劇般的怒氣一發不可收拾。伊麗莎白搖下車窗吐露不悅後，司機就把勞斯萊斯掉頭，迅速駛回基地，留下戴著工匠帽的瑞特站在牆邊，他看似天底下最孤單、最生氣的人。

☆

當時，以及後來偶爾在其他電影攝製現場看演員與導演一起工作時，我總會尋思，波頓和瑞特之間完全不掩飾的敵意到底從何而來；我的結論是：這是天生註定。當然，瑞特不肯用泰勒演小娜，把角色給了布魯，也是齟齬的原因之一，但就我看來，真正的緣由還要再往前回溯：回到瑞特還是個受創且忿怒的激進分子，登上黑名單的年代。社會覺醒不只是一種態度，更是他每日汲取的養分。

在我和波頓那段為時不長的狂飲作樂時日裡，僅有幾次談到實質的事情。有一回他幾近自誇地說他很看不起自己身上的「戲子」成分，很希望自己「成為保羅．史考菲[14]」，意思就是，他應該謝絕大銀幕的英雄角色與大銀幕的資金，只接演真正有藝術本質的角色。瑞特想必會全心全意贊同。

但這並沒有讓波頓擺脫誘惑。從嚴守道德、忠貞不二、尊重婚姻的左派積極分子眼中，波頓身上的種種差不多都是瑞特直覺所要譴責的。搜尋他說過的話，你就會找到這句道盡一切的：「我不怎麼尊重天賦。天賦是與生俱來的。重點在於你做了什麼，這才算數。」把利潤擺在藝術前面，或是把性愛擺在家庭前面，炫耀你的財富和你的女人、誇張地耽溺在酒精裡，或在其他人吶喊正義的時候昂首闊步宛如天神，都極其惡劣。但是浪費你的天賦更是人神共憤的罪孽。天賦愈高——波頓的天賦極高且極為不凡——在瑞特看來罪孽就愈深重。

一九五二年，瑞特名列黑名單的那一年，波頓這位有著金嗓子的二十六歲威爾斯天才開始在好萊塢嶄露頭角。《冷戰諜魂》裡有好幾位演員——克萊兒．布魯和山姆．華納梅克就是其中兩位——都是黑名單成員。那段時間提到任何人的名字，瑞特都會馬上問：「我們需要他的時候，他人在哪裡？」他的意思是：他或她是挺身為我們講話、背叛我們，還是懦弱沉默？而如果瑞特的內心深處，甚至是表面，始終為這個問題而糾結著他與波頓的關係，我一點都不驚訝。

☆

我們在荷蘭海岸城市席凡寧根狂風大作的海灘小屋裡。這是《冷戰諜魂》最後一天的拍攝工作，

---

14 Paul Scofield, 1922-2008，英國知名舞台劇與電影演員，以舞台劇《良相佐國》（A Man for All Seasons）獲東尼獎，其後並以此劇改編的電影獲奧斯卡最佳男主角獎。

是門窗緊閉的室內場景。利馬斯答應跨過邊界進入東德，把珍貴的情報出賣給敵國，換來自己的毀滅。我躲在奧斯華．莫里斯和馬丁．瑞特後面，盡可能別擋路。波頓和瑞特之間的緊張氣氛清晰可辨。瑞特下達的指令都是簡潔的單音節。波頓很少答話。在像這樣的封閉場景裡，電影演員說話的聲音通常都很輕，很隨興，在外行人看來像是彩排，不是正式演出。因此，瑞特喊「卡」，結束這一景的時候，我嚇了一跳。

但是並沒有結束。屋裡籠罩著有所期待的沉寂，彷彿除了我之外，所有人都知道會發生什麼事。這時，本身也是硬裡子演員，對於時機掌握頗有一套的瑞特講了一句話，我相信他肯定是醞釀甚久，特別留到這個時候：

「李察，我和這個老婊子好好幹上了最後一回合，而且還是在鏡子前面咧。」

真的？這樣說公平嗎？

不是真的，但相去不遠。只是絕對不公平。李察．波頓是位有文化修養、嚴肅認真的藝術家，靠自修習得淵博學識，他身上的習性與缺點，我們每個人或多或少都有。儘管他或許無法擺脫自身弱點的局限，但他身上那種由威爾斯清教主義進化而來的衝勁，其實和瑞特相去不遠。他桀驁不馴，調皮戲謔，寬宏大量，卻非得操控大局不可。對這些知名人物來說，操控大局事關固守疆土。在他還沒無聞時，我並不認識他。但我很希望自己當時能認識他。他是極其出色的艾列克．利馬斯，若電影是在別的哪一年上映，他的演出肯定會讓他贏得他一輩子夢寐以求的奧斯卡金像獎。這部電影陰冷無情，而且是黑白片。這不是我們在一九六五年追求的風尚。

如果導演或他的演員任一方比較遜色一點，或許這部電影也會顯得比較遜弱。我猜當時我比較站在矮胖英勇、老給人苦頭吃的瑞特這邊，而不是光彩耀眼、難以捉摸的波頓那邊。導演肩上扛了整部電影的成敗重擔，當然也包括他劇中明星的表演方式。有時候我覺得，波頓是故意要讓瑞特相形見絀，但到頭來，我覺得，他們兩個還是勢均力敵。瑞特當然非要講最後那句話不可。他是個才華橫溢、熱情激昂的導演，心中的義憤永遠都不會平息。

29 亞歷・堅尼斯

亞歷・堅尼斯以他慣有的周密思慮走完人生旅程。過世前的一個星期，他寫信給我，擔心妻子茉露拉的病情。秉持一貫作風，他幾乎沒有隻字片語提及自己。

當然，你絕對不能告訴亞歷說他有多麼偉大；你要是蠢到竟然試上一試，肯定會換來狠狠一瞪的白眼。但是一九九四年，歡慶他八十歲生日的時候，在出版人克里斯多福・辛克萊－史蒂文生的偷偷策劃下，成功編製了一冊裝幀精美的《亞歷》送給他當生日禮物。這本書裡包括有回憶文、詩作，或是簡單幾句表達情誼與感謝的話，多半是老朋友寫的。呈獻禮物的時候我不在場，但我相信亞歷收下禮物時一定表現出恰如其分的乖張暴躁。但很可能也有些高興，因為他雖然不喜歡讚美，卻也非常珍惜友誼。至少這份禮物把他的一群朋友全裝進同一本書裡了。

和這本禮物書裡大多數的致意者比起來，我算是比較晚才踏進亞歷生活的，但是我們有大約五年的時間，斷斷續續一起工作，所以從那時之後，也欣然保持聯繫。我對我們的友誼始終引以為傲，但最令我自豪的是，他選了我為他八十歲生日而寫的那篇文章，當成他最後一本回憶錄的序文。

亞歷堅持不要有紀念儀式，不要有朋友群集哀悼，不要有情感的宣洩。但是我的作法情有可原，因為我知道這位極度重視隱私的人樂於將這篇小敘事與世人分享。

☆

以下文字摘自我在他那本自傳體回憶錄的序文，但也添加上了一些事後的想法：

他不是個可以自在相處的人。他怎麼會是呢？住在八十歲軀殼裡那個警戒提防的孩子，依舊找不到安全的港灣或簡單的答案。四分之三世紀之前的貧困與羞辱迄今猶未解，彷彿他還奮力在對周圍的成人世界妥協讓步，努力要從成人的世界裡取得愛，哀求其微笑，扭轉或控制其殘暴。

但他厭惡成人世界的諂媚奉承，不信任成人世界的稱頌讚美。他就像孩子一樣，被教導要時時戒慎恐懼。他要花很長的時間才能付出信任，同時也極度小心，隨時都準備收回。如果你喜歡他喜歡得無可救藥，就像我這樣，那麼最好藏在心裡，別讓他知道。

他很看重規矩，簡直到了無以復加的地步。他對混沌知之甚深，所以格外珍視良好的禮貌與良好的秩序。一般來說他喜歡漂亮的外貌，但也喜歡小丑與街頭那些搞怪醜陋的人物，常常凝視著他們，彷彿他們是他天生的盟友。

夜以繼日，他研究並儲存成人仇敵的種種癖性，用他自己的容貌、聲音與肢體做出無數個版本的我們，但同時也發掘出自己本性裡各種不同的可能性——你比較喜歡這樣的我嗎？或者是這樣的我？這樣呢？——永無止境。而形塑角色的時候，他更是厚顏無恥地從身邊的人身上去偷。

看著他換上某種身分，很像看著某人出發前往敵境執行任務。這樣的偽裝適合**他**嗎？（這個**他**就是換上新角色的他自己）。他的眼鏡適合嗎？——不，讓我們試試另一副。他的鞋子，是不是太高級、太新了，會不會洩漏了他的真實身分？還有這副走路姿勢呢，他挪動膝蓋的模樣，他的眼神，他的動作——不算太過分吧，你覺得呢？他外表看起來像本地人，那麼講話像嗎——他的方言講得流利嗎？

等表演結束，或是一天的拍攝工作結束之後，他就又變回亞歷——那張變動不拘的臉因為化妝而閃閃發亮，一根小雪茄在他厚實的手裡微微晃顫——你不由得感覺到，他經歷了冒險旅程之後回到的這個世界是多麼單調乏味啊。

他或許是個獨行俠，但是曾經擔任海軍軍官的他也樂於成為團隊的一員。他最希望的莫過於有位優秀的領導人，能尊重指揮命令的意義與同袍的素質。和他們一起演出時，他熟諳他們的台詞，一如自己的。他並不自私地考慮自己，反而最珍視集體的幻覺，或稱之為**表演**：這是非常珍貴的另一個世界，讓人生有其意義、規矩與解答，所有的事情都依據寫定的規則進行。

和他一起寫劇本是美國人所謂的「學習經驗」。一場戲或許要改個十幾次才能說服他，而另一場戲，完全沒有理由的，卻一點都不需要爭論就點頭過關。一直要到後來看見他決定怎麼詮釋之後，你才會明白是為什麼。

他對自己有非常嚴格的紀律，所以對其他人也有相同的期待。有一次我當場目睹某個演員喝醉酒來拍戲——那人自此而後滴酒不沾，因為不敢再和堅尼斯唱反調——在亞歷眼中，他當然是罪不可赦：簡直像站衛兵卻跑去睡覺一樣。但是十分鐘之後，亞歷氣消了，對他客氣得不得了。隔天的拍攝工作進行得像夢一般。

若是邀亞歷來家裡吃飯，時鐘才剛開始敲響約定的時間，他就已經在你家門口踩著門墊把鞋弄乾淨了，無論是不是有暴風雪讓整個倫敦陷入動彈不得的困境。如果你是他的客人——你遲早會是的，因為他是無法克制好客習性的主人——那麼你們在電話裡敲定時間的隔天，就會有一張明信片翩然飛到東南區，用整齊漂亮的手寫字體確認你們敲定的約會。

而你也必須好好表現，回報他守時不渝的好禮貌。你的態度對他來說非常重要。這是人生劇本裡不可違逆的部分，是我們之所以和他早年悲慘歲月所承受的屈辱與失序大不相同的主要原因。

但是如果我把他描述成嚴厲的人，那就是天理不容了。

儘管有時陰晴不定，但亞歷也常不可思議地迸出連串大笑，表現好交情。這突如其來的喜悅，節奏掌握絕佳的奇聞軼事，靈光一閃的聲音動作模仿，漾開又消失的海豚似的淘氣微笑，在我動筆的此刻都歷歷在目。看著他和年齡不同、背景各異的演員在一起，你會覺得他在他們之間安然自在，彷彿在火爐邊找著最愛位置的人。新的事物從來不會嚇倒他。他喜歡發掘有天分的新人，在他走過的艱辛道路上幫他們一把。

而且他閱讀。

有些演員一拿到工作邀約，就先數數台詞，衡量角色的重要性。亞歷卻不同，他和這些演員的距離何止天壤之別。對於劇本的結構和對話，他眼光之精準，遠遠超過我所認識的每一個電影導演、製片與編劇，而且他總是可以添加一些額外的東西：也就是所謂的「麥高芬」[1]，施加一點魔法，拯救一部電影免於平凡乏味。

亞歷的演藝生涯擁有許多出色且看似不太可能的角色。選擇角色的天賦和詮釋角色的天賦同樣需要靈感。我也聽說——這是亞歷藏得最深的祕密之一？——他的妻子茉露拉對他的選擇有極大的影響力。我一點都不意外。她睿智寡言，也是位最溫文儒雅的藝術家，非常有遠見。

那麼，有幸在亞歷漫長人生中陪他走過一、兩哩路的我們，有什麼共同點呢？我想，是始終困惑該用什麼樣的面貌站在他面前吧。你想對他表現你的愛，但你也想留下他顯然需要的空間。他的天賦如此顯而易見，讓你直覺想加以保護，免得受日常生活的侵擾。只是呢，他可以自己處理得好好的，多謝。

所以我們就變得像他其餘的廣大觀眾一樣：受挫的贈予者，永遠無法表達我們的感激，只能安於享受他的天分，儘管他堅決不肯承認自己有天分。

☆

一九七九年的一個夏日，午餐時間，在ＢＢＣ的頂樓。《鍋匠　裁縫　士兵　間諜》的演員、工作團隊、製作群、導演和編劇齊聚在最高級的一間套房裡，人手一杯，小口喝著已經不涼的白酒，等待進入宴會廳享用冷雞肉慶功大餐。

但是時間有點延誤。鑼聲響了，ＢＢＣ的大人物就要到了。編劇、製作群和導演早就全員到齊。大人物們對時間要求很嚴格。演員也都提早抵達，而亞歷一如既往，比其他人都要更早到。但是柏納德·荷普頓（Bernard Hepton），我們的主要配角，我們的托比·艾斯特海斯呢？

我們的酒變得更溫了，所有的眼睛全盯著雙扉門。柏納德病了嗎？他忘了嗎？他生氣了嗎？有八卦說柏納德和亞歷之間有磨擦。

門打開來。故意裝得漫不在乎的柏納德出現了，身上一套三件式西裝，不是像我們其他人穿的這種枯燥乏味的灰色或深藍色，而是耀眼的綠色格子花，腳上一雙別出心裁的橘色漆皮鞋。

1 McGuffin，意指電影中和故事內容並無太大關係，但卻足以推動人物或情節發展的某個設計。這個名詞因希區考克的運用而廣為人知。

他微笑著走進房間，喬治．史邁利那動人的聲音歡迎他：

「噢，柏納德。你活像隻青蛙啊！」

30 佚失的傑作

有一天，我相信大家都會發現，由我的作品改編而成的電影裡，最好的肯定是始終沒拍成的那幾部。

一九六五年，《冷戰諜魂》上映，我的英國出版商說服我去參加我害怕的法蘭克福書展，推銷一本我自己並不抱期望的書，總之要讓自己在媒體面前顯得親切有趣。我討厭聽到自己的聲音，也討厭自己像一袋東西似的在外國記者之間傳來傳去，我悶悶不樂地躲回自己在法蘭克福飯店的套房裡。

這天接近傍晚，我這樣關在房裡的時候，電話響了，一個聲音沙啞、說著破碎德國腔英文的女人告訴我，佛烈茲．朗[1]在大廳，希望見我，問我可以下樓嗎？

這個請求沒有給我什麼特別的感覺。朗在德國是很普通的姓，佛烈茲這個名字也是。會是今天稍早之前我躲開的那個愛說文學圈八卦的作家嗎？我懷疑是，他找個女人打電話來誘我下樓。我問她朗

1 Fritz Lang, 1890-1976，知名編劇與導演，一九二〇年代即以犯罪默片開啟電影新形式，如一九二七年的科幻片《大都會》（Metropolis）即被譽為電影史上最重要作品之一。

先生是做哪一行的。

「佛烈茲．朗，電影導演啊。」她用指責的語氣糾正我，「他希望和你討論一個提案。」

我這時的反應大概跟聽她說歌德在樓下大廳等我差不多吧！一九四〇年代末期在德國讀書的時候，我們學生經常整晚都在為佛烈茲．朗是不是威瑪年代最偉大的電影導演而辯論不休。

我們也熟知他的人生背景，鉅細彌遺：他是奧地利出生的猶太人，卻在天主教環境裡成長，也成為天主教徒；第一次世界大戰為奧地利出征，三度受重傷，之後，在一九二〇年代傳奇的柏林製片公司烏法（Ufa）最輝煌的年代成為演員，很快便進一步成為編劇和表現主義導演。我們這些學生常熱烈討論表現主義的經典作品，如《大都會》，或坐下來花五個鐘頭看《尼伯龍根》（Die Nibelungen），或花四個鐘頭看《賭徒馬布斯》（Dr Mabuse the Gambler）。大概是因為我習慣將騙子當成英雄，所以特別喜歡《M》[2]，劇中彼德．羅[3]演一個殺童凶手，被地下犯罪組織追殺。

但是一九三三年之後？朗？三十年來呢？我在報上看到過消息，說他去好萊塢拍電影，卻不記得看過任何一部。對我來說，他是威瑪時代的人物，就是這樣。老實說，我不知道他還在世。我還是覺得這通電話是個騙局。

「所以你是告訴我，馬布斯先生在樓下？」我問這個騙人的女聲，希望能盡量表現出傲慢懷疑的態度。

「是佛烈茲．朗先生，電影導演。他希望能和你積極討論一下。」她重申，絲毫不讓步。

如果他是貨真價實的朗，一定會戴著眼罩，我告訴自己，然後換上乾淨的襯衫，挑了一條領帶。

☆

他戴著眼罩，但也戴了眼鏡，讓我很不解：一隻眼睛要雙重鏡片幹麼？他身材魁梧，讓人望而生畏，發達的肌肉在臉上堆積出線條；戰士般凸出的下巴，不算很客氣的微笑；一頂灰色高帽，帽沿為視力正常的那隻眼睛擋下頭頂的光線。他像個老海盜，在飯店的椅子裡坐得直挺挺的，頭微往後仰，聽著他不確定自己喜不喜歡的聲音，有力的雙手抓著拄在雙膝之間的手杖。就是這個人，傳奇的人物，在導《M》這部電影的時候，因著創作熱情的激盪，竟然把彼德．羅給丟下樓梯。

剛才和我講過話、聲音沙啞的那名女子坐在他身邊，而我始終沒搞清楚她是他的情人、新娶的年輕妻子，還是幫他打理工作的人。比起和他的年齡差距，她和我年齡還比較接近，而且顯然信心堅定，確信我們的會談一定會很成功。她點了英國茶，問我是不是喜歡書展。我騙她，說我很喜歡。朗還是嚴肅地對著遠方微笑。我們的寒暄告一段落之後，他讓我們沉默片刻，然後才開口：

2《M》是佛烈茲．朗的第一部有聲電影，也是他自認為拍得最好的作品。

3 Peter Lorre, 1904-1964，奧裔美國演員，以《M》在影壇嶄露頭角，後曾演出希區考克的《擒兇記》與《北非諜影》等片。

「我想把你那本小書《上流謀殺》拍成電影。」他用德國腔美語說，慷慨激昂得像演講。他把一隻手重重搭在我的前臂，一直沒放開。「你到加州來。我們一起寫劇本，拍成電影。你想做嗎？」

「小書」還真是貼切，我回神過來之後想。這部小說是我抵達駐波昂的英國大使館之後幾個星期寫的，講述一位將屆退休的公學校長謀殺自己的學生，以掩飾更早之前犯下的罪行。被找來協助的喬治・史邁利揭發了真相。如今想想，這書雖然有許多缺點，但我不難想見確實可以吸引《M》的導演。唯一的問題是喬治・史邁利。我簽了一紙不該簽的電影合約，合約的條款規定，喬治・史邁利屬於一家大製片廠。朗並不退縮。

「聽我說，我認識那些傢伙。他們是我的朋友。說不定我們讓他們來投資我們的電影。這對片廠來說是筆好生意。他們擁有你的角色，所以他們可以得到一部他的電影。這對他們來說很划算。你喜歡加州嗎？」

我非常喜歡加州。

「你到加州來。我們一塊合作，我們寫劇本，拍電影。黑白的，就像你那部《冷戰諜魂》——你對黑白電影沒意見吧？」

完全沒意見。

「你有電影經紀人嗎？」

我說了我電影經紀人的名字。

「聽我說，這傢伙的事業是我一手造就的。我和你的經紀人談，我們搞定條件，聖誕節之後就進駐加州，開始寫劇本。聖誕節之後，你可以嗎？」——他仍然對著前方微笑，仍然把手搭在我的前臂上。

聖誕節之後，我沒問題。

這時我注意到，每回他伸手要拿杯子時，他身邊的那位女子就微微引導他的手。他喝一口茶。在她的引領下，他把杯子擺回桌上。他伸回手拄著手杖頭。他再伸手拿杯子，她又牽著他的手。

自此而後，我沒再聽到佛烈茲．朗的消息。我的電影經紀人說我永遠不會再聽到他的消息了。他沒提到朗逐漸喪失的視力，但宣判的死刑卻無二致：佛烈茲．朗無法再拿到融資了。

☆

一九六八年，我的小說《德國小鎮》曾短暫吸引了薛尼．波拉克的興趣。我們的合作因為薛尼發現瑞士滑雪坡的樂趣而變得複雜起來，最後我們所談成的協議沒能履行，而當初買下版權的公司也歇業，留下一堆法律爛帳。如果我對電影這一行稍稍有些認識的話，就不會再讓自己隨著薛尼燦爛輝煌但短暫迸現的熱情起舞。

所以理所當然的，二十年後，他半夜打電話給我，用他那悅耳動人的嗓音高聲告訴我，我的《夜班經理》將成為他導演生涯裡的靈感之作，我馬上放下一切，搭第一班飛機飛到紐約。這一次，薛尼和我都同意，我們年齡增長，也更有智慧了。我們沒有瑞士村莊，沒有引人入勝的降雪，沒有馬丁・艾普，沒有埃格峰北面。這一次，編劇界的超級巨星，當然也是要價最高的羅伯特・唐尼[4]本人將親自替我們編寫劇本。派拉蒙同意買下版權。

在聖塔莫尼卡一幢我們確信不會被干擾的藏身處裡，薛尼、唐尼和我輪流起身，用踱步潤飾彼此的文稿，直到一個大爆炸猛然打斷我們的沉思推敲。唐尼堅信是恐怖分子發動攻擊，整個人蜷縮在地板上。薛尼這個大膽無畏的行動派，打電話給洛杉磯警局，用的是我想只有A咖導演才能打的熱線。而我，秉持慣常的鎮靜自若，除了呆呆張大嘴巴，什麼也沒做。

警局的回應很讓人安心：只是小地震而已，薛尼，一點都不需要驚慌，而且我說啊，你們在那裡是打算拍哪一部電影？我們一再潤飾，但不太出色，我們早早解散。我們同意唐尼先寫初稿，然後薛尼和他一起改。我只是備胎。

「如果你想試試看點子行不行得通，鮑伯，隨時打電話給我。」我很豁達大度地說，把我在康瓦爾的電話號碼給他。

☆

唐尼和我沒再講過話。我的飛機才剛飛離洛杉磯，廣播系統就宣告大地震警報。薛尼告訴我，他一拿到唐尼的初稿就會到康瓦爾找我。當時我在我們家巷子外面有幢客居小屋。他正在剪輯一部約翰・葛里遜小說改編的電影，是湯姆・克魯斯主演的，他說。和我的合作計畫是下一部。鮑伯真的埋首工作。他喜歡你的小說，喜歡得要命啊，大衛。他熱愛挑戰。鮑伯已經火力全開，蓄勢待發了。唐尼有幾個劇本要先完成。接著訊息點點滴滴而來，但是間隔的時間一次比一次長。唐尼覺得最後一幕有些棘手，天啊，康威爾，你怎麼會寫出這麼複雜的書來？

最後——在康瓦爾的半夜，一如既往——我等了很久的電話終於來了：星期五到威尼斯來找我。湯姆・克魯斯的這部電影看來打破所有的紀錄了，他補上一句。試映大受好評。電影公司樂壞了。太好了，我說，了不起，那鮑伯近來如何呢？星期五見。我會要我的人在飯店給你安排好套房。我丟下一切，飛到威尼斯。薛尼喜歡他的食物，但是他吃得很快，特別是他心有旁騖的時候。鮑伯情況不錯，他語焉不詳，彷彿談的是某位疏遠朋友的健康。有點卡在中間的那一幕。他很快就會再開始。薛尼，中間？我以為他覺得很困擾的是最後一幕。這兩幕互有關聯的，薛尼說。就在我們交談的過程裡，不斷有上氣不接下氣的信使來報：影評大好，薛尼——看看這個，五顆星，兩個大拇指！——天啊，我們締造電影歷史了！——薛尼有個主意。我明天和他一起飛到法國杜維爾如何？他們也要在那

4 Robert Towne, 1934-，美國知名編劇與導演，一九七四年以《唐人街》（Chinatown）獲奧斯卡最佳編劇，其他作品還包括《不可能的任務》等。

裡試映。我們可以在飛機上談。沒有人打擾。

隔天早上，我們搭薛尼的李爾飛機飛到杜維爾。我們四個人：薛尼和他的副駕駛戴著耳機，坐在駕駛艙，備胎駕駛和我坐在後面。薛尼的朋友、當時是新力哥倫比亞老闆的約翰．凱利[5]，以及另一位空中安全專家史丹利．庫柏力克[6]都警告我別搭薛尼的飛機。想想看，一個幾乎沒有里程記錄可言的公子哥兒飛行員，在保險精算上的風險有多高吧，大衛，別去啊。經過一段短到幾乎不可能的航程之後，我們在杜維爾降落，薛尼立即被一群電影公司的經理人、演員經紀人和公關人員給吞沒。他消失在一輛禮車裡，我被趕上另一輛。在我們的豪華大飯店裡，一間大套房等著我，有鮮花、管理階層送的香檳，還有一張寫給大衛．卡爾先生的歡迎卡。我打電話給禮賓櫃台，弄到渡輪時刻表。經過幾次努力嘗試之後，我終於通過關卡進入薛尼的套房。薛尼，這一切真是太棒了，但是你現在太忙，我想我們的計畫不是你的優先事項。所以我何不先回家，等鮑伯交出劇本之後，我們再談呢？

這會兒薛尼關心起來了，想知道我怎麼從杜維爾回英國去。他媽的渡輪，康威爾？我瘋了嗎？搭他媽的李爾啊，你行行好！薛尼，老實說，渡輪沒問題的，謝謝你。班次很多的。我喜歡搭船。我搭了他媽的李爾飛機。這一次我們有三個人：薛尼的兩位飛行員在前面，我一個人在後面。紐基機場很大，但部分屬於英國皇家空軍，所以不肯讓我們降落。我們在艾塞特落地。一轉眼，我已經提著手提箱，一個人站在艾塞特機場空蕩蕩的跑道上，而李爾則在飛返杜維爾的半途了。我四處張望，想找入境處或海關崗哨，卻尋不著。有個穿橘色螢光背心的工人拿著鶴嘴鋤在跑道旁邊不知做些什麼。不好意思，我剛搭私人飛機抵達，你能告訴我移民局和海關在哪裡嗎？從哪裡來的呢？他停下手裡的鶴嘴鋤，很慇懃地問。法國？那個他媽的共同市場！他對我的愚痴搖搖頭，重新做他手頭的工作。我爬過一道不甚牢靠的圍牆到停車場，我太太在那裡等著載我回家。

直到一年後，唐尼參加愛丁堡電影節的時候，依據我的線報，嚴肅地談到要把我的小說改編成電影有無法解決的問題，我這才知道遊戲已經結束了。天啊，康威爾，鮑伯就是沒辦法搞定最後一場戲啊。

☆

法蘭西斯・福特・柯波拉[7]打電話來，邀我去他納帕山谷的酒莊，洽談我的小說《變調的遊戲》

---

5 John Calley, 1930-2011，美國知名製片人。

6 Stanley Kubrick, 1928-1999，美國知名導演，著名作品《奇愛博士》（*Dr. Strangelove or: How I Learned to Stop Worrying and Love the Bomb*）、《2001太空漫遊》（*2001: A Space Odyssey*）、《發條橘子》（*A Clockwork Orange*）、《鬼店》（*The Shining*）等都是電影史上的經典之作。一九九九年在拍完《大開眼戒》（*Eyes wide Shut*）四天之後過世。

7 Francis Ford Coppola, 1939-，義大利裔美國導演，知名作品包括《教父》（God Father）、《現代啟示錄》（Apocalypse Now），在美國影壇影響力極大。

改編電影的事宜，我知道這一次應該是玩真的了。我飛到舊金山。柯波拉派車來接。可想而知，他是夢寐以求的合作對象：迅捷、敏銳、有創意，肯支持。像這樣工作，五天後我們就可以徹底完成初稿，他向我保證。而我們也真的做到了。我們的合作過程非常精彩。我在酒莊裡有一間獨立的小屋，黎明即起，靈光迸射地寫到中午。長桌上的午餐像喪禮後的家宴，是柯波拉自己下廚做的。湖邊散步，甚至游個泳，然後一整個下午又繼續精彩地合作。

五天之後，一如預期，我們徹底完工了。哈里遜肯定會很喜歡，柯波拉說。他指的是哈里遜·福特。在好萊塢，姓氏是給圈外人用的。一度有個棘手的情況，是柯波拉把劇本送給他公司的改稿人看，送回來的時候畫了很多歪七扭八的線，頁緣還有鉛筆寫的評語，如：「垃圾！別用講的，演出來！」但是柯波拉對這些漫不經心的評語一笑置之。他的改稿員向來如此，他說。他們叫他裁切殺手不是沒有原因的。劇本週一會送給哈里遜。我可以回英國，等待後續的進展。

我回到英國，等待。幾個星期過去。我打電話給柯波拉，但只找到他的助理。法蘭西斯很忙，大衛，有什麼我可以幫忙的嗎？沒有，大衛，哈里遜還沒有回音。直到今天，就我所知，哈里遜也還是沒有回音。好萊塢搞沉默不語的時候，比誰都厲害。

☆

我頭一次知道史丹利．庫柏力克對改編我的《完美的間諜》有興趣，是他打電話給我，問我為什麼拒絕他買電影版權的要求。**我拒絕史丹利．庫柏力克**？我不敢置信，嚇得半死。我們認識啊，老天爺！他為什麼不打電話給我，告訴我說他有興趣？最怪的是：我的電影經紀人是在搞什麼，竟然沒告訴我庫柏力克提出買版權的要求，卻把這本書簽給了ＢＢＣ電視？史丹利，我說，我馬上查清楚，立即回覆你。你記不記得你是**什麼時候**提出版權報價的？當然是一看完書就提了，大衛：我怎麼可能耽擱？

我的經紀人和我一樣滿頭霧水。除了ＢＢＣ之外，只有一家提了《完美的間諜》的版權報價，可是他們報的價非常低，他覺得不需要拿這事來煩我。是一位叫費德曼博士的，我想應該是叫這個名字吧，住在日內瓦，希望取得我小說的電影版權，當成小說改編電影課程的教材。是個競賽之類的，寫出最佳劇本的學生可以看到他的作品出現在大銀幕上一、兩分鐘。為期兩年的《完美的間諜》改編版權，費德曼博士與他的同事準備給我們五千美元的酬金。

我正準備打電話給庫柏力克，要他相信我從未收到他的報價，卻隱隱覺得不妥，於是改打電話給一家製片公司的重要人士，庫柏力克有時會與他合作：我的朋友約翰．凱利。凱利開心地咯咯笑。哎呀，這事聽起來就像我們史丹利會做的沒錯。總是怕報價的時候名字會曝光。我打電話給庫柏力克，板起臉孔說，要是我知道費德曼博士是代表他來報價的，我可能會在賣版權給ＢＢＣ之前三思一下。庫柏力克毫不退縮，他說他很樂於導演ＢＢＣ的那套影集。我打電話給ＢＢＣ的製作人強納森・鮑威爾（Jonathan Powell）。鮑威爾一手策劃了《鍋匠 裁縫 士兵 間諜》和《史邁利人馬》影集，此時正忙著催生《完美的間諜》。讓史丹利・庫柏力克來幫你導戲如何？我問他。

鮑威爾不是個情緒激動的人，他沉默片刻，整理自己的心緒。

「你的意思是，我們的預算要超支幾百萬鎊？」他問我：「然後整個影集要推遲個幾年？我想我們現在進行得很順利，謝謝你。」

☆

庫柏力克的下一個建議，緊接著上一個計畫而來，要我寫一部第二次世界大戰的間諜電影給他，故事要以法國為背景，講軍情六處和特別情報處之間的角力。我說我會想想看，想過之後，不喜歡，所以婉拒了。好吧，那麼改編奧地利作家亞瑟・史尼茲勒[8]的小說[9]？他說他擁有版權，我沒問他是不是由費德曼教授買下作為教育之用。我說我知道史尼茲勒的那部作品，對改編很有興趣。我根本還沒放下電話，就有輛紅色的賓士停在我家門口，庫柏力克的義大利司機跳下車，帶來一本我不需要的史尼茲勒《狂想曲》（*Rhapsodie*）英文版影印本，以及滿懷的文學評論。

幾天後，同一輛賓士載我到庫柏力克位在聖奧爾本斯附近的大別墅。我來過這裡幾次，怎麼也沒想到會看見玄關有兩個巨大的鐵籠，一個關著貓，一個關著狗。兩個籠子之間有活動掀門和金屬通道相通。要是哪隻貓或狗想和另一個族群交際應酬一下，就派得上用場。有些喜歡交際應酬，有些不喜歡，庫柏力克說。這需要時間。貓和狗有很長的歷史要擺平。

逛園子的時候，一路追著我們的是狗，不是貓。在庫柏力克的要求下，我自信滿滿地談起史尼茲勒的小說應該如何改編、搬上大銀幕。我指出，壓抑和階級的傲慢勢利，大大強化了作品裡的情慾色彩。一九二〇年代的維也納或許瀰漫性愛放縱的狂熱，但也同樣籠罩在社會與宗教偏執、長期反閃族情緒與偏見的氛圍裡。任何踏進維也納社交圈的人——例如我們這位年輕的主角，性愛成癮的醫生——倘若嘲弄約定俗成的習慣，都必須自負風險。我們這位主角的情色之旅，一開始是因為他無能與年輕漂亮的妻子做愛，後來又因為企圖加入某位奧地利貴族宅邸的狂歡會受挫而更加強化。他所對抗的不只是肉體上的威脅，更是社會身分的威脅。

被一群狗追著在園子裡繞來繞去的時候，我慢慢進入正題。我告訴庫柏力克，我們的電影必須重現這種壓抑的氛圍，來和我們這位主角的性認同追尋形成強烈對比。

「我們要怎麼呈現呢？」就在我以為狗已經偷走他的注意力時，庫柏力克問。

這個嘛，史丹利，我想過這個問題，我相信最好的作法是：找一座有城牆的中世紀古城或鄉間小

---

8 Arthur Schnitzler, 1862-1931，奧地利猶太裔醫生、小說家，代表作有《綺夢春色》（*Traumnovelle*）等。

9 作者注：這部小說後來由庫柏力克拍成電影《大開眼戒》，由湯姆·克魯斯與妮可·基嫚主演。

鎮，要完全封閉的那種。

沒有反應。

例如亞維農——或者索美塞特的韋爾斯。很高的牆——城垛——窄街——陰暗的門道。

沒有反應。

一座教會城市，史丹利，或許是天主教的，比較像是史尼茲勒的維也納，有何不可？有主教的宮殿，修道院和神學院。穿著修士袍的年輕英俊男子，眼神紋風不動地掃視年輕修女身上。教堂鐘聲迴盪。我們可以聞到薰香的味道，史丹利。

他在聽我講話嗎？他是入迷了，還是無聊？

還有城裡的高貴仕女，史丹利——表面上看起來虔誠得不得了，非常擅長掩飾，所以你應邀到主教宮裡參加餐宴的時候，不知道坐在你右邊的這位仕女是不是昨天晚上與你在狂歡宴上交合，還是在家裡陪子女禱告。

我的個人詠唱調唱完了，對自己的表現非常滿意。我們默默走了一段路。我覺得，就連狗都對我的高談闊論聽得津津有味呢。過了很久之後，史丹利開口了。

「我想我們要在紐約拍。」他說，然後我們就朝屋裡走去。

31 貝爾納・畢佛[1]的領帶

訪談很少有愉快的。每次壓力都很大，大部分很無聊，有些甚至很可怕，尤其是來訪者是你的同胞：敏感易怒的資深寫手，不事先做功課、沒看過書，覺得訪問你是給你恩惠，而且需要喝一杯；抱負遠大的小說家，認為你是二流作家，卻希望你讀他還沒寫完的書稿；還有一些女性主義者，相信你之所以成功只是因為你是個白種男性混蛋，而你心想她說不定是對的。

而相反的，在我簡單的詞典裡，外國記者代表的是嚴肅、勤勉，把你的書讀得滾瓜爛熟，對你的已出版書目比你自己還清楚——只有少數幾個特立獨行的例外。譬如《週四紀事》（*L’evenement du jeudi*）的一個法國年輕人，在我拒絕接受專訪之後鍥而不舍，先是誇張地徒步監視我康瓦爾的家，接著又搭小飛機低空飛越，最後又乘近海漁船偵察，然後把這些越軌行為寫成一篇報導，倒是充分印證了他無中生有的能力。

1 Bernard Pivot, 1935-，法國知名記者、作家、文化評論家、電視訪談節目主持人，致力推廣閱讀，曾任法國龔固爾文學獎協會主席。

還有個攝影師——同樣也是位年輕的法國人，不過是其他雜誌社派來的——在幫我拍照之前，堅持要我先翻看他的作品。打開一本油膩膩的袖珍相簿，給我看許多傑出人物的照片，如索爾·貝婁、瑪格麗特·愛特伍和菲利普·羅斯。我善盡本分地誇讚每一張照片（就我來說，這樣做實在太過噁心了）時，他又翻開另一本相簿，其中包括一隻豎起尾巴逃走的貓的背影。

「你喜歡貓的屁股嗎？」他問我，很仔細地觀察我的反應。

「拍得很好。光線很棒。不錯。」我回答，竭盡所能保持鎮靜。

他瞇起眼睛，一抹狡詐的微笑在他年輕異常的臉上漾開來。

「這隻貓的屁股是我的測試。」他驕傲地解釋，「要是對方被我的作品嚇到，那他就不夠老練。」

「那我呢？」我問。

他要拍的照片需要一扇門。一扇戶外的門。不需要特別的形式或顏色，只要一扇嵌壁的門，有陰影的。我應該補充說明，他個子非常小，簡直像侏儒，所以我不時想幫他提他的相機袋。

「我不要拍間諜照。」我說，堅決得簡直不像平常的我。

他叫我別擔心。這門和間諜無關，是和深度有關。花了好一會兒工夫，他找到了一扇符合他嚴格要求的門。我站在門前，按照指示，眼睛直直盯著鏡頭。我從沒見過像這樣的鏡頭：半球體，直徑十英吋。他單膝跪地，一隻眼睛緊貼著觀景窗，兩個身材高大、看起來像阿拉伯人的人停在他背後，越過他對我說話。

「不好意思，」有一個說：「能不能麻煩你告訴我，漢普斯德地鐵站怎麼走？」

我正要指點他們走富雷斯克路，我的攝影師因為被干擾而很火大，仍然單膝跪地，轉身對他們吼了一聲：「他媽的滾！」神奇的是，他們真的走了。

☆

重申一次，除了這類意外，這些年來，採訪我的法國記者都展現出色的專業素養，值得他們的英國對手極力模仿。這也就是為什麼，一九八七年在卡布里島上，我會把我的人生賣給貝爾納・畢佛。畢佛是法國電視文化界的閃亮巨星，他所奠基、開創、主持的每週文學談話節目《猛浪譚》（Apostrophes），過去十三年來，每個週五晚上的黃金時間都吸引了全法觀眾沉迷收看。

我到卡布里是為了領獎。畢佛也是。我領的是寫作獎，他領的是新聞採訪獎。現在請想像一下，一個完美的秋日傍晚，在卡布里。兩百名晚宴賓客，個個美麗動人，群集在星辰閃爍的夜空下。美饌如天賜珍饈，醇酒是瓊漿玉液。畢佛和我一起坐在得獎人的主桌，愉快地交談了幾句。他正值盛年——五十出頭，朝氣蓬勃，活力充沛，沒被寵壞。他發現自己是在場唯一打領帶的人，就自嘲地把領帶捲起來，塞進口袋裡。這條領帶意義重大。

隨著夜色愈來愈深，畢佛開始責備我，說他屢屢邀請我上節目，都被我拒絕。我假裝困窘，告訴他說我一定是又經過了一段拒絕期——我的確是啊——同時想辦法丟開這個問題不處理。

隔天中午，我們一起在卡布里市政廳參加正式的頒獎典禮。我身上的外交官魂讓我慎重其事地穿上西裝、打領帶。畢佛穿得不太正式，卻發現他昨晚打了並不需要的領帶，而今天沒打，結果周圍的人全都打上了領帶。發表得獎感言時，他哀嘆自己不懂社交禮儀，然後指著我說，這人做什麼都不會出差錯，偏偏就是不肯上他的文學節目。

他這分寸拿捏完美的魔力攻勢把我給迷得暈頭轉向了。我跳起來，扯下領帶，交給他，在一大群熱情見證的觀眾面前——天啊，這也太戲劇化了吧——告訴他說領帶是他的，自此而後，只要他在我面前秀出領帶，我就會去上他的節目。隔天早上在飛返倫敦的飛機上，我不住納悶，在卡布里做的承諾在法律上到底有沒有拘束力。不到幾天我就知道，確實有。

我答應要去接受現場專訪，用法語，長達七十五分鐘，由貝爾納·畢佛和三名頂尖法國記者主持。我們沒有預先討論，事前也沒有先送題目來。但是請作好準備——也就是我的法國出版社要做的——討論議題很廣泛，包括政治、文化、文學、性別，以及貝爾納·畢佛腦袋發熱所想到的其他問題。

而我已經很多年幾乎連一個法文字都沒講過了，最後一次開口是在三十年前教中學普通程度考試的時候。

☆

法國文化協會在多塞特廣場轉角一幢漂亮的房子裡。我深吸一口氣，走了進去。接待櫃台坐了一位年輕小姐，短髮，大大的棕色眼睛。

「哈囉，」我說，「我想知道可不可以來這裡溫習一下我的法語。」

她用嚴肅且不解的眼神瞪著我。

「Quoi（什麼）？」她說，我們就從這裡開始。

首先，我用我僅記得的法語——對麗塔說，接著告訴羅蘭，最後再和賈桂琳談，我想順序是這樣沒錯。我一提到《猛浪譚》，她們立即展開行動。麗塔和賈桂琳輪流訓練我。這是很密集的課程。麗塔（還是賈桂琳？）負責強化我的口說法語，幫助我應對預測的提問；賈桂琳在羅蘭的協助下，規劃我們的軍事作戰計畫。依據「知敵制勝」的原則，她們會研究畢佛的心理狀態、記錄他的採訪手法和喜歡討論的議題，同時也密切注意每日新聞。《猛浪譚》的製作人很重視節目的時事性。

最後，羅蘭匯集了《猛浪譚》歷來播出的節目檔案。節目主持人與來賓敏捷且機智的對答交流把我給嚇壞了。我沒告訴我的這幾位老師，私下去探詢是不是可以尋求翻譯的協助。畢佛秒答：從我們在卡布里交談的力道來看，他絕對相信我們自己應付得來。我的其他三位拷問者是：精通數國語言的記者與駐外特派員愛德華．波爾（Edward Behr）、知名作家兼記者與電影導演的菲利浦．拉布羅（Philippe Labro），以及受人尊重的文學記者凱瑟琳．大衛（Catherine David）。

我對任何形式的訪問的厭惡絕非作假，雖然不時屈服於誘惑或出版社的壓力。這種名人遊戲和寫作沒有任何關係，而且演出的領域也完全不同。我一向很清楚。劇場表演，沒錯。自我投射的練習，當然。而且從出版社的觀點來看，這是最好的免費宣傳。但是這可以快速成就天才，也可以快速毀了一個天才。我至少見過一位作家在經歷一整年的全球行銷活動之後，覺得自己的創造力永遠枯竭了。而我很擔心他或許說對了。

就我自己來說，從我開始動筆寫作的那一天開始，房裡就有兩頭大象：我父親駭人聽聞的一生，若是任何人有興趣去一探究竟，都可以在公開檔案中查得到；另一個是我的情報關係，基於法律與我個人的意願，都不得討論。所以早在我開展寫作生涯之前就已體認到，受訪時不只是該說些什麼，也包括該隱瞞什麼的問題。

☆

我就帶著這些複雜的情緒來到巴黎一座擁擠攝影棚的舞台上，越過怯場的圍籬，踏進平靜而超現實的領域。畢佛拿出我的領帶，熱情洋溢地講述他如何得到這條領帶的故事。觀眾愛死了。我們討論了柏林圍牆和冷戰的問題。暫停討論，欣賞《冷戰諜影》的電影片段。我的另三位拷問人也同樣貢獻了很長的時間，但感覺上比較像是在宣達宗旨，而非提問。我們討論了金．費爾比，奧列格．潘可夫斯基，蘇聯的改革和開放政策。我那群法國文化協會的顧問團在行動簡報裡是不是都涵蓋了這些議題？絕對有，從我的表情看來，我分明是在背答案。我們讚賞約瑟夫．康拉德、毛姆、葛林和巴爾札克。我們衡酌瑪格麗特．柴契爾。教我怎麼掌握法文修辭的節奏──陳述命題、全力闡釋，再以結論加以擴充的人，是賈桂琳嗎？無論傳授我技巧的是賈桂琳、麗塔還是羅蘭，我向她們三位致謝。觀眾再次反應熱烈。

目睹畢佛主持現場節目，讓現場觀眾沉浸在他的魔法裡，不難瞭解為何他可以達成這世上其他電視節目主持人瞠乎其後、難以企及的成就；這不僅僅是非凡的個人魅力，不僅僅是活力、吸引力、圓熟與博學，這些元素畢佛全部都具備，而且融匯成最難以捉摸的個人特質，是那種會讓全球電影製作人與選角導演都眼睛一亮的特質：天生自然的大方廓度，那不只是一種精神而已，應該稱之為靈魂吧！在素來以創造不可思議的藝術形式而聞名的國度，畢佛讓他的受訪對象在坐下的那一刻就能瞭解，一切都會進行順利。也讓他的觀眾有此體會。他們是他的家人。此刻回想起來，在我有限的接觸經驗裡，沒有其他的訪談人，沒有其他的記者可以在我心中留下如此深刻的印記。

節目結束。我可以離開攝影棚了。而畢佛一定還留在舞台上，錄下週預告。我的出版商羅勃．拉芳特（Robert Laffont）迅速帶我走到街上。街道空蕩蕩的。沒有車子，沒有行人，沒有警察。在這個美好無瑕的夏夜，整個巴黎陷入沉睡。

「人都到哪裡去了？」我問羅勃。

「還在看畢佛的節目啊，還用問。」他心滿意足地回答。

為什麼講這個故事？或許是因為我喜歡提醒自己，在所有的大吹大擂中，我的生命中還是有一個值得紀念的夜晚。在我接受過的所有訪問裡，有許多我都悔不當初，但這一次，我絕對不會懊悔。

32 與囚犯共餐

新的千禧年剛揭開序幕未久的一個夏日，在巴黎，我們一共六人圍坐一張餐桌。我們的東道主是某法國出版商，齊聚一堂是為慶賀我的朋友弗朗索瓦．比佐[1]剛出版了一本得獎的回憶錄[2]。比佐是研究佛教的學者，能講流利的高棉語，是唯一一個被波布的紅色高棉政權逮捕後得以倖存的西方人；一九七一年十月，他在吳哥窟維護中心工作時遭紅色高棉逮捕，監禁在極度殘酷野蠻的環境裡，歷經三個月的嚴刑拷問。審訊他的杜奇（Douch）惡名昭彰，希望他招認自己是CIA特務。

然而，審訊人和囚犯之間發展出很不可思議的親密關係，一來是因為比佐對古老的佛教文化有很深的認識，再者，我猜，是因為他人格的力量。於是，杜奇採取了非比尋常的英勇行為，寫了一份報告給紅色高棉最高當局，洗清比佐的間諜嫌疑。同樣非比尋常的是，比佐獲釋，而杜奇被派去掌理

1 François Bizot, 1940-，法國作家，一九六〇年代赴柬埔寨研習佛法，當地共產黨執政後遭紅色高棉政府控為特務而逮捕，監禁數月獲釋，是當時唯一倖免於難的西方人。

2 作者注：《大門》（*Le Portail*），由哈維耶出版社（Harvill Press）出版。

波布幾間最大的刑求與行刑中心之一。在我的小說《祕密朝聖者》裡，有一段談到「叢林韓森」的情節，我做了一些嘗試——恐怕是不太成功——想還給比佐這段非比尋常的經歷公道。

我們圍坐餐桌的此刻，距比佐的苦難已經有整整三十年。但是杜奇的命運猶懸而未決，審判因為政治的冷漠與陰謀而一再延宕。而此時我們得悉，比佐已經出面聲援他。比佐一如既往激昂表達的論點是，許多當前在柬埔寨政府任職、出面指控杜奇的人，自己也雙手沾滿鮮血，卻一心希望杜奇扛起他們所有的罪孽。

比佐因此展開孤軍奮戰，不是為杜奇辯護，而是主張那些擅自審判他的人，罪孽其實與他不分軒輊。

比佐說明他的案子時，我們全都很聽得入神，只有一位賓客很奇怪地不為所動。他隔著餐桌坐在我正對面，個子小小的，很緊張，額頭寬闊，有雙警覺的黑眼睛，不時瞪著我看。把他介紹給我的人說他是作家尚—保羅．考夫曼（Jean-Paul Kauffmann）。我讀過他不久前出版的《朗伍德的陰暗房間》（*The Dark Room at Longwood*），很喜歡。朗伍德是位於聖赫勒拿島上的房子，拿破崙在那裡度過最後飽受羞辱的流放歲月。考夫曼遠航跨海到聖赫勒拿島，用動情感人的筆觸描繪這位全世界最知名、最受景仰，也背負最多罵名的囚犯，他的離群索居，他的幽閉恐懼，他的逐步墮落。

我之前沒聽說會見到這位作者，正好可以對他表達我的意外喜悅；可是他到底為什麼用這麼不悅的眼神看著我？我說錯什麼話了嗎？他知道我什麼丟臉的事嗎（頗有可能）？或者我們以前見過，而我顯然忘了（非常可能，儘管是在當年）？

若非我開口問他帶有這樣意味的話，就是我的肢體語言替我問了。我倆的角色突然對調，輪到我瞪著他看。

☆

一九八五年五月，法國駐外特派員尚—保羅．考夫曼在貝魯特被真主黨綁架、淪為人質，遭祕密拘禁了三年之久。綁匪需要把他從某間藏身處移到另一間的時候，就用布塞住他的嘴、從頭到腳綁起來，捲在東方織毯裡，他差點沒死於窒息。他之所以隔著餐桌瞪著我看，是因為被關在某個藏身處所時，他拿到我的一本小說。很破爛的平裝本，但他貪婪地看了一遍又一遍，投注了比原書更深沉的意涵，我相信。他對我解說這一切的時候，那就事論事的平淡口氣我很熟悉，是在其他受過刑求的受害人身上曾經聽過的，對他們來說，這擺脫不掉的經驗已經成為他們日日生活折磨的一部分。

而我，完全無話可答。我要說什麼呢？「謝謝你看我的書？」「不好意思，我這書的意義好像有點膚淺？」

所以我大概只能盡全力把內心感受到的謙卑表現出來，我大概只能在分手之後，回頭去讀《朗伍德的陰暗房間》，找到當初讀的時候就應該發現的關聯性：這是一個被囚禁經驗纏身的囚犯寫另一個囚犯——或許是有史以來最偉大的囚犯——的故事。

這個午餐會是本世紀之初的事了，而且我在那之後也沒再見到考夫曼或與他通信，但那記憶猶鮮明如新。所以撰寫本書的時候，我在網際網路上搜尋他，知道他還在世，經過幾番探詢之後，拿到他的電子郵址，但也被警告說他有可能收信不回。

這時我也發現——老實說是有點詫異——以幾近奇蹟的偶然巧合讓他免於絕望與瘋狂的是托爾斯泰的《戰爭與和平》，就像我的那本小說一樣，他也反覆詳讀。當然，他從這本書裡所汲取的靈性與智性養分都遠遠超過我的那本書。所以他是幸運地拿到了兩本書嗎？或者我們只是被回憶給愚弄了？

我很戒慎恐懼地寫信給他，經過幾週之後，他寫了這封客氣的信給我：

「被俘期間，我非常想念書本。偶爾，看守我們的人會帶書來。拿到一本書的快樂簡直無法形容。我不只讀一遍、兩遍、四十遍，還會從後面或從中間開始讀。我希望這個遊戲至少可以讓我忘情玩上兩個月。在那飽受痛苦折磨的三年裡，我體驗到好幾個極度喜悅的時刻，《冷戰諜魂》就是其一。我覺得那是命運的召喚。看守我們的人給我帶來各式各樣的舊書：廉價小說、托爾斯泰《戰爭與和平》第二卷，看也看不懂的學術論文。但是這次有位我欣賞的作家……我讀過你所有的作品，包括《冷戰諜魂》，但是在新的情境讀來，那已經不再是同一本書。甚至和我記憶裡的那本也完全不一樣。一切都改變了。每一行文字都別有意義。在像我那樣的處境之下，閱讀變成嚴肅、甚至危險的事，因為再細微的事實感覺上也和眼前這個『一翻兩瞪眼』的遊戲有關，因為這就是人質處境的本質。牢門一開，進來一個真主黨官員，可能意味著死亡或自由。每個信號、每個暗示都成為一種預兆、象徵或寓意。這在《冷戰諜魂》書裡有太多太多了。

「靠著這本書，我在內心深處找到隱藏與操縱（什葉語的taqiyya）的感覺。綁架我們的人不像KGB或CIA那麼專業，但和他們一樣是自負的笨蛋。他們殘忍又憤世嫉俗，利用宗教信仰和年輕戰士容易受騙的特質來滿足他們自己的權力欲。

「如同你筆下的人物，綁架我的人最擅長的就是偏執妄想：病態的不信任、瘋狂暴怒、錯誤判斷、妄覺，有條不紊地侵犯，對謊言有近乎神經質的偏好。利馬斯那了無生氣、荒謬可笑，將人命當抵押品的世界，就是我們的世界。我們常常覺得自己是被遺棄，聽天由命的人。更嚴重的是，心神耗盡。這個口是心非的世界也教我學會了怎麼去當記者。到頭來，我們都是雙面諜。甚至三面諜。我們必須對其他人感同身受，才能去瞭解，被接受，最後也才能背叛。

「你對人性的態度是樂觀的。我們很可憐，從個別來看，真的很微不足道。還好，這不是在每個人身上都適用的（請看看莉茲這個角色）。

「在這一本書裡，我找到了懷抱希望的理由。最重要的是聲音，是存在。你的聲音，你的存在。多麼好啊，有這麼一位作家描寫這個沒有色彩的殘酷世界，刻劃那深沉的灰暗，絕望。你幾乎可以觸摸得到。有人對你講話，你不再孤單。在我的囚籠裡，我不再被遺棄了。有個人帶著他的文字，他的世界觀踏進我的牢房。有人與我分享他的力量。我可以熬過去……[3]」

就是這樣，這是你要的人性回憶，是考夫曼的，我的，我們兩人共同的。我敢發誓，他在午餐那天提到的書是《史邁利人馬》，不是《冷戰諜魂》，我太太記得的似乎也是如此。

33 作者父親之子

我花了很長的工夫才有辦法動手寫羅尼。他是騙子、夢想家、偶爾坐牢的囚犯，也是我的父親。從我跌跌撞撞寫起小說的第一天開始，他就是我想描繪的對象，但是我離這個目標有好幾光年那麼遠。在最後成為《完美的間諜》的那份初稿裡，滿滿的全是自憐：親愛的讀者，請把目光放在這位情感受創、被暴君父親踩在腳底下的孩子身上吧！直到他無災無難地過世，我重拾這部小說，我才做了打從一開始就應該做的，讓兒子的罪孽比父親的罪孽該受譴責。

先解決這個問題，我才有辦法把他那宛如暴風雨的人生所留給我的遺產好好發揚光大：一班足以讓看慣了人生百態的作家垂涎三尺的角色，從當時最傑出的法律人和影視運動明星，到倫敦地下犯罪世界最厲害的人物，以及追隨其後的美人。無論羅尼走到哪裡，總有最料想不到的人物跟在他身邊。我們是要往上還是往下呢？我們能不能在本地的加油站賒帳加滿油？他是逃出國去了，或是今晚會洋洋得意地把賓利停在車道上？還是要把車藏在後院裡，熄了家裡的燈、檢查門窗，對著電話嘀嘀嘟

3 作者注：尚―保羅．考夫曼，寫於二〇一五。由伊莎貝兒．華爾（Isabel Wall）於二〇一五年翻譯。

嘟，倘若電話還沒被斷線的話？再不然就是很樂於安安穩穩地和輪流登場的某個妻子一起待在溫柔鄉中？

至於羅尼和犯罪組織的往來關係，就算有，我知道的也少得可憐。沒錯，他是和惡名昭彰的克雷孿生兄弟[1]有往來，不過那或許只是攀附名人；沒錯，他是和倫敦有史以來最惡劣的房東彼得．拉齊曼有某種生意交往，我猜很可能是拉齊曼凶狠的手下替羅尼趕走房客，然後他賣掉房子，分拉齊曼一杯羹而已。

但要說是全面性的合夥犯罪？我所認識的羅尼並不會。騙子是唯美主義者。他們永遠都穿漂亮的西裝，指甲乾乾淨淨，談吐不凡。在羅尼的登記簿裡，警察是第一流的傢伙，因為很樂意協商；而他嘴裡的「那些小子」就不一樣了，要是惹毛了那些小子，你就性命堪憂啊。

緊張？羅尼一輩子都走在你所能想像出來最薄、也最滑的一層冰上。既因詐騙罪登上通緝名單，又在阿斯科特的馬主圍欄裡坐擁一匹等待出賽的灰色上等馬，他完全不覺其中有何矛盾可言。他在柯萊里吉飯店慶祝第二次結婚所舉行的酒會被硬生生打斷，但他說服兩位蘇格蘭場警探，要他們等酒會結束再逮捕他——等待的時候進來同歡。他倆竟也乖乖從命。

但我不認為羅尼還能過別種生活方式。我也不認為他如此希望。他對危機有癮頭，對表演有癮頭，是厚顏無恥、口若懸河的佈道家，是非搶盡鋒頭不甘心的人。他是個充滿妄想的巫師，是個自詡為上帝金童的說服者，毀了許多人的生活。

格雷安．葛林告訴我們，童年是作家的存款簿。若以此來計算，我生來就是個百萬富翁。

☆

羅尼最後三分之一的人生歲月——他在六十九歲猝逝——我們很疏遠，或說爭吵失和。簡直像兩人商量好似的，只要一見面就必然要上演可怕的戲碼，哪怕想辦法藏起刀斧，也總記得我們是藏在哪裡。如今想起他，我是不是會比當年更有善意呢？有時候我會繞過他，有時他仍是我不得不攀越的一座大山。不管是哪種情況，他始終都在，而我無法替我母親發言，因為直到今天，我都還說不上來她到底是什麼樣的人。和她親近與愛她的人對我形容的她有各種不同版本，但都不太能提供清晰的輪廓。或許我也不想要吧。二十一歲那年，我天涯海角找到她，之後大致上也都很照顧她，儘管並不見得始終是欣然樂意。然而從我們重逢的那天到她過世為止，冰封在我內心深處的那個小孩並沒有絲毫融化的跡象。她愛動物嗎？風景呢？她家旁邊的大海？音樂？繪畫？我？她愛看書嗎？她對我的評價肯定並不太高，那對其他人呢？

她晚年住在療養中心，我們都以討論或嘲笑我父親的種種劣行劣跡來打發時間。隨著我持續來

1 Kray Twins，英國幫派分子，一九五〇和一九六〇年代在倫敦從事組織犯罪，惡名昭彰。

訪，我發現她為自己——也為我——創造了詩情畫意的母子關係，從我出生延續至今、不曾間斷。

如今回想起來，除了哥哥對我的關愛之外，我不記得童年曾經感受到任何的關懷。有段時間，哥哥就是我唯一的家長。我記得自己身上那種始終都在的緊張，直到很大之後都還沒有消失。很小很小時候的事情，我沒有太多印象。我記得成長過程裡的遮掩藏匿，迫切想要為自己重新拼湊出一個身分來，以及為達此目的而從同儕和長輩身上偷學來的談吐舉止與生活方式，到最後甚至假裝自己擁有雙親健全、飼養小馬的安定家庭生活。如今聽自己講話，或有必要看著自己時，我仍然可以察覺到出身的蛛絲馬跡，其中最明顯的無疑來自於我父親。

而這當然也讓我成為情報機構最理想的招募對象。但是無論哪一個工作都無法持之以恆：伊頓的學監不行，軍情五處的探員不行，軍情六處的探員也不行。只有作家始終不渝。此刻回顧，我覺得我的一生就是一連串持續不斷的結盟與逃脫，感謝上天，有寫作讓我能大致循規蹈矩，並在大多數時間保持清醒理智。我父親拒絕接受自身最簡單的事實，迫使我走上永遠無法回頭的調查之路。由於沒有母親，也沒有姊妹，我很晚才瞭解女人（倘若我真有所瞭解），而我們也都為此付出了代價。

童年時，我周遭的每一個人都想把他們各自版本的基督教推銷給我：我從姑姑、叔伯和祖父母那裡接觸到低教會派[2]，而學校則讓我親近高教會派[3]。被帶到主教那裡行堅信禮的時候，我想盡辦法要自己感到虔誠，卻一點感覺都沒有。後來又有十年的時間，我繼續想追求某種宗教信仰，最後一無所獲，決定放棄。如今我沒有上帝，只有人生風景；沒有對死亡的期待，只有對滅絕的等待。擁有家人，以及愛我、而且我也愛的人，我心喜悅。走在康瓦爾的懸崖上，我心中湧起如浪潮般的感謝，慶幸自己擁有這樣的人生。

☆

是的，我見過我出生的那幢房子。匆匆經過時，興高采烈的姑媽總會指給我看，不下百次。但我比較喜歡的出生地是另一幢房子，蓋在我的想像中——紅磚牆，喀喀作響，窗戶破損，早該拆毀，豎著「出售」的牌子，花園裡還有個舊浴缸。房子矗立在一片雜草中，周圍淨是建築工遺留的破銅爛鐵，毀壞的大門還殘留些許彩色玻璃——這比較像是孩子躲貓貓的場所，而非出生的地方。但是我出生在此，或在我的想像中是如此；尤有甚之，我出生在閣樓，周圍一堆褐色的箱子，是我父親出逃時一路帶著走的東西。

我第一次偷偷查看這些箱子時——應該是在第二次世界大戰爆發前後，當時八歲的我已經是訓練有素的間諜了——裡面只有個人物品：他的共濟會徽章、他嚇了大家一大跳去唸法律時用的律師假髮

2 Low Church，英國的基督教教派，反對過高強調教會的地位。

3 High Church，英國保守的基督教派，相對於低教會派，尊重傳統，強調儀典的重要性。

和律師袍，還有一些諸如準備賣一批飛艇給可汗之類的極機密物件。但是在戰爭爆發之後，這些褐色箱子發揮了更為實質的價值：黑市巧克力棒、將興奮劑直接打進鼻子裡的安非他命吸入器，而在諾曼第登陸戰之後，則多了尼龍絲襪和原子筆。

只要是配給或難以取得的古怪物品，羅尼都有強烈的興趣；二十年後，德國仍在分裂狀態，我是個住在波昂萊因河畔的英國外交官，他不請自來地出現在我家門口，龐大的身軀塞在一艘有輪子的鐵圓舟裡。這是水陸兩棲的摩托車，他解釋。他從柏林製造商手裡取得英國的專利，可以大賺一筆。他在東德邊界警衛的眼前開著這輛摩托車穿過跨界走廊，現在他想在我的協助之下，駛進萊因河。當時的萊因河恰好河水高漲，而且流速極快。

雖然我家孩子興致勃勃，但我勸阻了他，只請他吃頓午飯。他精神一振，興奮無比地啟程前往奧斯坦德和英格蘭。他的進展如何我不得而知，因為那輛車的事再也未曾提及。我想是有債權人在路上堵住他，把車拿走了。

而這無法阻止他兩年後在柏林現身，宣稱他是我的「專業顧問」。藉此身分，他在西柏林最大的電影製片廠享受了VIP級的參觀行程，無疑還有片廠最周全的款待與一、兩名小女明星的接待。他亮出一大堆行話，高談闊論什麼所得稅寬減額和津貼之類的，說是提供給外國電影製片人，特別是改編我近期小說《冷戰諜魂》製片人的。

自不待言，不管是我，或是已經和愛爾蘭阿德摩爾製片廠談妥合約的派拉蒙公司，都對他到底想做什麼摸不著頭緒。

☆

我出生的這幢房子沒有電，沒有暖氣，所以靠的是憲法丘的瓦斯燈照明，讓閣樓籠罩在暈黃的光線裡。我媽躺在行軍床上，可憐兮兮、竭盡所能做到最好，不管她所謂的最好是什麼。第一次想見這個場景時，我還不清楚生產的細節。羅尼在門口大口嚼食，身穿時髦紳士的雙排釦西裝，以及他打高爾夫球穿的褐白雙色雕花皮鞋，眼睛盯著街道，嘴裡節奏分明地催促我媽用力：

「老天爺啊，薇莉，妳為什麼就不能一口氣搞定？太丟臉了這樣，沒有別的辦法啦。可憐的老漢福瑞在外面車上，就快死了，結果妳卻在這裡要生不生。」

雖然我媽的名字是奧莉，我爸卻什麼也不管，硬是要叫她薇莉。後來，在我算是長大之後，也常給女人取些蠢兮兮的小名，讓她們顯得沒那麼難應付。

在我還小的時候，羅尼的多塞特腔還很明顯，「r」的音很重，「a」拉很長。但是他一直自我矯正，到我進入青春期，他的口音差不多已經不見了，儘管還沒有完全消失。我們都聽說，英國人是以講話的方式來分階級高下的。在當時，字正腔圓可以讓你得到軍職、銀行信用、警察的尊敬，以及在倫敦金融區的工作。羅尼一生精明，但極大的諷刺是，他實現了自己的野心，把哥哥和我送進上流學校，卻在當時嚴苛的標準下，讓他自己的社會階級低於我們。東尼和我輕易穿越階級的藩籬，羅尼卻卡在另一邊不得其門而入。

倒也不是說他真的替我們付了教育費——或者應該說，據我瞭解，並不是每次都付——但無論如何，他總是可以搞定。有一所學校，在體驗過他的行事作風後，勇敢地要求預付學費，結果收到羅尼好整以暇送來的黑市水果乾——無花果、香蕉、梅子——以及一箱有錢也買不到的杜松子酒給教職員。

不過他聰明的是，讓自己從外表看來絕對是個值得尊敬的人。尊敬，而非金錢，是他最重視的。他對其他人的評斷，完全以他們對他的尊敬程度為標準。倫敦的每一條小街道，或每一個小村鎮，都有過著卑微生活的羅尼存在。他是和人稱兄道弟、精力充沛、豪爽頑皮的小子，有點愛胡鬧瞎扯，總是為不習慣被請喝香檳的人開香檳派對，出借自己的花園舉辦教區的募款園遊會，哪怕他自己從不踏進教堂一步。他是男童足球隊和男子板球隊的名譽主席，親自頒給他們優勝銀盃。

直到有一天，發現他已經一年沒付錢給送牛奶的人、車庫、報攤、酒鋪或賣給他銀盃的商店，又或者他破產或入獄，老婆帶孩子回娘家，最後終於和他離婚，因為發現——而她母親竟然從頭到尾都知情——他和附近街坊的每個女孩都上過床，生了好幾個他從未提起的孩子。我們這位頑童出獄或暫時讓自己改邪歸正、過一陣子簡樸的生活，在微小的事物裡找到樂趣，直到有一天活力再現，他再度玩起老把戲。

☆

毫無疑問，我父親就是前面提到的那個傢伙。但這只是開始。差別在於程度，在於他的英國國教成長背景，在於有人膽敢質疑他的話時他表現出來的虔誠語氣與聖潔受傷神情，當然還有他自欺欺人的無窮力量。你那位平凡無奇的頑童把家用的最後一點錢拿去英格蘭新市下注賭馬，而羅尼卻氣定神閒地坐在蒙地卡羅的大桌子旁，面前一杯賭場招待的白蘭地加琴酒，身旁一邊是十七歲卻假裝年紀較大的我，另一邊是年已過五十的法魯克國王[4]侍從官。侍從官在這桌最受歡迎。他耗了很多時間在這裡。他優雅老練，滿頭灰髮，溫和無害，而且非常疲倦。他手邊的白色電話可以直接和他那位被占星師包圍的埃及國王通話。白色電話一響，侍從官的手就離開下巴，拿起話筒，垂下長長的睫毛聆聽，遵從命令把另一筆埃及的財富移到紅色、黑色，或亞歷山卓還是開羅的占星巫師認為吉利的數字上。

羅尼觀察這個過程好一會兒，逕自露出一抹鬥志旺盛的微笑，彷彿在說：「如果這是你想要的，老小子，那就來吧。」他開始滿桌兜轉提高賭注。別有用意。十元變二十元。二十，五十。他揮霍掉手中所有的籌碼，傲慢招手要來更多的時候，我意會到他不是憑直覺下注，不是在和莊家對作，也

4 King Farouk, 1920-1965，法魯克一世，埃及最後一位法老王，一九五二年因政變下台，流亡義大利。

不是在玩數字遊戲。他是在和法魯克國王對賭。要是法魯克挑黑色，羅尼就押紅色。要是法魯克選奇數，羅尼就押偶數。此時賭注已經是好幾百元了（相當於現在的好幾千元）。羅尼告訴埃及國王陛下的是——就在這時，他先是把我一個學期的學費、接著把一整年的學費送進了收賭注的人手裡——羅尼和全能上帝之間的連線比那些微不足道的阿拉伯君主靈驗得多。

在蒙地卡羅破曉前的柔和藍色曦光中，父與子肩並肩慢慢踱向二十四小時營業的珠寶店，當掉他的白金菸盒、黃金鋼筆和手錶。寶齊萊（Bucherer）？伯瓊（Boucheron）？我很激動。「明天連本帶利贏回來，對不對，好小子？」我們回到巴黎大飯店，上床睡覺時，他向我保證。謝天謝地，他已經預付了我們的房費。「十點整，」他嚴肅地說，免得我想裝病開小差。

☆

於是我出生了。我媽，奧莉。她乖乖聽話，照羅尼的吩咐快快了事。使勁最後一推，搶在債主上門之前，也免得窩在屋外蘭徹斯特車上的漢福瑞先生死翹翹。因為漢福瑞先生不只是位司機，也是很有價值的共謀，在羅尼用來簇擁自己的異國風情小宮廷裡，漢福瑞是還能領到全薪的朝臣。他是出色的業餘魔術師，很善於用繩子像絞刑手的繩套那樣變把戲。在時機好的時候，有納特賓姆先生和賓利取代他。但時機不好的時候，漢福瑞先生和他的蘭徹斯特隨時待命。

我出生了，裹在身上的是我媽僅有的幾樣隨身物，因為查封官剛剛又來探訪過，所以我們輕裝上路。我被塞進漢福瑞先生那輛計程車的行李箱，像羅尼此後走私多年的火腿那樣。褐色的箱子繼我之後被丟了進來，行李箱蓋從外面鎖上。我望著漆黑的四周，找尋我哥哥東尼的影跡。他無影無蹤，又名薇莉的奧莉也是。算了吧，我已經降生於世，像隻新生的馬仔，踏上了逃亡之途。自此而後，我一直在逃亡。

☆

關於童年，我還有一段拼湊而成的記憶——據我那位肯定知情的父親說，同樣是不確實的回憶——那是在四年之後，我在艾塞特市，走過一片荒地。我拉著我媽奧莉（又名薇莉）的手。我們兩人都戴手套，所以沒有肌膚接觸；事實上，就我印象所及，我們從來都沒有過肌膚接觸。伸手擁抱的向來是羅尼，奧莉從來都不。她是那種沒有任何味道的母親，不像羅尼，身上有上等雪茄香味，有宮廷御用美髮師、也是老龐德街那家泰勒髮廊萎頓的梨香髮油味道，而如果把鼻子湊到柏曼先生手工訂製西服的柔軟毛料上，似乎也可以聞到他那些女人的氣味。然而二十一歲時，我在易普威治火車站的一號月台上走向奧莉，迎向經歷十六年沒有擁抱的歲月之後的大團圓時，我想像不出她應該在我生命中占有什麼位置。她很高，和我記憶中一樣，但是全身稜角，無可擁抱。從搖搖晃晃的走路姿勢和軟弱的長臉來看，她差不多就像是戴上羅尼律師假髮的我哥東尼。

我還是在艾塞特，拉著奧莉戴手套的手晃蕩。荒地的另一端有條路，我看見一堵高高的紅磚牆，牆頂有著刺釘與碎玻璃。牆後是一幢正面扁平的陰森建築，窗戶有鐵柵，裡面沒燈。其中一扇有鐵柵的窗裡，完全就像玩大富翁的時候抽到命運直接進到監獄、不繳兩百鎊就不准出來一樣，我爸聳著肩膀站在裡頭。也像大富翁上的那個人一樣，他那雙大手抓著鐵柵。女人總是告訴他說他的手有多漂亮，所以他老是從外套口袋裡掏出指甲剪來修指甲。他寬闊白皙的額頭抵在鐵柵上。他的頭髮向來就不太多，一道飄著甜味的漆黑河流橫跨頭頂，只有天靈蓋上空空的，益發增添了他的聖人形象。隨著年歲漸增，那道河流變成灰色，最後完全乾涸。不過年齡與他所在甚多的放蕩行為卻未讓皺紋在他臉上現形。歌德的不朽之女直到最後一刻都盤桓在他身上。

他對自己的頭很自豪，就像對自己的手一樣。據奧莉說，在他們結婚之後，他就把頭抵押了五十英鎊做醫學研究，事先預付現金，貨則等死後再取。我不知道她是什麼時候告訴我這件事的，但我知道，從得知這件事之後，我就用一種劊子手似的冷漠態度看著羅尼。他脖子很粗，和上身連接的地方幾乎看不出分野。我暗忖，如果要動手應該從哪裡下斧。殺他是很早以前就在我腦袋裡揮之不去的念頭，延綿不絕，甚至到他死後都未消失。很可能我只是惱怒，因為我始終無法完全壓制他。

還是拉著奧莉戴手套的手，我對著高牆上的羅尼揮手，羅尼也以他一貫的姿態對我揮手：往後靠，上身靜止不動，先知似的手臂對著頭頂上的天空下達指令。「爹地！爹地！」我大叫。我的聲音活像隻巨無霸的青蛙。抓著奧莉的手，我走回車上，對自己非常滿意。畢竟不是每個小小孩都可以單獨擁有媽媽，把爸爸關在籠子裡啊。

但是，據我父親的說法，這一切都沒發生。提到我曾在他坐牢的時候去看他，對他來說是非常失禮的事——「從頭到尾都是你自己想出來的，兒子。」好吧，他承認，他在艾塞特坐過一陣子牢，但他多半都是在溫徹斯特和斯庫伯斯。他沒做什麼犯罪的事，他做的那些事情啊，如果是碰上講理的人其實都可以圓滿解決的。他做過辦公室小弟，從郵票盒裡借了幾先令，還沒有機會擺回去就被逮到了。但這不是重點，他堅持。重點是，就像他對另一樁婚姻的女兒（也就是我同父異母的妹妹夏洛特）所吐露的——當他在埋怨我老是對他頗為不敬時，例如我不肯把版稅讓他分一杯羹，或不肯在他從某個誤入歧途的鎮議會手裡騙來的上好綠地投資幾十萬鎊——重點是，任何瞭解艾塞特監獄內部環境的人都很清楚，從監獄裡是看不見外面馬路的。

☆

而我相信他。始終都相信。我錯了，他是對的。他從未站在窗口，我從未對他揮手。但真相是什麼？記憶是什麼？看待迄今仍活生生存在我們之間的往事的方式，我們該為之重新命名。我以前看見他在窗口，但我現在也還看見，看見他抓著鐵柵，壯碩的胸膛塞在犯人制服裡。囚服印有一條條的條紋，活像學校喜劇裡犯人穿的那種。從那次之後，他穿囚服的這個形象總在我心中揮之不去，甚至在心底的某個角落裡，他再也沒穿別的衣服出現過。如今我知道，見到他的時候我是四歲，因為一年之後他再次逍遙法外，幾個星期或幾個月後，我媽就在夜裡悄悄溜走，消失得無影無蹤，直到十六年後我在薩福克找到她，她已有了另外兩個孩子，兩個從來不知道有同母異父哥哥存在的孩子。她帶走了她的一只哈洛德高級手提箱，白色真皮外殼，真絲內裡，她過世的時候我在她的小屋裡看見了。那是整間屋子裡唯一可以見證她第一樁婚姻的物品，至今仍在我身邊。

我也看見他窩在牢房的小床邊，那顆已經抵押出去的頭埋在雙手裡，這個一輩子從沒挨過餓、沒洗過自己襪子或鋪過自己床的自負年輕人，想起他那三位溺愛他的虔誠姊姊、寵愛他的父母，以及母親心痛欲碎、不停絞著手用她的愛爾蘭土腔問上帝：「為什麼？為什麼？」而他父親曾當過普爾市長，也是市議員和共濟會員，這兩位老人家都在心裡和羅尼一起坐牢。兩人都在等他的時候，永遠白了頭。

羅尼瞪著牆發呆的時候，怎麼受得了得知這一切？他是這麼自負、活力、衝勁又這麼充沛的一個人，怎麼適應得了監禁？我像他一樣騷動不安。沒辦法靜靜坐著一個鐘頭不動。我沒辦法持續看一個鐘頭的書，除非是德文書，還勉強可以讓我待在椅子上。就算是很好看的戲，我也很渴望中場休息，伸伸懶腰。寫作的時候，我會不時從書桌旁跳起來，去逛花園或走到街上。有一次，我把自己鎖在廁所裡三秒鐘——鑰匙從鎖孔掉出去，我拚命想把鑰匙弄回來，渾身冒出活像十二級颶風暴雨的大汗，驚聲尖叫著要人放我出去。而正值盛年的羅尼卻結結實實坐了好幾年的牢，大概三或四年吧。前一個刑期還沒服完，他們就準備用更多罪名起訴他，然後判了他另一段刑期，這一次是重勞動監，或者以我們現在被嚴重誤用的辭彙來說，就是所謂的「進階監禁」。他人生較晚階段的服刑——在香港、新加坡、雅加達和蘇黎士——就我所知，刑期都不長。為《榮譽學生》到香港進行研究的時候，我在快活谷跑馬場的怡和洋行包廂裡和他以前的監獄管理人面對面。

「康威爾先生，您好，您父親是我畢生所見最出色的人。能照顧他，我很榮幸。我很快就要退休了，等我回到倫敦，他會幫我在企業裡安排好工作。」就連在監獄裡，羅尼都可以把監獄管理員哄得服服貼貼。

☆

我人在芝加哥參加一場枯燥乏味的活動，協助英國商品的海外促銷。接待我的英國總領事交給我一封電報，是我們駐雅加達的大使拍來的，通知我說羅尼在牢裡，問我要不要保他出來？我答應，不管需要多少錢我都付。讓我吃驚的是，竟然只有區區幾百鎊。羅尼的運氣想必很背。

☆

羅尼從蘇黎士監獄——因旅館詐欺入獄——打電話給我，徹底翻供。「兒子？我是你老爸。」我可以為你做什麼呢，父親？「你可以把我從這個該死的牢裡弄出去，兒子。這全是誤會。這些小子不肯查查事實。」多少錢？沒回答，只像演員那樣大吸一口氣，然後溺水似的聲音吐出全劇精髓：「我不能再坐牢了，兒子。」繼之而來的啜泣，一如既往，宛如刀子緩緩從我身上割過。

☆

我問過仍在世的兩位姑姑。她們講話用的是羅尼年輕時的口音：微帶不自覺的多塞特口音，是我很愛的那種腔調。羅尼是怎麼搞到坐牢的，第一次坐牢的時候？這又對他產生了什麼影響？坐牢之前的他是什麼樣的人？之後呢？但這兩位姑姑不是歷史學家，她們是他的姊姊。她們愛羅尼，除了愛之外，寧可什麼都不去想。她們記得最清楚的場景是溫徹斯特巡迴法庭宣判的那天早上，羅尼刮鬍子的情景。前一天他在審判席上為自己辯護，確信他這天晚上會以自由之身返家。這是他第一次允許我姑姑看他刮鬍子。但是我從她們身上得到的唯一答案卻只有眼神，和迭聲的：「太可怕了，真是太可怕了。」她們談起這件羞恥的事，彷彿發生在昨日，而非七十年前。

六十多年前，我問過我母親奧莉同樣的問題。不像我那些姑姑寧可把什麼事都擺在心裡，奧莉一開口就像水龍頭關不起來。從我們在易普威治火車站重逢的那一刻起，她就談羅尼談個沒完沒了。她滔滔不絕談起羅尼的性慾——雖然當時我連自己的都還搞不清楚——而且為了便於參考，還給我一本破舊的精裝版克拉夫特—埃賓的《性病態》[5]當成地圖，指引我瞭解她丈夫在入獄前、入獄後的癖好。

「改變，親愛的？在牢裡？一點都沒有！你從頭到尾一點都沒有變！瘦一點了，當然——是啊，一定會的。牢裡的飲食不可能太好吧。」接著是我永遠揮之不去的一幅意象，特別是因為她似乎沒意識到自己在說什麼：「你有那種蠢不啦嘰的習慣，站在門前面，垂著頭，等著人來服侍，要我來幫你開門。那根本是普通得不得了的門，又沒上鎖什麼的，可是你顯然不認為需要自己動手開門。」

為什麼奧莉提到羅尼的時候要用「你」來當代稱？「你」指的是「他」，但是她在潛意識裡想把我當成是他的代理人，到她過世那時，更是完全把我當成他的替身。奧莉曾為我哥哥東尼錄了一捲錄音帶，談的全是她和羅尼在一起的生活。我到現在還沒有勇氣播放，所以我聽說的一切全是零碎殘片。她在錄音裡說羅尼常揍她，據奧莉說，這也是後來促使她逃走的原因。羅尼的暴力對我來說並不

---

5 Richard Freiherr von Krafft-Ebing, 1840-1902，一八八六年出版的《性病態》（*Psychopathia Sexualis*）記錄了許多反常的性行為，為性學研究的重要經典。

是新聞，因為他也習慣揍他的第二任妻子：經常打，死命打，常常三更半夜回來就動手。在某種騎士精神的驅策下，我很可笑地自命為她的守護者，睡在她臥房門口的床墊上，手握高爾夫球桿，讓羅尼得先過我這一關才能接近她。

我當真會一棍打在他那顆早已抵押給別人的腦袋上？我當真會動手宰了他，然後跟隨他的腳步坐牢去？或者我只會給他一個擁抱，祝他晚安？我永遠不會知道，但這些可能性太常在我的回憶中打轉，到後來全都變成了真的。

當然，羅尼也揍我，但只發生過幾次，而且也沒揍得太狠。其實最嚇人的部分是在真正挨揍之前：肩膀下垂準備好、咬緊牙關。我長大之後，羅尼曾經想要告我，我想這也是另一種暴力的偽裝吧。他在電視上看見我的生活紀錄片，覺得我沒提到我的一切都應當歸功於他，絕對是一種詆譭。

☆

奧莉和羅尼最初是怎麼在一起的？我在克拉夫特—埃賓時期，也就是在易普威治火車站和她有了記憶中的頭一次擁抱之後不久，問她這個問題。「透過你的艾利克舅舅啊，親愛的。」她回答。她指的是比她大二十五歲、很疏遠的哥哥。他們的爸媽很早就過世了，所以在普爾位居顯要的艾利克是她實質上的父親。和奧莉一樣，他單薄、瘦削、非常高，但也很虛榮，穿著打扮精美講究，對自己的社會地位重要性念茲在茲。艾利克舅舅被指派去給本地足球隊頒獎，帶了奧莉一起去，她表現得彷彿是未來的王妃在練習執行公共任務。

羅尼是球隊的中鋒。不然他還能打哪個位置？艾利克舅舅依序和排成一排的球員握手，奧莉跟在他後面，為每一個驕傲的胸膛別上胸章。但她替羅尼別上時，羅尼卻戲劇性地跪倒在地，雙手捧心，說她刺穿了他的心臟。艾利克舅舅這個眾所周知、徹頭徹尾的自負混蛋趾高氣昂地譴責他的猴戲，而羅尼則以讓人印象深刻的溫馴態度探詢，可否在週日下午造訪豪宅致意——當然不是對奧莉，因為她的社會地位遠遠高於他——對象是一位他開始交往的愛爾蘭女傭。艾利克舅舅慨然同意，所以羅尼就以追求女傭作掩護，開始勾引奧莉。

「我當時很孤單，親愛的，而你像一團火球。」火當然是羅尼，不是我。

艾利克舅舅是我的頭號情報來源，我把他捧得半天高。二十一歲的時候，我就是偷偷寫信給艾利克——煩請下議院轉交國會議員艾利克．葛雷西，私人函件——問說他妹妹（我母親）是否還在世，如果是的話，到哪裡找得到她。葛雷西當時已經卸任國會議員多年，但奇蹟似的，下院還是把我的信轉到了。我年紀更小一點的時候，當然問過羅尼相同的問題，但他只是蹙眉、搖搖頭，所以我試過幾次之後就放棄了。艾利克舅舅以潦草的兩行字告訴我，隨信附上的那張紙有她的地址。提供這個情報的條件是，我絕對不可以告訴「利害關係人」說我是從哪裡拿到情資的。結果在這個禁令的刺激之下，和奧莉才見面不到一會兒，我就一股腦說出真相。

「那我們應該感激他，親愛的。」她說，就這樣。

或者「應該」就這樣了，只是過了四十年，在母親過世數年之後，在新墨西哥，我哥東尼告訴我，他二十一歲生日的時候（他比我大兩歲）也寫信給艾利克，並搭火車去找奧莉，在一號月台擁抱她；而且因為他比較高，所以很可能比我更能好好抱住她。他也盤問了她。

那東尼當初為什麼沒告訴我？而我又為什麼沒告訴他？為什麼艾利克不讓我們兩個互通聲氣？答案是對羅尼的恐懼。就我們每一個人來說，對羅尼的恐懼就如同對生命本身的恐懼一般。他的影響範圍（無論是心理或實質的影響），他恐怖的魅力，在在讓人無法逃脫。他是個活動的名片盒，對所有的人脈關係都瞭若指掌。要是發現他的某個女人在其他愛人身上找尋慰藉，羅尼馬上就會像個單兵作戰的戰情室那樣運作起來；不到一個鐘頭，他已經打電話給這個卑鄙男人的老闆、銀行經理、房東，以及岳父大人。每一個都是毀滅的化身。

羅尼加諸那個誤入歧途的無助老公身上的，都可以十倍加諸於我們每一個人身上。羅尼創造，但也破壞。每回我感動得想要讚美他，就會想起他的受害者。他自己的母親，新寡，哭哭啼啼繼承了他父親的產業；他第二任老婆的母親，同樣守寡，對自己繼承的先夫財產同樣茫茫然：羅尼掠奪了她們兩人，從她倆身上剝光她們丈夫的儲蓄，也剝奪其他合法繼承人所能繼承的遺產。還有其他好幾十個，許多個，個個都是衷心付託，個個依據羅尼的高貴標準都是值得他保護的對象：被仗義的騎士哄騙、強奪、剝削。說到底，他要怎麼對自己解釋這一切？賽馬、派對、女人和賓利讓他生活的另一面閃閃增輝，但同時他卻又從那些愛他愛得無能為力、沒辦法對他說不的人身上榨出錢來？羅尼是不是曾經算過，要當上帝挑選的金童需要付出多少代價？

☆

我保留下來的信很少。羅尼寫給我的信大部分都很可憎，我幾乎看都沒看就直接毀掉：哀求信從美國、印度、新加坡或印尼寄來；勉勵信說他原諒我的罪過，勸我愛他、為他禱告，好好利用他慷慨賜與我的優勢，同時寄錢給他；脅迫信要我把教育費還給他；還有預示厄運似的信宣告他就要死了。把這些信丟掉，我一點都不後悔。有時候，我甚至希望自己也能甩掉對這些信的所有回憶。儘管我竭盡全力，但他那無法抹滅的過往偶爾還是會有些許片斷突然冒出來嘲弄我：例如他打在薄薄的航空信紙上的一頁信，提供一些瘋狂的計畫，希望我「讓你的顧問能從早期投資的觀點來加以考慮」。或者是羅尼過去的某個生意對手寫信給我，總是很客氣，總是很慶幸能認識他，儘管和他交手的經驗事後證明要付出高昂的代價。

☆

幾年前，正在商議要撰寫自傳，卻苦於旁佐資料不足，我聘僱了兩名偵探。一胖一瘦的這兩人，都由倫敦一位粗獷的律師所推薦，胃口也都很好。走向世界各地吧，我滿不在意地說。不必客氣。找出在世的證人與書面記錄，把我本人、我家人和我父親的真實記錄帶來給我，我會給你們報酬。我是個騙子，我解釋說。我天生就會說謊，成長過程習於說謊，在以欺騙維生的產業裡訓練說謊能力，更以小說家的身分不斷練習說謊技巧。身為虛構小說的創造者，我為自己創造了許多不同的版本，就算真相確實存在，我也從來不碰。

所以我現在要這麼做，我說。我要在左手邊的這一頁寫上我想像出來的回憶，右手邊的這頁放上你們查來的事實紀錄，不加修改、不予潤飾。如此一來，我的讀者可以自己看看，老作家的回憶竟屈從自己的想像力到什麼地步。我們每一個人都在重新創造自己的過往，我知道，但是作家自成一格。就算得知真相，他們永遠也無法就此滿足。我給他們與羅尼相關的日期、人名和地點，建議他們挖出他那個小宮廷的紀錄；我想像他們追查關鍵的情報來源，因為還有許多人在世，包括以前的祕書、監獄管理人、警察；我叫他們也去查我的學校紀錄，我的服役紀錄，同時因為我曾經接受過好幾次正式的安全查核，所以也要他們去取得以往認為是機密的情報局信賴度評估報告。我叫他們無論碰上什麼狀況都要為我繼續往下查。我告訴他們我父親在國內與國外的詐騙事件，以及我所記得的一切：他是如何企圖誘騙新加坡與馬來西亞首相加入可疑的足球彩金營運，還差一點就成功。但也就是這樣的「差一點」，讓他老是功虧一簣。

我告訴他們我的「額外家人」與情婦母親，還有那些守護爐火的人——套句他自己對我講的話，就是守在那裡、等他到訪時燒香腸給他吃的人。我給他們我所知道的幾個女人的名字，還有一、兩個地址，以及小孩的名字——至於是誰的孩子，真是天曉得。我告訴他們羅尼參戰的事，他用盡所有一切逃避兵役的手段，包括高舉「獨立進步黨」的名號參加國會補選，強迫軍方放他去行使他的民主權利。還有在入伍受訓之後，他留著幾名手下和兩、三個祕書，駐紮在當地的旅館，讓他可以繼續進行他那發戰爭財、買賣短缺物資的合法生意。在戰爭結束後的那幾年間，我非常相信，羅尼以「康希爾上校」的化名給自己的入伍紀錄添加榮光，在倫敦西區的陰暗角落裡他的這個名號無人不曉。我同父異母妹妹夏洛特參與電影《克雷家族》的演出，為了詮釋這個以倫敦東區惡名昭彰的黑幫家族為背景的故事，去請教了克雷家的大哥查理，收集角色所需要的材料。喝了一杯好茶之後，查理．克雷挖出家族相簿，夏洛特看見羅尼伸出手臂攬著克雷家的兩個弟弟。

我告訴他們，有天晚上我在哥本哈根登記入住皇家飯店，立即被請去見了經理；我以為是我的鼎鼎大名先我而至，結果不是，搶在我前面的是羅尼。他被丹麥警方通緝。警察來了，有兩名，像學生坐在坐姿矯正椅上那樣筆直抵著牆。他們說，羅尼從美國非法入境哥本哈根，協助他的是兩名斯堪地那維亞航空的飛行員。羅尼在紐約一家低級夜店玩撲克牌行騙時碰到他們，他提議，他們不必給他現金，只要免費載他到丹麥，欠債就一筆勾銷。他倆乖乖照辦，落地之後，把他偷渡進海關與移民局關卡。兩位丹麥警察問，我是不是碰巧知道可以在哪裡找到我父親？我不知道，謝天謝地，我真的不知道。我最後一次聽到羅尼的消息是在一年前，當時他偷偷溜出英國，躲開債主、警方追捕或犯罪集團，或許三者兼而有之也說不定。

所以還有一條線索要我的偵探去查，我告訴他們：我們來找出羅尼究竟為什麼要逃離英國？以及他為什麼要鋌而走險、離開美國？我告訴他們羅尼賽馬的事，他始終都養著馬，儘管他破產債務未償：英格蘭的新市，愛爾蘭、巴黎市郊的拉菲特別墅。我把馴馬師和騎師的名字給他們，告訴他們說雷斯特．柏葛[6]還在當學徒的時候替他騎過馬，葛登．理察斯[7]為他買馬提供建議。我有一回碰見年輕的雷斯特在載馬貨車上，身穿羅尼的真絲綢衣，懶洋洋地躺在稻草堆上，趁賽前空檔看少年漫畫。羅尼的賽馬以他最愛的子女命名：大東——天啊，這是什麼——大衛加東尼；大肚湯默斯，是他房子的名字加上他對口腹之慾的熱愛；魯伯特王子（唯一一匹看起來有點像樣的馬）取的是我同父異母弟弟魯伯特的名字；玫瑰吟唱，這個名字比較牽強，指的是我同父異母妹妹夏洛特的那頭紅髮。我告訴他們，我十幾歲快二十歲時，羅尼因為付不出賭債、被禁止進到賽場之後，我常到羅尼的馬廄去開賽馬會議。還有，魯伯特王子出乎所有人的意料贏得名次——是在希塞威治嗎？——我搭著和羅尼付不出賭債那次搭的同一班火車回倫敦，手裡拎著手提箱，裝滿我替他在賽馬場下注贏來的鈔票。

我把羅尼宮廷（我向來這麼偷偷喊它）的事告訴兩位偵探：組成他企業大家庭的核心分子是一群各形各色、彬彬有禮、坐過牢的人，包括前學監、前律師、前某某某。其中有個叫瑞格的，在羅尼死後把我拉到一旁，淚流滿面告訴我他所謂的底細。瑞格曾經替羅尼坐牢，他說。就這點來說，他並不算特殊。另一個朝臣喬治—波西瓦也是。還有艾瑞克和亞瑟。他們四個都曾一度替羅尼擔刑責，因為不願見到宮廷失去領導天才。但這不是瑞格的重點。他的重點是，大衛——他哭著說——他們是一群該死的白痴，每次都讓羅尼騙他們。直到現在都還是。要是今天羅尼從墳墓裡起身，叫瑞格再去替他坐牢，瑞格還是會去，喬治—波西瓦、艾瑞克和亞瑟也都會。因為只要事關羅尼（瑞格很樂於承認），他們每一個人就都腦筋不清楚了。

「我們都很不老實，孩子，」瑞格給他的朋友加上最後一句充滿敬意的墓誌銘：「但是你爹真的非常，非常，非常不老實。」

我告訴偵探，羅尼一九五〇年代在亞茅斯代表自由黨競選國會議員，帶了全體朝臣同行，他們每一個都是自由黨員。保守黨候選人的代理人私下約見羅尼，擔心羅尼瓜分選票，會讓工黨得利，警告說他若是不退出，保守黨就要揭露他的入獄紀錄，以及其他的一、兩樁奇聞軼事。而羅尼在和全體朝臣（我是當然成員）充分商議之後，決定拒絕。艾利克舅舅會是保守黨的深喉嚨嗎？他是不是把他的密信也寄了一份給他們，然後告誡他們不可以透露消息來源？我一直這麼懷疑。不管到底是怎麼回事，保守黨的威脅不是空話，他們言出必行，洩漏羅尼的入獄紀錄，而羅尼也一如預期地瓜分了選

6 Lester Piggott, 1935-，英國騎師，被譽為英國最好的騎師之一。

7 Gordon Richards, 1904-1986，英國騎師，被譽為全球最佳騎師之一，曾贏得二十六次平地賽馬冠軍。

票，工黨勝選。

也許是想對偵探提出友善的警告，但也或許是出於自我吹噓的心態，我特別對他們強調羅尼的人脈網絡有多廣，以及他和一些看似最不可能的人物之間的關係。四〇年代末期到五〇年代初是羅尼的黃金年代，他在位於喬馮特聖彼德的家裡大開筵席，賓客包括兵工廠足球隊的董事會成員、政府部會常務次長、冠軍騎師、電影明星、廣播明星、撞球霸主、倫敦前貴族市長、當時正在維多利亞宮演出的「瘋人幫」[8]全體團員，更不要說那一群他所到之處親手挑選的美人兒，以及恰好應邀來英國訪問的澳洲或西印度板球對抗賽[9]球隊。唐．布瑞德曼[10]來過，戰後大部分的運動明星和運動好手也都來過。除此之外，還要加上一大幫當時的頂尖法官和律師，以及身穿獵裝便服、警徽揣在口袋裡的蘇格蘭場高階警官。

羅尼以他早年從警方辦案方法裡得到的訓練，一哩外就可以辨識出行事作風有彈性的條子。他一眼就瞧得出來他們吃什麼喝什麼，什麼東西能讓他們開心，他們的彈性能有多大，以及彎曲到什麼程度會啪一聲斷成兩截。他的樂趣之一是把朋友也納入警方的保護羽翼下，所以如果某人的兒子喝得爛醉如泥，把老爸老媽的禮萊轎車開進陰溝裡，孩子的老媽抓狂的電話第一通找的人是羅尼，然後也會是羅尼揮揮魔杖，讓血液檢驗在警方的實驗室裡被搞混，讓檢方為浪費閣下寶貴的時間而迭聲致歉：而更讓人開心的結果是，羅尼存放僅有資產的大好前途銀行帳戶裡，又能收到另一筆謝意。

對偵探的這些行前簡報自然是白費力氣。天底下沒有哪個偵探能找到我想找的東西，而兩個偵探也不會比一個來得好。花了一萬英鎊和好幾頓上好美食之後，他們所能提供給我的，就只是以前幾次破產與亞茅斯選舉的剪報，和一堆沒用的公司紀錄。沒有受審紀錄，沒有退休的監獄管理人，沒有無庸置疑的證人或確鑿的證據。沒有隻字片語提及羅尼在溫徹斯特巡迴法庭的審判，據他說，他在法庭上為自己辯護，精彩出色，打對台的那位檢察官名叫諾曼．伯基特[11]，後來受封騎士，最後更成為爵爺，在紐倫堡大審中代表英國參與審判。

從牢裡——這是羅尼自己告訴我的——他寫信給伯基特，以他倆都很尊重的運動家精神，恭喜這位卓越律師的傑出表現。伯基特收到這位正在對社會贖罪的可憐犯人寫來的信，受寵若驚，也回了信。這樣的魚雁往返，讓羅尼立定終生志向，一定要研習法律。所以一出獄，他就在格雷律師學院[12]註冊成為學生。憑藉著這英勇行動的氣力，他給自己買了假髮和律師袍，我至今眼前都還浮現那些東

8 Crazy Gang，英國知名的喜劇團體，成立於一九三〇年代，成員有六人，廣受歡迎，粉絲甚至包括英國皇室成員。

9 Test Cricket，是最傳統的板球賽形式，不限制投球輪數，一場比賽通常要進行四到五天。

10 Don Bradman，即 Sir Donald Bradman, 1908-2001，暱稱老唐（The Don），為澳洲板球明星，被譽為史上最佳打擊手，也名列世界最佳運動選手。

11 Norman Birkett, 1883-1962，英國律師，法官，國會議員，曾代表英國參與紐倫堡大審，受封為諾曼男爵。

12 Gary’s Inn，英國律師養成以「法律學院」（Inns of Court）為中心，法律學院創立於中世紀，共分四個獨立的學院：林肯律師學院（Lincoln’s Inn）、中殿律師學院（Middle Temple）、內殿律師學院（Inner Temple）、格雷律師學院，傳統上在英國執業的大律師均須隸屬於一所法律學院。

西裝在硬紙板箱裡、跟著他跑遍整個地球尋找黃金國的景象。

☆

我媽媽奧莉偷偷離開我們的時候，我五歲，我哥東尼七歲，而我們兩個都是頭一沾枕就睡著的人。以我後來踏進的那個情報世界的行話來說，我媽採取的是很有計畫的逐步滲出行動，依據最佳安全守則須知執行。同謀者選了我父親羅尼預計從倫敦晚歸或甚至不歸的夜晚。這並不困難。羅尼才剛結束權利被剝奪的牢獄生活，在倫敦西區開創事業，孜孜不倦地想把遺落的時光補回來。他到底在做什麼事業，我們只能揣測，不過發展得倒是非常迅速。

羅尼才剛吸到第一口自由的空氣，就重新找回散落各處的宮廷核心分子。我們也以同樣讓人目眩神迷的速度拋下了位在聖奧爾本斯、祖父蹙眉屈指帶領我們數著羅尼出獄歸來日子的那幢簡樸紅磚屋，在距離倫敦最昂貴的紅燈區不到一個小時車程的瑞克曼沃斯郊區，過起上騎術學校、搭豪華大禮車的生活。冬天，我們由朝臣隨駕，在瑞士聖莫里茲的山頂飯店（Kulm Hotel）享受奢華。在瑞克曼沃斯家裡的臥房，櫥櫃擺滿阿拉伯規格的大型新玩具。週末是大人漫長的狂歡飲宴，東尼和我說服恣意玩樂的叔叔們陪我們踢足球，不然就是瞪著我們兒童房沒書的牆面發呆，聽樓下傳來的音樂。當時最不可能出現卻還是出現的賓客包括黎瑞．康斯坦丁[13]。後來受封為黎瑞爵士、最終晉為康斯坦丁爵爺，他號稱是有史以來西印度最偉大的板球選手。這是羅尼天性裡的諸多矛盾之一，他喜歡別人看見他與褐色或黑色皮膚的人為伍，這在當時是很罕見的。黎瑞．康斯坦丁和我們一起玩「法式板球」，我們都好喜歡他。我記得在一場歡樂無比的家庭儀式裡，儘管沒有神職人員在場，但他正式成為我還是我哥哥的教父；不過到底是誰，我們兄弟倆都不確定。

「可是他從哪裡來的錢？」我問我媽，這是我們大團圓時的諸多質問之一。她一點頭緒都沒有。生意的事情若非她一點都不在意，就是超乎她的理解範圍。事情愈是複雜，她就躲得愈遠。羅尼是個騙子沒錯，她說，可是搞生意的哪個人不是騙子？

奧莉偷偷逃離的那幢房子是仿都鐸式豪宅，名喚榛木居。在漆黑的夜色裡，向下傾斜的長花園和綴滿鑽石的窗戶，讓這幢房子宛如森林裡的小獵屋。我想像天際一彎纖細新月，或者沒有月亮。她逃跑的這天漫長得沒完沒了，我看見她偷偷忙著準備，在她的哈洛德真皮手提箱裡裝進行動的必需品——一件溫暖的套頭毛衣，因為東英吉利很冷；我到底把我的駕照塞到哪裡去了？——緊張地瞥著她的聖莫里茲金錶，一面保持鎮靜地對待兒子、廚師、清潔婦、園丁和德國保姆安娜莉西。

奧莉不再信任我們任何一個。她的兒子是完全屬於羅尼一個人的附屬品。安娜莉西，她懷疑這個

13 Learie Constantine, 1901-1971，出身千里達的西印度板球明星，亦為律師，曾擔任英國派駐千里達的高級專員，受封騎士，於一九六九年晉爵，成為英國上院第一位黑人貴族議員。倡議反種族歧視，對英國於一九六五年通過種族關係法居功厥偉。

保姆和敵人上床。奧莉的好朋友瑪貝兒和爸媽只住在幾哩外，一幢俯瞰慕爾公園高爾夫俱樂部的平房裡。但是比起安娜莉西，瑪貝兒對出逃的事也沒有更清楚。她在三年裡墮胎兩次，而且都不肯表明讓她懷孕的人是誰，奧莉開始覺得事有蹊蹺。奧莉提著白色手提箱躡手躡腳穿過有假橫梁的客廳，這裡有座最早期的戰前年代電視機，就像個豎立的桃花心木棺材，有個小小的螢幕，一點一點快速移動的光點，偶爾出現模模糊糊、身穿晚宴服的男人影像。此時電視是關著的。一聲不吭。她再也不會看這部電視了。

「你為什麼不帶我們一起走？」我在一次詰問裡問她。

「因為你會來追捕我們啊，親愛的。」奧莉回答說，指的當然還是羅尼，不是我。「除非找回你的寶貝兒子，否則你絕對不會善罷干休。」

此外，她說，最重要的問題是我們的教育。羅尼對兒子有很大的企圖心，所以會讓我們進一流的學校，雖然是不擇手段，但也無所謂。奧莉永遠不可能做到。不是嗎，親愛的？

我沒辦法貼切地形容奧莉。小時候，我根本不認識她，長大之後，我不瞭解她。對於她的能力，我的瞭解就像對她其他的事情一樣，所知甚少。她是好心還是軟弱？離開兩個成長階段的兒子（還是她的頭兩個孩子）她是肝腸寸斷呢，還是她並非感情特別豐富的女人，只是被其他人的決定拖著過日子？她內心是不是潛藏著某些天賦，拚命吶喊想要破繭而出，卻始終沒能成功呢？我很渴望能從這些不同的身分認同裡找出我自己的認同來，但就算真的有，我也不知道該挑出哪一個才對。

如今，那只白色真皮手提箱還收在我倫敦的家裡，成為我深刻思索的對象。像所有的重要藝術作品一樣，這只箱子在靜止中展現一種張力。這箱子會不會突然再次出發，不留下轉信地址？從外表看來，這是個名牌包，是有錢新娘帶去度蜜月的行李箱。在我印象裡，聖莫里茲山頂飯店的玻璃大門前面永遠站著兩名穿制服的門房，用誇張的動作替客人拂去靴子上的雪。他們一看見這只手提箱，就知道主人是屬於上流階級。但是在我疲累、回憶恣意四處飛尋的時候，手提箱的內部飄散濃厚的性意味。

部分原因是那破舊的真絲粉紅內裡：宛如等待被剝下的暴露襯裙。但是在我腦海裡隱隱還有某個朦朧的色慾影像：我很小的時候闖進了一場床頭大戰——粉紅就是那場床戲的顏色。那一次我看見的是羅尼和安娜莉西做愛嗎？或是羅尼和奧莉？還是奧莉和安娜莉西？或者他們三個一起？還是根本誰都沒有，只是我夢裡的場景？這個偽記憶是否描繪了某種稚氣的異色天堂，自從奧莉收拾包包離開之後我就不得其門而入？

作為具有歷史性的物品，這個手提箱是無價的。這是已知的唯一一件還留有奧莉在羅尼時期姓名縮寫的物品：O.M.C.，奧莉・摩爾・康威爾，黑色的字體，印在留有汗漬的皮把手下方。誰的汗漬？奧莉的？還是她的共犯兼拯救者留下的汗水？某個活力蓬勃、脾氣暴躁的土地經紀人，也是開車接應她逃亡的人？我的想法是，就像奧莉一樣，她的拯救者也是已婚，也像奧莉一樣有小孩。倘若如此，他的孩子也是頭一沾枕就熟睡嗎？身為不動產界的專業人士，她的拯救者必定也擁有奧莉斷定羅尼並沒有的社會階級。羅尼藉婚姻攀上高枝，奧莉從未原諒他。

在晚年，她始終抓著這個主題不放，後來我才開始瞭解，在他倆理應失和、而她卻依舊繼續無奈地隨他奔走天涯的那幾年裡，羅尼社會地位不如她，是她唯一能緊抓不放的尊嚴遮羞布。她讓他帶她到倫敦西區吃飯，聽他天馬行空地談他的龐大財富，她就算在聽也沒聽進去多少。喝完咖啡與白蘭地之後（或說我是這麼想像的），在某間安全藏身處裡屈服於他，然後才送他再次匆匆上路去賺另一筆想像中的一百萬。藉著讓羅尼貧賤血統加諸於她的傷口遲遲不癒合，藉著嘲笑他的粗俗言語與不諳微妙社交儀節，她可以把所有的問題都怪到他頭上，讓自己除了識人不明的愚鈍之外，什麼責任都不必負。

而奧莉一點也不蠢。她講起話來機智風趣、牙尖嘴利、條理分明。她有條有理的冗長句子簡直可以立即印成文字，她寫的信中肯有力、節奏清晰、逗趣可喜。有我在場的時候，她很費勁地字正腔圓講話，彷彿柴契爾夫人演講課上到一半似的。但是在其他人面前——我最近才從比我更瞭解她的人那裡聽說——她像隻八哥鳥，一眨眼就學會身邊人的講話腔調，就算這樣會讓她降格到社會最底層也無所謂。沒錯，我也有副善辨語音的耳朵。所以也許這是我從她身上遺傳來的，因為羅尼並沒有這樣的天分。我很喜歡模仿，然後套用在書上。但是她看不看書、看了什麼書，我完全沒有概念，只知道她對我這個人的存在提供了基因遺傳。回首過往，聽她其他的子女談起，我知道我有位需要去瞭解的母親。但我始終不瞭解她，也或許我根本不想瞭解。

以電腦約會配對的術語來說，羅尼和奧莉卻是超級絕配，我始終這麼認為。但是奧莉渴望讓聲稱愛她的人來界定她的人生，羅尼卻是個五星級的大騙子，擁有令人遺憾的超高天分，可以喚起任何人心中的愛，男女不拘。奧莉對我父親出身門第的怨恨並不止於他這個首惡。羅尼的父親——我很尊敬的祖父法蘭克，普爾市前市長，共濟會員，禁酒主義者，傳教士，也是我們家族廉潔的偶像，絕對是——據奧莉說，他也和羅尼一樣不老實。是法蘭克謀劃了羅尼的第一個騙局，資助他、幕後操縱，等羅尼當替罪羔羊的時候又明哲保身。她甚至也找得出理由罵羅尼的祖父。在我的記憶中，我這位曾祖父一把白鬍子，長得很像D．H．勞倫斯，年高九十，騎著三輪車。面對父系家族遭受的全面譴責，應該採取什麼樣的立場，我始終未曾說出口。但是我受過教育，不是嗎，親愛的？我擁有可敬的人灌輸給我的語言和教養。

☆

關於羅尼還有一樁家族傳聞，儘管一直未獲證實，但我寧可信其有，因為這個故事說明了羅尼的善心，往往足以讓詆毀他的人頹然受挫。

羅尼在跑路，只是還沒離開英格蘭。詐欺罪的起訴行動來勢洶洶，英國警方展開搜捕。在風聲鶴唳中，羅尼的一個生意老夥伴突然死了，必須下葬。警方希望羅尼會出席葬禮，所以派員監視。便衣警察混在悼客間，但羅尼並未現身。隔天，一位哀慟的家人來整理新墳。羅尼獨自站在墳邊。

☆

時間來到八〇年代，這不只是個家族傳聞，而是光天化日之下活生生發生在我的英國出版商、我的文學經紀人和我的妻子面前。

當時我在澳洲南部舉辦巡迴簽書會。餐會在華麗的大天幕下舉行，我坐在一張擱板桌旁，身邊是內人和我的出版商，我的經紀人在旁觀看。我簽的是當時最新出版的小說《完美的間諜》，書裡對羅尼有不算非常模糊的描繪，而他的生活，在我的餐後演講裡也略有提及。有位年長的女士坐在輪椅上，活力充沛地穿過排隊人龍，熱情地告訴我說，羅尼在香港坐牢的事，我完全搞錯了。羅尼在殖民地期間，她一直都和他住在一起，他不可能去坐牢，否則她一定會注意到的，不是嗎？

我還在考慮該怎麼回答時——例如，我最近才和羅尼在香港的監獄管理人很客氣地聊過之類——另一位年齡相仿的女士高聲咆哮。

「鬼話連篇！」她很火大，「他和我一起住在曼谷，只是往來香港而已！」

我向她們二位保證，她們的說法八成都沒錯。

☆

所以一點都不令人意外的，你會讀到，就像許許多多的人子一樣，我在情緒低落的時候會自問，我身上有多少部分還屬於羅尼，而有多少是只屬於我自己的。我不禁疑惑，一個坐在書桌前面、在空白紙頁上構思騙局的人（也就是我），和每天穿上乾淨襯衫，除了想像力之外口袋裡什麼都沒有，出門去騙受害人的人（也就是羅尼）之間，真的有很大的不同嗎？

騙子羅尼可以對你憑空捏造一個故事，描繪一個根本不存在的人，勾勒完全不是這麼回事的絕佳機會；他可以用虛構的細節或幫你釐清某個不存在的複雜關鍵點、蒙蔽你的雙眼，除非你一開始就掌握了他騙術的通關密語。他可以基於機密的理由隱瞞重大祕密，然後只對你一個人咬耳朵，因為他決定要信任你。

而這些如果不算是作家藝術的基本要件，那你告訴我什麼才是。

☆

生不逢時是羅尼人生的大不幸。一九二〇年代，他剛開始創業時，肆無忌憚的生意人可以在某個城鎮破產，隔天就在五十哩外的另一個城鎮重起爐灶。但是隨著時間推移，通訊的進展開始追上羅尼，就像追上布屈・卡西迪[14]和日舞小子[15]那樣。我很確信，新加坡安全情報特別署拿英國警方紀錄來和他對質時，他絕對是大驚失色。而同樣讓他大驚失色的是，一被遣送到印尼，他就因為違反貨幣法和走私槍械而鋃鐺入獄；更驚駭的是，幾年後，瑞士警方把他從蘇黎士的鐸爾德大飯店拖出來，丟進地區監獄裡。最近讀到國際足球總會的那些紳士們是如何從蘇黎士巴爾拉克大飯店的床上被趕起來、各自關進全市各處精挑細選的監獄中，我彷彿看見四十多年前，羅尼在同樣的時刻、從同樣的瑞士警方手裡，受到同樣的羞辱之苦。

豪華大飯店是騙子的貓薄荷。在蘇黎士的那個黎明之前，羅尼住遍豪華飯店，而且他的手法從未失靈：入住頂尖飯店的頂尖套房，盡情享樂，讓門房、領班，尤其是禮賓經理等人喜歡你，意即給他們豐厚的小費，而且常常給。打電話到全世界，等旅館遞出第一份帳單，說你會交給手下處理。或者，如果你打算玩長期的把戲，就先把第一份帳單拖個幾天，然後付清，但此後再也不付。

一旦察覺你待得超過歡迎的賞味期，就整理輕便行裝，塞給禮賓經理二十或五十塊錢，告訴他說你有急事要趕到城外處理，可能要耽擱一晚不回來。倘若對方是那一類型的禮賓經理，就對他眨眨眼，說你對某個女朋友有義務要盡——噢，可不可以請他把你的套房鎖好，因為所有的值錢東西都在那裡？——其實已經確認過，你所有值錢的東西（如果真有的話）都已經裝在你輕便的行李箱中。說不定，為了進一步掩飾，你會把你的高爾夫球具交給禮賓經理保管，作為保證，但只有在非不得已的情況之下才會這麼做，因為你很愛你的高爾夫球。

然而鐸爾德大飯店的拂曉出擊讓羅尼知道，已經沒戲唱了。而如今，別想了吧。他們有你信用卡的種種細節。他們知道你的孩子在哪裡唸書。

☆

羅尼這有目共睹的行騙能力，是不是有可能讓他成為王牌間諜呢？確實，他騙別人的時候，也是在騙他自己，儘管這並不見得讓他變得不夠格。但是如果有祕密——他自己的或任何人的——他顯然都會坐立難安，非得和別人分享不可，這肯定就會是個大問題了。

演藝事業呢？畢竟，他曾經以代表我和派拉蒙公司為藉口，參觀了柏林一家大製片廠，還表演得非常逼真，何不就走這行呢？我們都知道，好萊塢素來有擁騙子入懷的習慣。

那麼當演員如何？他不愛那長鏡子嗎？他不是耗費一輩子的工夫都在假裝自己是別人？

---

14 Butch Cassidy，原名 Robert Leroy Parker, 1866-1908，為美國西部拓荒時代知名的搶匪，電影《虎豹小霸王》即改編自他的故事。

15 Sundance Kid，原名 Harry Alonzo Longabaugh, 1867-1908，和卡西迪合夥犯下諸多搶案。

可是羅尼從來不想當明星。他想當羅尼，想自成一個宇宙。

那麼當作家，寫他自己的虛構故事？想都別想。他一點都不嫉妒我的文學惡名。因為這個惡名是他的。

☆

一九六三年。我剛抵達紐約。這是我第一次到訪美國。《冷戰諜魂》榮登暢銷排行榜榜首，我的美國出版商陪我到二十一俱樂部參加一場大型晚宴。領班帶我們到我們的桌子時，我看見羅尼坐在角落。

我們已經好幾年沒聯絡。我根本不知道他在美國，可是他就在二十呎外，手邊一杯白蘭地加薑汁汽水。他怎麼會到這裡來？很簡單。他打電話給我那位軟心腸的美國出版商，撥動他的心弦。他打愛爾蘭牌。瞥了一眼我出版商的名字，就知道他是愛爾蘭出身。

我們請羅尼坐到我們這一桌來。他謙遜地接受了，端著他的白蘭地加薑汁汽水過來；但只喝一杯，他堅持，就不打擾我們了。他很貼心，很驕傲，拍拍我的手臂，兩眼含淚地告訴我，他不是個壞爸爸，對不對啊，兒子，我們一起努力有成，是不是呢？是的，是的，我們兩人做得還不錯。爸，很不錯，我贊同。

然後傑克，我的出版商，一位驕傲的父親兼愛爾蘭人，說羅尼何不先喝完手上的酒，我們來開瓶香檳。於是我們開了香檳，羅尼舉杯暢飲，敬我們的書。請注意，是「我們」。然後傑克說，羅尼啊，你幹麼不坐這裡，和我們一起吃飯？於是羅尼讓自己被說服，給自己點了一份上好的牛排。

在餐廳外面的人行道上，我們行禮如儀地來個熱情擁抱，他哭了——他常常哭：哭得厲害，抽抽噎噎地聳肩。我也哭了，問他錢沒問題吧，不可置信的是，他竟回答沒問題。然後他給了我人生的忠告，免得我讓我們這本書的成功沖昏了我們的頭：

「你或許是個成功的作家，兒子，」他哭得更厲害了，「但你不是名流。」

留給我這個難以理解的警告之後，他就舉步踏進夜色，沒說他要往哪裡去，我只能猜測這表示有位女士在等他，因為他幾乎隨時都有。

☆

幾個月之後，我拼湊出這次會面背後的故事。羅尼在跑路，沒有錢，也沒有地方可住。然而，紐約市的房地產仲介提供新住戶在新開發的社區免費試住一個月。羅尼用不同的名字，在不同的公寓之間換來換去：這裡免費住一個月、那裡免費住一個月，截至當時，他還沒被逮到，但這遲早會發生，他只能靠老天保佑。他拒絕拿我的錢，很可能只是出於自尊，因為他已經絕望到奮不顧身，想讓我哥拿出大部分的積蓄給他。

我們在二十一世紀俱樂部的晚餐過後，有一天，他打電話到我美國出版社的業務部，自我介紹說他是我父親——當然也說他是我出版商的好朋友——訂購兩、三百本「我們的書」，從作者帳戶扣款，然後自己簽名，像名片那樣到處發送。

如今我已收到一堆這樣的書，應書主的要求，我在羅尼的簽名旁邊簽上我自己的名字。標準的簽名是「作者之父親簽」，還另外再加上一個大寫的「F」代表「父親」（Father）。而我則簽上「作者父親之子親簽」，額外加上大寫的「S」代表「兒子」（Son）。

但是，試著當一會兒羅尼看看吧，就像我常做的那樣。試試看隻身站在紐約街頭，一文不名。你向任何一個能討錢的人討錢，把所有的人脈榨到一滴不剩。在英國，你名列通緝名單，如今在紐約，你也在通緝名單上。你不敢亮出你的護照，你用假名在你住不起的公寓之間搬來搬去，你和毀滅之間只剩下你動物本能的機智和你每天晚上自己熨平的薩佛街柏曼手工訂製細條紋雙排釦西裝。這是在間諜學校裡，他們為你設想出來的情境：「現在看看你怎麼靠一張嘴脫離這樣的困境。」就算不時出些小差錯，羅尼也必定可以拿到出色的高分，通過測驗。

☆

羅尼向來夢想的那艘船，在他過世後不久出現在港口。在沉悶乏力的狄更斯式法院裡，複雜的金錢法律糾葛反覆推敲了很長一段時間才搞定。為求慎重起見，我要明說飽受痛苦的是倫敦郊區的庫德利普，因為同樣沒完沒了的法律戰完全可能在今時今日上演，就像當年糾纏羅尼最後二十幾年的生活，到他死後還延續了兩年那樣。

案情其實很簡單。羅尼和庫德利普鎮議會有交情，特別是他們的計畫委員會。事情是怎麼發生的並不難想像。他們都是浸信會的教友，再不然就同是共濟會會員、板球選手，或撞球好手。他們全都是正值壯年的已婚男子，在認識羅尼之前未曾嘗過倫敦西區夜生活的歡愉滋味。或許他們也渴望分一口羅尼允諾會有的大蛋糕。

無論是怎麼一回事，在法律和其他方面都毫無疑問的是，庫德利普議會簽字同意授權給羅尼那八十三家一文不值的公司裡的其中一家，在庫德利普綠帶中央蓋一百棟令人嚮往的房宅。羅尼幾乎不必花什麼錢就買下這塊地，心知肚明他不會在這裡蓋房子。議會一簽約，羅尼馬上就把整個計畫的同意權全部賣給一間大型建設公司，賺了一大筆錢。大開香檳慶祝，朝臣歡天喜地。羅尼成功完成一生僅有一次的大生意。我哥東尼和我永遠不虞匱乏了。

然而就像他人生中不時碰上的情況一樣，羅尼差一點點就搞定了——若非庫德普利的居民在當地報紙的鼓吹下發起行動，眾口一聲地宣稱，誰都別想把房子或任何建築物蓋在他們寶貴的綠帶——他們的足球場，他們的網球場，他們的兒童遊戲場，他們的野餐區——除非先殺了他們。盛怒之下，他們立即申請取得法院命令，讓羅尼手上雖握有和建設公司簽字的合約，卻拿不到他們的半毛錢。

羅尼和庫德利普的居民一樣憤怒。就像他們一樣，他從來沒見過這樣背信忘義的事。不是錢的問題，他堅持，是原則問題。他組織了一隊律師，絕對頂尖的陣容。他們的結論是他這個案子勝算極大，於是決定接下。不贏就不收錢。自此而後，庫德利普的這塊地成為我們對羅尼信心的金本位。接下來的二十多年，比起終將算總帳的那個大日子，任何暫時的挫折都不算什麼。羅尼會從都柏林、香港、檳榔嶼、廷巴克圖寫信給我，那怪異大寫字體的咒語從未改變：「總有一天，兒子，在我接受審判之後，英國司法將得以昭雪。」

可以確定的是，在他過世之後，正義真的昭雪了。我沒在法院聆聽判決。我的律師建議我別對羅尼的不動產顯露一絲一毫的興趣，免得沾惹上他的龐大債務。法庭擠滿人，據我的線報說。律師席尤其擁擠。主審法官有三位，其中一位代表全體發言，但是他講話拐彎抹角的，所以有一會兒沒人搞得懂他在說什麼。

慢慢地，消息傳開。法庭作出對原告、也就是羅尼有利的判決：毫無保留，大獲全勝。沒有如果或但是。沒有一方面來看是如何如何、從另一方面來說又如何如何。躺在墳墓裡的羅尼打贏了官司，是他生前一貫堅持屬於他的那種勝利：這是人民的勝利，打贏無用的笨蛋和不切實際的空想家——也就是那些不相信的人和所謂的知識分子——他一生的奮鬥終於在死後得到平反。

接著，法庭一片沉寂。在歡喜的氣氛中，書記再次要求法庭維持秩序。握手和拍背都被集體的不安所取代。一名到目前為止都沒對庭上說話的律師懇請法官大人聆聽請求。我武斷地在心裡勾勒出他的形象。他肥胖浮腫，傲慢自大，滿臉粉刺，假髮戴在他頭上顯得小。他代表女王，他告訴法官大人。更準確來說，代表的是女王陛下的國內稅收署。他說，根據博學多聞的法官大人剛才所做出的判決，他的當事人是「優先債權人」；更精確地說，為不浪費法官大人的寶貴時間，他要以無盡的敬意提出請求，將補償原告產業的全部金額扣押、以償付過去多年來逝者欠女王陛下國內稅收署的債務——雖然和他所積欠的龐大數額相比，這筆補償金只能算是很小的一部分。

☆

羅尼死了，我重訪維也納，呼吸這個城市的空氣，把他寫進我終於可以自由構思的半自傳小說中。不再是薩赫飯店；我很怕那裡的服務生會記得羅尼撞倒在桌上，我半拉半扛地把他弄出去。我飛到施韋夏特機場的班機延誤了，在我隨便挑選的一家小旅館裡，負責接待櫃台的是位年長的夜班門房。他靜靜看著我填登記單，然後用柔和、可敬的維也納德語說：

「令尊是位偉大的人物，」他說：「你對待他的方式有失體面。」

34 向瑞吉致謝

我想，你得和我年齡相仿，才會記得瑞吉納德．波森奎特[1]，這位古靈精怪，用力過生活，用力飲酒的電視新聞播報員。他擄獲全英國觀眾的心，人生卻短得離奇，而我始終不太清楚他的死因究竟為何。瑞吉和我同時在牛津就讀，擁有我所沒有的一切：個人的收入，跑車，漂亮的女人，以及可以和女人廝混的早熟成年期。

我們互有好感，但是對一個有能力過上你一心夢想卻無法負擔的生活的人，你能和他廝混的時間實在有限。況且，當年我是個身影模糊的人，認真嚴肅，有點心事。瑞吉完全不同。再說，我不只身無分文，而且——大二唸到一半的時候——已經債台高築，因為我父親不久前再次搞出一場驚人的破產大戲，他開來支付學費的支票跳票了。雖然我的學院表現出堪為楷模的寬容大度，但我實在看不出有任何辦法可以留在牛津唸完這個學年。

但我沒想到的是，瑞吉竟然會採取行動。有天晚上，他晃進我的房間，八成還宿醉未醒，塞給我一個信封，然後又晃走了。裡面是一張開給我的支票，金額很大，足以讓我償清債務，並留在牛津唸完接下來的六個月。開票人是他的信託基金管理人。他們說瑞吉把我的不幸遭遇告訴他們，說錢由他自己出，等到我方便也有能力的時候再償還就好。而且瑞吉希望，和貸款有關的所有事務，都由我直接寫信和信託基金管理人聯絡，因為他不想把金錢和友誼混為一談。

我過了好幾年才付清最後一筆分期付款，並且加上我認為這筆資金應該可以賺得的利息。他的信託基金管理人寄給我一張客氣的謝箋，歸還利息。他們解釋說，瑞吉認為在這個情況下，收取利息並不恰當[2]。

1 Reginald Bosanquet, 1932-1984，小名瑞吉（Reggie），為英國知名記者兼電視節目主持人。為獨立電視新聞（ITN）主持十點新聞達十二年之久。

2 一九九八年為「受害者援助組織」（Victim Support）而寫。

35 頭號要犯

神祕的清晨電話是卡雷．瑞茲[1]打來的。這位捷克出生的英國導演當時以《星期六晚上和星期天早上》[2]這部電影聞名。時間是一九六七年，我正竭盡一切努力，讓自己能隻身住在梅達維爾一間醜陋的頂樓公寓裡。瑞茲和我曾經一起工作，把我的小說《天真善感的愛人》改編成電影劇本，結果不太成功，至少可以說並非每個人都喜歡。但是瑞茲打電話給我並不是為了我們的電影劇本，我可以從他那鏗鏘有力，卻又故作神祕的語氣裡聽出來。

「大衛，你一個人嗎？」

是啊，卡雷，孤伶伶的。

「那麼，你要是可以盡快趕到這裡來，就幫上我們一個大忙了。」

瑞茲一家住得離我不遠，就在貝賽斯公園的一幢維多利亞式紅磚房。我八成是走路過去的。婚姻觸礁的時候，你就走路。瑞茲開門神速，想必是一直看著窗外等我來。他放下門鎖，領我走進大廚房，那是瑞茲家日常生活進行的地方：圍坐在厚重的松木圓桌旁，轉盤上有糖粉比斯吉，煮著一壺壺茶和咖啡，一罐罐果汁，線圈長長的電話響個不停，還有那個年頭到處都有的菸灰缸。這一切都是為了提供常客的方便。他家的常客都是想來極其不可能出現的人，例如凡妮莎・蕾格烈芙[3]、西蒙・仙諾[4]和亞伯・芬尼[5]，他們會晃進來，自己吃吃喝喝、聊一下，然後又晃出去。我總是想像，瑞茲爸媽在奧斯威辛被謀害之前，他們家過的就是像這樣的生活。

我坐下來。有五張臉孔瞪著我：女演員貝希・布萊爾（Betsey Blair），也就是瑞茲的夫人，今天竟然沒在講電話；電影導演林賽・安德森[6]，他執導的知名電影《如此運動生涯！》[7]，製片人就是瑞茲。坐在這兩位導演中間的，是個面露微笑，神情緊張，魅力非凡的年輕人，典型的斯拉夫五官，

1 Karel Reisz, 1926-2002，英國導演，是尼古拉斯・溫頓爵士（Sir Nicholas George Winton, 1909-2015）在第二次世界大戰前夕從捷克拯救到英國的六百多名兒童（大多有猶太血統）之一。公認他是二戰後英國電影新浪潮的先驅。代表作有《法國中尉的女人》（The French Lieutenant's Woman, 1981）等。

2 Saturday Night and Sunday Night，改編自亞倫・西利托（Alan Sillitoe, 1928-2010）的小說，一九六〇年出品的電影。

3 Vanessa Redgrave, 1937-，英國知名演員，多次獲奧斯卡金像獎、金球獎等大獎提名，一九七七年以《茱莉亞》（Julia）獲金像獎與金球獎最佳女配角。

4 Simone Signoret, 1921-1985，法國知名演員，一九五九年以《金屋淚》（Room at the Top）成為第一位獲奧斯卡最佳女演員獎的法國女星。

5 Albert Finney, 1936-2019，英國演員，曾五度入圍奧斯卡金像獎，早年活躍於舞台，被譽為「勞倫斯・奧立佛第二」。

6 Lindsay Anderson, 1923-1994，英國電影、劇場與紀錄片導演，為英國新浪潮電影與自由電影運動的主導人物。

7 This Sporting Life，一九六三年出品的英國劇情片，改編自同名小說，描述平凡青年成為運動英雄的故事。

我以前從沒見過他。

「大衛，這位是瓦拉狄米爾。」瑞茲慎重地說，這位年輕人馬上跳起來，隔著桌子用力握我的手——那勁道簡直可以說是拚了命。

緊挨著這位熱情年輕人坐的是個年輕女子，從她對他的凝神關心來判斷，不像情人，反而更像個貼身照顧的人，或說——以眼前這個場景來看——是位劇場經紀人或選角導演，因為只要瞥上一眼就會察覺這年輕人有演員的氣質。

「瓦拉狄米爾是捷克演員，」瑞茲告訴我。

太好了。

「他想留在英國。」

噢，真的。我明白了——或者諸如此類的話。

輪到安德森：「我們認為以你的某些背景，應該認識可以處理這件事的人。」

餐桌一片沉寂。每個人都在等我開口說些什麼。

「那就是投誠囉。」我說得很沒有說服力，「瓦拉狄米爾想投誠。」

「你想這麼說也行。」安德森很不以為然地說。沉寂再度降臨。

在我看來很明顯的是，安德森在瓦拉狄米爾身上擁有某種所有權利益，而瑞茲這位兩種語言都可通的捷克人比較像是中間人，而非主要的鼓動者。這當然有點尷尬。我頂多見過安德森三次，沒有一次是自在的，基於某些無法解釋的原因，我們一開始就沒給對方留下好印象，然後一直就這樣未曾改善。來自軍人家庭的安德森在印度出生，接受英國公學教育（崔爾騰漢學院[8]，後來被他在《如此運動生涯！》裡好好修理了一番），然後進入牛津就讀。戰爭期間，他在德里的軍情單位服役。我相信，就是最後這一點，才會讓他一開始就對我有點排斥。誓為社會主義者的他總是和周遭的體制格格不入，劍拔弩張。他想必把我當成階級鬥爭裡某種暗中搞鬼的同志，只是他要這麼想我也沒什麼辦法。

「瓦拉狄米爾就是瓦拉狄米爾．普裘特[9]。」我聽見瑞茲解釋說。而我的反應不如他們的預期時——換言之，也就是我沒發出讚賞的驚嘆，或大叫說：「不會吧，瓦拉狄米爾．普裘特！」——瑞茲連忙繼續說明，餐桌旁的人也馬上跟著加以補充。我很慚愧地得知，瓦拉狄米爾．普裘特是捷克舞台與銀幕崛起的新星，最有名的是在米洛斯．福曼[10]的《金髮女郎之戀》（也翻譯成很惱人的《金髮女郎諸情人》）飾演主角，在國際影壇大獲好評。福曼在較早的幾部電影裡也用他演出，還宣稱瓦拉狄米爾是他最愛的演員。

「意思就是，簡單來說，」安德森咄咄逼人地說，彷彿我質疑普裘特的價值，覺得自己有義務糾

---

8 Cheltenham College，創立於一八四一年的英國公學，有聖公會背景，是維多利亞時代最早開辦的主要公學之一。

9 Vladimir Pucholt, 1942-，捷克知名演員。

10 Miloš Forman, 1932-2018，捷克出身的美國導演，曾以《飛越杜鵑窩》（One Flew Over the Cuckoo's Nest）與《阿瑪迪斯》（Amadeus）兩度獲奧斯卡最佳導演獎。

正我——「哪個國家能得到他，算他們走運。我相信你會對你們的人講清楚。」

但我沒有什麼「我們的人」啊。我僅有的官方或近官方的「人」是我情報世界的前同事。老天爺啊，我可千萬別去拜訪他們之中的某一位，告訴他說我手裡有個可能投誠的捷克人。我都已經可以想見他們會渴盼普裘特回答的問題了，例如：你是捷克情報機構的密探嗎？如果是，你可以策反嗎？或者：捷克目前有沒有其他的異議分子有興趣和我們合作？給我們幾個名字。假設你還沒把你的意圖向十二個最親密的朋友吹噓，或許你願意考慮回捷克，替我們做點這個那個？

但是，我開始意識到，普裘特不會理他們。他不是那種亡命者，至少在他自己眼裡不是。他合法入境英國，獲得捷克當局的許可；離開之前，他偷偷把自己的事情處理好，履行所有出色的電影與劇場合約，而且小心地不再簽新合約。他以前來過英國，捷克當局沒有理由揣想他這次不會回去。

抵達英國之後，他起初似乎是幻想破滅。後來不知經由什麼管道，林賽·安德森聽說了他的意圖，伸出援手。普裘特與安德森各自從布拉格與倫敦認識對方。接著安德森去找他的朋友瑞茲，三個人弄出了一個勉強稱得上是計畫的東西。普裘特從一開始就擺明了，他絕對不會申請政治庇護。如果那樣做，他說，會讓捷克當局遷怒他所拋下的人：朋友、家人、老師、其他的專業同僚。他心裡想到的很可能是蘇聯芭蕾舞者魯道夫·紐瑞耶夫[11]的前車之鑒。紐瑞耶夫六年前的投誠，被大肆宣傳為西方的勝利；結果，他在俄羅斯的親戚朋友自此墜入黑暗深淵。

以這個條件為前提，瑞茲、安德森和普裘特把他們的計畫付諸執行。不要大肆張揚，不要特別專案處理。普裘特只是又一個心有不滿的東歐年輕人，忿然走上街頭，尋求英國當局的包容。安德森和普裘特兩人一起前往內政部，加入請求英國延長簽證效期的排隊陣容。來到內政部承辦人的櫃台前，普裘特把他的捷克護照推進小窗裡。

「延期多久？」那名職員問，橡皮章已舉起。

安德森說話從來不加修飾，更何況對方還是他所憎惡的那個體系的僕人；面對這個問題，他回嘴說：「永遠！」

☆

我可以清楚想見，普裘特和被指派處理他申請案的那位資深內政部官員之間的冗長對話。這一邊呢，是這位高級文官值得讚揚的打混戰，因為他下定決心要做既對申請人有利，又不違反規則的事。他只要求普裘特明確回答說回自己的祖國之後會不會遭受迫害。只要這麼做，好了，打勾，簽證無限期延長，歡迎到英國來，普裘特先生。

11 Rudolf Nureyev, 1938-1993，蘇聯芭蕾舞家，被推崇為男芭蕾舞者新領域的開創者，一九六一年投誠西方，一九九三年因愛滋病病逝巴黎。

而另一邊呢，是普裘特值得讚揚的頑固不屈。他斷然拒絕說出內政部官員要他說的話，因為講了那句話，他就是在要求政治庇護，危及那些他發誓絕不危害的人。所以，不，先生，我不會受迫害，謝謝你。我是個有名的捷克演員，他們會敞開雙手歡迎我回去。我或許會被譴責，或許會接受一點意思意思的懲罰，但是我不會遭受迫害，我不尋求政治庇護，謝謝你。

這個僵持不下的局面甚至有些黑色喜劇的色彩。在捷克，普裘特曾被嚴重打壓，兩年內禁止演出任何電影。原本他獲邀——其實應該說是受命比較貼切——扮演捷克少年感化院的男孩。這男孩在孜孜奉獻的感化院老師以馬克思列寧主義的最高原則的啟發之下，發現自己離開感化院後，無法面對缺乏啟蒙的資產階級取向社會。

對這個劇本不滿意的普裘特要求到感化院當幾天院生。住過幾天之後，普裘特更加確定這齣戲是垃圾，不顧經理人的反對，拒絕演出這個角色。上頭大發雷霆，合約戳著他的胸口，但他不肯讓步。結果是：兩年的禁令，他大可以用這個當立論，宣稱他在家鄉是遭政治迫害的受害者。

一個星期之後，普裘特再次應邀到內政部，這次面對的是個矛盾的官員，秉持英國和稀泥的最佳傳統，說他不會被強制遣送回捷克，但必須在十天內離開英國。

就因為這樣，我們才會在這裡，圍坐在瑞茲的餐桌旁，擔憂得說不出話來。十天就算還沒到，剩下的時間也不多了，所以你有什麼建議，大衛？簡短的答案是，大衛根本不知道我們該怎麼做：更慘的是，就在我們的圓桌會議進行當中，突然冒出另一個問題：普裘特到英國並不是為了發展他的演藝事業，而是「因為，大衛啊，」——他急著向桌子對面的我解釋——「我希望當醫生。」

☆

他坦承，想當上醫生得要花一點時間。他估計要七年。他在捷克曾經取得一些基礎證照，但懷疑在英國是不是算數。

我聽他從頭說到尾。我認得他嗓音裡的熱情，以及表情豐富的斯拉夫五官表現出來的狂熱。我竭盡所能讓自己顯得睿智，對這個自我奉獻的高貴遠見微笑贊同。

但是我對演員略知一二。我知道，正如圓桌周圍的每一個人也都清楚的，演員有能力為自己塑造一個假設的版本，然後成為那樣的人，但只能維持到表演結束。之後，一切結束，他離開，重新尋找下一次要扮演的人。

「嗯，太好了，瓦拉狄米爾。」我驚叫，竭力應付，「不過，我猜你接受醫學訓練的時候，還是同時兼顧演藝事業，對吧？溫習你的英文、搞一點劇場，接幾個恰好出現的電影角色？」我一眼瞥著我們這兩位電影導演，希望得到他們的支持，結果什麼也沒有。

不是這樣的，大衛，他回答我。他打從小時候就開始演戲，總是從這個角色到那個角色——通常都是他並不關心的角色，例如少年感化院的男孩——如今他滿心盼望成為醫生，這就是他希望留在英國的原因。我環顧餐桌。似乎沒有人覺得意外。除了我之外，每個人都可以接受：風靡捷克舞台與銀幕的瓦拉狄米爾・普裘特**只希望成為醫生**。他們有沒有像我一樣問過自己，這會不會是演員的幻想，而不是終生的理想呢？我沒辦法判斷。

不過這沒什麼關係，因為這時我已經同意扮演他以為我是的那個人。我會去找我的「人」談談，我聽見自己這麼說，雖然我並沒有任何人可找。我會想出最好的辦法，盡速讓這件事圓滿落幕，一如我們這群祕密同志所期望的。我先回家，但會保持聯繫。走出門去，昂首闊步。

☆

此後半個世紀裡，我偶爾會問自己，我到底為什麼會答應做這件事，明明安德森和瑞茲這兩位世界級的大導演有更多人脈可以運用，比我有更多位高權重的朋友，更別說他們的那些精明律師了。就我所知，瑞茲和古德曼爵士[12]往來密切，而權勢顯赫的古德曼爵士是哈洛德・威爾森首相的法律顧問。至於安德森這位嚴格的社會主義者，擁有無懈可擊的上流階級認證，也像瑞茲一樣，和主政的工黨關係密切。

我想答案或許是，因為我的生活一團亂，能去搞定別人的問題，對我來說反而是一種解脫。當年還是駐奧地利的年輕士兵時，我審問過許多東歐的難民，哪怕機率極微，還是會擔心其中有一、兩個是間諜。就我所知，半個都沒有，但有很多捷克人。眼前至少有一個人我可以略盡薄棉之力。

我不再確定接下來那幾天瓦拉狄米爾住在哪裡，是在瑞茲家、同伴家，還是林賽・安德森家，甚至是我家。但我確實記得，他在我那間醜惡的頂樓公寓消磨了大把白晝時光，踱來踱去，或站在大觀景窗前看著外頭。

同時，我用盡我所知的人脈關係去推翻內政部的決定。我打電話給我那位和善親切的英國出版商。他建議我打電話給《衛報》跑內政部的記者。我打了。這位內政部記者沒有直接的管道可以聯繫內政部長羅伊・詹金斯[13]，但是他恰好認識詹金斯夫人；或許應該說是他太太認識。他會和他太太談談，回我電話。

我湧起希望。羅伊・詹金斯是勇敢且直言無諱的自由派人士。《衛報》記者回我電話。你就這樣做：寫一封絕對正式的信給內政部長，不阿諛諂媚、不多愁善感。「內政部長鈞鑒，」你打字，陳述事實，簽名。如果你的人想當醫生，就在信裡直說，不要偽稱他會成為國家劇院的天賜奇才。可是接下來有一點點不同。信封上不要寫羅伊・詹金斯先生，而要寫給他太太，詹金斯夫人。她會確保這封信隔天早上躺在他的早餐桌上，就在他的水煮蛋旁邊。而且你親自送去。今天晚上。到這個地址。

12 Lord Goodman，即 Arnold Abraham Goodman, 1915-1995，為英國律師與政治顧問。

13 Roy Jenkins, 1920-2003，英國工黨政治家與作家，曾任歐洲共同市場之歐洲委員會執行長。

我沒打字。我從來沒打過字。頂樓公寓有一部電動打字機，但是沒有人用。我打電話給珍。那段時間，珍和我正在互相試探。如今她已是我的妻子。普裘特瞪著倫敦天際線的時候，我寫了一封「內政部長鈞鑒」的信，珍幫我打字。我在信封寫上詹金斯夫人，封好，然後兩人一起出發前往諾丁丘，或詹金斯先生夫人住的任何其他地方。

四十八小時之後，瓦拉狄米爾·普裘特獲准永久留在英國。沒有任何晚報歡呼有位出名的捷克電影明星投奔西方陣營。他可以如自己所願地，盡快，或者盡可能安靜地展開醫學課程。我聽到這個消息時，正在和我的文學經紀人吃飯。我回到頂樓公寓，發現瓦拉狄米爾不再瞪著窗外，而是一身牛仔褲運動鞋，站在陽台上。那是個溫暖晴朗的下午，他用我書桌上的A4紙給自己折了架紙飛機，整個人趴在欄杆上往外探，危險得讓我不安；他等待一陣合適的微風吹起，放出飛機，看著它緩緩翱翔在倫敦的屋頂上方。他後來對我說，這是他第一次讓紙飛機飛起來。既然已經獲准留下，一切都會很平安順利。

☆

提起這個故事不是要說我有多麼慨然大方。我要說的是瓦拉狄米爾的成就：他成為多倫多最受歡迎、也最盡心盡力的小兒科醫生。

也不知怎麼的——直到今天我都還不確定——支付他在英國學醫的學費變成我的責任。然而在當時，這麼做似乎是再自然不過的決定。我正值賺錢能力的巔峰時期，而瓦拉狄米爾正在人生的谷底。資助他，我自己的損失微乎其微。我和我的家人不會因此受任何一分苦，絕對不會。瓦拉狄米爾的經濟需求，在他自己的堅持之下，壓得非常之低。他要盡快還清每一分錢的決心異常強烈。為了免去我們兩人之間的尷尬討論，我讓我的會計師去和他敲定數字：生活費多少，學費多少，交通費、房租等等。我們的協商角色顛倒。我堅持給他更多，他堅持要收更少。

他的第一份醫學工作是在倫敦當研究室助理。然後搬離倫敦，到雪菲爾的教學醫院任職。他用大有進步、詩情畫意的英文，費力地寫了一封封的信，讚揚醫學、手術、療癒，以及人體之為上帝造物的奇蹟。他的專科是小兒醫學與新生兒加護醫療。直到今天，他仍以無法遏止的熱情寫道，迄今經過他照料的兒童與嬰兒已有上萬名。

對於扮演這樣的天使角色，我總是覺得愧不敢當，也很不好意思，因為我付出的犧牲如此之少，而其他人的受惠如此之多。而且更讓我不好意思的是，在他取得醫生資格之前，我其實都還不完全相信他辦得到。

☆

時間是二〇〇七年。瓦拉狄米爾趴在我那間頂樓公寓的陽台欄杆上丟出紙飛機，已經是整整四十年前的事了。那間頂樓公寓我早就脫手，現在一半的時間住在康瓦爾，一半的時間在漢堡，正在寫小說《頭號要犯》，主角是個尋求庇護的年輕人，但不是來自捷克，而是來自今天的車臣。他只有一半的斯拉夫血統，另一半的血統是車臣。他名叫以撒，意即「耶穌」，而他是穆斯林，不是基督徒。他的一個遠大抱負是習醫，成為偉大的醫生，治療故鄉受苦的人們，特別是兒童。

被關在漢堡倉庫的閣樓裡，聽任各路間諜為他的未來命運爭鬥，以撒用一捲沒用過的壁紙折紙飛機，讓飛機越過房間，飛向自由。

瓦拉狄米爾以我無法相信的神速，很快還清了他向我借的每一分錢。他不知道的是——我也是到寫《頭號要犯》的時候才知道——他送了我一份無以回報的大禮：一個小說裡的角色。

36 史蒂芬・史本德[1]的信用卡

我想應該是在一九九一年吧，我應邀在漢普斯德出席一場私人晚宴，會見史蒂芬・史本德。他是隨筆作家、劇作家、小說家、幻想破滅的共產黨分子，王國騎士，前美國桂冠詩人……還要我繼續介紹嗎？

我們六點入席，史本德發表演講。八十二歲的他儀表堂堂：白髮，宛如獅子，活力澎湃，風趣過人。他的主題是名望的消逝——他自己的名望，應該是，但我不由自主地認為他是在隱隱警告我——他認為有幸成名的人也應該優雅地接受自己歸於沒沒無名的事實。為了加以說明，他告訴我們以下的故事：

他最近剛結束一趟橫跨美國東西岸的汽車之旅。穿越內華達沙漠時，他看見一家難得碰見的加油站，覺得把油加滿應該是明智之舉。或許是為了打消小偷的念頭，有張手寫的字條表示，店東只收信

1 Stephen Spender, 1909-1995，英國詩人、小說家與散文家，關注社會公義與階級鬥爭。一九六五年獲美國國會圖書館頒贈桂冠詩人榮譽。

用卡。

史本德拿出信用卡。加油站老闆默默檢查他的卡。最後，老闆說出他猶豫不安的原因：

「我唯一聽過的史蒂芬・史本德是個詩人，」他不以為然地道：「而且他已經死了。」

37 給抱負遠大的小說家忠告

「在完成今天的寫作之前，我一定會留點東西在肚子裡以備明日之用。睡眠會創造奇蹟。」

來源：格雷安·葛林給我的忠告，一九六五年於維也納。

38 最後的官方祕密

還是個無憂無慮的年輕間諜時，我理所當然地相信國家最炙手可熱的祕密一定擺在某個外表滄桑的綠色丘伯保險箱裡，藏在聖詹姆斯公園地鐵站對面、布羅威街五十四號頂樓迷宮似的陰暗走廊盡頭、祕密情報局局長的私人辦公室裡。

布羅威街五十四號，在我們看起來，既老舊，又塵土漫天，而且符合局裡的邏輯，非常不方便。在三部吱吱嘎嘎的電梯裡，有一部是局長專用，專門載他一個人直接到高處不勝寒的頂樓。只有幾個被特別揀選的人擁有電梯鑰匙。我們這些微不足道的凡人得靠雙腿去拜謁他，爬上有魚眼凸鏡把關的狹窄木樓梯，來到頂樓平台，還有個面無表情的工友坐在餐椅上看守。

我想這就是我們這些年輕新進人員最愛這幢建築的原因：永遠幽暗不明，飄著我們未曾身歷其境的戰爭味道，還有那些我們只能想像的陰謀詭計；那間只有獲邀才准進入的破舊小酒吧，你一走過去，老手們就噤口沉默；還有收藏諜報文獻的圖書館，陰暗，塵埃飛揚，負責管理的那位滿頭白髮的年老圖書館員，當年還是年輕間諜的時候，曾經在彼得堡街頭和布爾什維克革命分子一起奔逃，在冬宮旁邊的地窖裡用無線電傳送祕密訊息。電影《冷戰諜魂》和BBC版的《鍋匠 裁縫 士兵 間諜》

捕捉了這樣的氛圍。但全都比不上那個神祕老舊的丘伯保險箱。

局長私人辦公室是個閣樓房間，窗戶上積了一層又一層的髒汙，瀰漫著彷彿屬於地下組織的那種不安氣氛。如果他想正正式式地和你講話，就會坐在空無一物的辦公桌後面，由家族肖像護衛——在我的那個年代，是艾倫·杜勒斯和波斯大君的肖像。如果他希望氣氛比較輕鬆一點，那就坐皮面龜裂的扶手椅上。但不論你坐在哪裡，那個綠色的保險箱總是在你一眼就看得見的地方，很不可思議地從房間另一頭盯著你看。

那裡面到底裝了什麼呢？我聽說裡面裝的是極度機密的文件，只有局長本人可以碰。如果他選擇讓另一個人知曉，那人必須先以生命保證，然後當著局長的面看完，再擺回去。

☆

悲傷的日子終於來了，布羅威街的那幢建築最後一次降下帷幕，祕密情報局和所有的動產都移轉到蘭貝斯的新居。局長的保險箱能例外嗎？會有起重機、鐵橇和沉默不語的男子把它扛向漫長人生旅程中的下一個階段嗎？

經過最高層長官的爭論之後，很不得已作出裁定，這個保險箱不管如何珍貴，都已經不再適合我們這個摩登世界的需求了。保險箱將要打開。收在裡面的東西不管是什麼，都要由發過毒誓的官員審查，詳盡記錄，然後訂定符合其機敏性的處理程序。

那麼，該死的鑰匙在誰身上？

不是那位辭職的局長，顯然。他已經說得很清楚，絕對不冒險一探保險箱內的究竟，除非必要，也絕對不讓自己知道裡面的祕密。你不知道的資料，就絕對不可能洩漏。局裡急忙聯繫還在世的幾位前任局長。他們信守相同的原則，絕對不越界跨進這神聖的領域。他們不知道該死的鑰匙在哪裡。所有的人，登記處、祕書處、內部安全管理部門，甚至面無表情坐在餐椅上的那個工友，都沒看過或碰過那把鑰匙，更不知道鑰匙在哪裡，或最後是落在誰手裡。唯一知道的是，保險箱是由史都華．孟濟斯爵士[1]下令裝設的。受人尊敬，但行事詭祕，有些病態的孟濟斯爵士曾在一九三九年到五二年擔任祕密情報局局長。

所以是孟濟斯爵士把鑰匙帶走了？鑰匙和他一起下葬了嗎？他是真的把祕密帶進墳墓裡了？他完全有理由這麼做。他是布萊切利園[2]的創立人之一。他和邱吉爾有過上千次祕密晤談。他曾和德國國內的反納粹反抗運動協商，也和德國情報組織阿勃維爾左右矛盾的負責人卡納里斯上將有過交涉。天曉得那個綠色保險箱裡什麼沒有。

在我的小說《完美的間諜》裡，這個保險箱化身為破舊的綠色檔案櫃，陪伴羅尼的化身瑞克遊走人生旅程。據說櫃子裡是他欠這個社會全部的債，但也從來未曾打開。

同時，時間也快沒了。任何一天，新住戶都可能主張自己的法律權利。迫切需要作出行政決定。

很好，局裡在鼎盛時期就撬開了一些鎖，看來是再撬開另一個鎖的時候了：找個局裡的小偷來吧。

局裡的小偷很在行。以極其讓人難堪的速度，撬開了鎖。小偷拉開咿咿呀呀的鐵門。就像尋寶人卡特[3]和梅斯[4]站在敞開的圖坦卡門陵墓前一樣，圍觀者伸長脖子搶著要先睹為快，看看裡面所珍藏的寶藏。結果沒有。保險箱是空的，什麼都沒有，甚至連最平凡無奇的祕密都沒有。

可是慢著！這些可都是經驗老到、擅搞陰謀的好手，他們可沒這麼好騙。這會不會是個誘人上當的保險箱，一座空有其表的假陵墓，只是個誘餌，用來保護真正的密室？所以找來了撬棍。保險箱被輕輕從牆面撬下來。在場最資深的官員仔細審視保險箱後面，發出悶聲驚呼，伸手在保險箱和牆面之間摸索，拉出一條滿是塵土，非常厚、非常舊的灰色長褲，上面用安全別針別了一張紙條。用打字機打出的銘文宣稱這是魯道夫·赫斯[5]來英國時穿的長褲。身為希特勒副手的赫斯誤以為漢彌敦公爵[6]

---

1 Sir Stewrt Menzies, 1890-1968，英國情報官員，在第二次世界大戰期間出任祕密情報局局長，擴大招募人力，並創立密碼學校，對戰爭期間破解德國密碼機居功厥偉。

2 Bletchley Park，又稱X電台（X Sation），位於英格蘭布萊切利鎮的一處宅第裡，為第二次世界大戰的密碼解讀基地，成功破解德國的恩尼格瑪（Enigma）密碼機，一般認為是戰爭得以提早結束的重要助力。

3 Howard Carter, 1847-1939，英國考古學家，一九二二年發現埃及帝王谷圖坦卡門陵墓。

4 Arthur Mace, 1874-1928，英國的埃及學家，與卡特一起發現圖坦卡門陵墓，但兩年後即因健康因素離開埃及。

5 Rudolf Hess, 1894-1987，納粹黨副元首，一九四一年駕飛機赴英國進行未獲授權的和平任務，在倫敦墜機，遭英方扣留直到大戰結束，戰後被判終生監禁，後於柏林監禁處上吊自殺，但許多人認為他死因可疑，後來並成為新納粹的崇拜對象。

和他一樣抱持法西斯主義觀點，飛來蘇格蘭商議和平協定。在這段文字底下，是傳統上只有局長才用的綠色墨水寫的一行筆跡：

請分析，因為或許可以藉此瞭解德國紡織業的現況。

6 Duke of Hamilton，即 Douglas Douglas-Hamilton, 1903-1973，蘇格蘭貴族，世襲第十四代漢彌敦公爵，並為空軍飛行員。一九三六年應邀赴柏林參加夏季奧運會，與亦熱愛飛航的赫斯相識，一九四一年赫斯駕機飛赴英國宣稱要與他商議和平協定，雖使其角色飽受質疑，但最終政府高層仍堅信他的忠貞。

資料來源

出版者謹向下列引述來源致謝。有幾篇文章是沿用全文，但大多都只引用部分。

10 走向現場

第一一五頁：原題〈永遠的繆思〉，最初發表於二〇〇〇年的美國《紐約客》，繼於二〇〇一年刊登於英國《觀察家報》與《衛報》。

24 兄弟的守護者

第二四六頁：〈兄弟的守護者〉曾以不同形式寫成班・麥金泰爾的《朋友中的間諜》（二〇一四年美國王冠出版集團與英國布倫貝利出版公司出版）的後記。

25 巴拿馬爛攤子

第二六五頁：〈巴拿馬爛攤子〉最初發表於美國的《紐約時報》，獲允收錄於本書。另也曾於一九九六年刊登於英國《每日電訊報》。

26 **潛伏**

第二七九頁：〈潛伏〉最初發表於美國的《紐約時報》，獲允收錄於本書。另也曾於一九九九年刊登於英國《衛報》。

27 **追獵軍閥**

第二八四頁：原題〈剛果之旅〉，最初於二〇〇六年發表在美國的《全國周刊》，以及英國的《週日電訊報》。

28 **李察波頓需要我**

第二九九頁：原題〈喜歡我的間諜〉，最初於二〇一三年發表在《紐約客》。

29 **亞歷・堅尼斯**

第三一六頁：原題〈敵境任務〉，最初於一九九四年發表在《每日電訊報》，繼於一九九六年改寫為亞歷・堅尼斯《我名已離我而去：退休演員日記》的序文。

33 **作者父親之子**

第三五一頁：原題〈羅尼宮廷〉，最初於二〇〇二年發表在美國《紐約客》，繼於二〇〇三年刊載在英國《觀察家報》。

譯後記

譯者　李靜宜

書房窗外有個小花台，因為樓高臨河，風大得養花植草都難以存活。不知從什麼時候起，凋枯的盆栽成了野鴿的棲身之所，啣草築巢，黃昏歸來，不數日竟孵起蛋來了。幼鴿破殼，嗷嗷待哺，展翅學飛的完整歷程，日日在窗前上演，儘管有趣，但也帶來甚多清理的困擾，終於在鴿子離巢後，狠心架起圍籬。只是，每隔一段時間，總有野鴿回來，在如今攔阻牠們回到出生地的圍籬前盤桓不去。

翻譯勒卡雷這本英文原名為《飛鴿隧道》（*The Pigeon Tunnel*）的自傳時，野鴿也像呼應勒卡雷的回憶似的，不時來到窗前。雖然這裡的野鴿不像勒卡雷年少記憶裡的那些野鴿一樣，是冒著生命的危險回到出生地，但是究竟是什麼樣的力量，讓鴿子不顧現實的障礙，執意要回到這個已經不是家的地方呢？

愛上一本書，愛上一位作家，就像愛戀任何人一樣，未必有什麼道理，就只是在正確的時間遇見某個正確的對象而已。

正式認識勒卡雷（早年在翻譯殘缺、裝幀草率的無版權版本裡見過的他只能說是匆匆擦身而過，根本沒留下什麼印象）是一個晴朗的秋日，在重慶南路如今已歇業的東華書局二樓餐廳，由遠從新店踩著腳踏車前來的讀書共和國發行人郭重興先生介紹的。老郭以一貫熱情洋溢的語氣，眉飛色舞地描述勒卡雷其人其書，彷彿不認識他就虛度此生。

就在那天晚上，難得打開電視，趕上HBO整點開演的電影。原本只是讓腦袋放空片刻，沒想到從一開場的巴拿馬運河風光，到國際陰謀的爾虞我詐，愈看愈狐疑，難道是……一上網google，這部名為《驚爆危機》的電影，果然是中午老郭講得口沫橫飛的勒卡雷作品《巴拿馬裁縫》，頓時有種宿命難逃的感覺。

隔天，《史邁利三部曲》的書稿快遞到家，自此，我就墜入情網，再也無法自拔。和所有熱戀中的人一樣，偶爾在理智清明的時刻，我也會自問，究竟勒卡雷有哪一點值得我這樣死心塌地？最顯而易明的理由或許是勒卡雷的間諜小說在錯縱複雜的國際舞台登場，格外能讓本業國際關係的我引發共鳴。但是愛從來就不是這麼簡單的。

遇見勒卡雷的時候，我剛結束一份投注多年心力的工作，對自己、對人性都有著諸多懷疑。勒卡雷以繁複文字構築而成的迷宮，每每讓人讀著讀著就走進小說人物的思緒裡，與他們一同呼吸，一同悲歡。偏偏勒卡雷筆下的主角多是上流社會的邊緣人，雖置身社會階級頂端，卻因為身世或感情經歷而自卑，而自棄，對於世界的理解與體會有了和菁英人士完全不同的視角，在該理智之時動了真情，在該冷酷之時有了悲憫，終至陷入現實與理想、真愛與背叛的糾葛之中，一步步走向悲劇。於是，閱讀勒卡雷，彷彿在觀看他人故事的同時，也在和自己的心靈對話。那樣的情感理智矛盾，那樣的人性衝突猶疑，也正是我在人人稱羨的職涯一路奮力前進時潛藏心底的真實感受。惺惺相惜的情感，或許才是我愛上勒卡雷的真正原因。

因著愛勒卡雷而閱讀勒卡雷，翻譯勒卡雷，對他筆下的人物也總是有著像老朋友般的深刻情感與關懷，每每隨著他們的悲歡離合而情緒起伏。記得翻譯《完美的間諜》時，最後的二十頁耗了整整兩個星期始終沒有進展，不是文字太過艱澀，而是我怎麼都無法把深愛的主角送上絕路。

能把人物刻劃得如此生動，能把人性剖析得如此透澈，除了歸諸於天份之外，想必還有著特別的人生經歷吧？我不時尋思。等待多年，終於在勒卡雷年過八旬之後等來了他的自傳。我們不只在書中與他小說裡的多位主角重逢，印證真實人生有時比虛構小說更傳奇，而且還首度透過他自己的述說，窺見了他傷痕累累的童年，以及這離奇的身世背景對他一生的影響。

勒卡雷喜歡引用葛林的名言：「童年是作家的存款。」而對勒卡雷迷來說，有他飽嘗痛苦的童年，我們才得以從虛構人生裡洞見人性。勒卡雷說他以想像為生，回憶的虛實真偽有時連自己也沒有把握。但是，閱讀他的人生故事，我們也像他一樣，看見在蔚藍海岸靶場上劫後餘生的野鴿，拍著翅膀一次次回到有著死亡陷阱的出生地，為著生命裡永遠也無法擺脫的桎梏。

因為這就是人生。勒卡雷的人生。我們的人生。

此生如鴿——
間諜小說大師勒卡雷的38個人生片羽
The Pigeon Tunnel: Stories from My Life

作者　約翰・勒卡雷(John Le Carré)
譯者　李靜宜
社長　陳蕙慧
副總編輯　戴偉傑
行銷企劃　陳雅雯、尹子麟、汪佳穎
責任編輯　何冠龍
電腦排版　極翔企業有限公司

社長　郭重興
發行人兼出版總監　曾大福
出版　木馬文化事業股份有限公司
發行　遠足文化事業股份有限公司
地址　231新北市新店區民權路108之4號8樓
電話　02-2218-1417　傳真　02-8667-1891
E-mail：service@bookrep.com.tw
郵撥帳號　19588272　木馬文化事業股份有限公司
客服專線　0800221029
法律顧問　華洋國際專利商標事務所　蘇文生 律師
印刷　通南印刷股份有限公司
二版二刷　2022年5月
定價　新台幣420元

ISBN 978-986-359-861-9

國家圖書館出版品預行編目（CIP）資料

此生如鴿：間諜小說大師勒卡雷的38個人生片羽/約翰・勒卡雷（John Le Carré）著；李靜怡譯. -- 二版. -- 新北市：木馬文化事業股份有限公司出版：遠足文化事業股份有限公司, 2021.02

面；　公分

譯自：The pigeon tunnel : stories from my life

ISBN 978-986-359-861-9（平裝）

1. 勒卡雷（Le Carré, John） 2. 作家　3. 傳記

784.18　　109021400